Paixão
POR
Vencer

Jack Welch
com Suzy Welch

Paixão por Vencer

Tradução
Roberta Clapp e Bruno Fiuza

Rio de Janeiro, 2025

Copyright © 2005 by Jack Welch, LLC. All rights reserved.
Título original: Winning

Todos os direitos desta publicação são reservados à Casa dos Livros Editora LTDA.
Nenhuma parte desta obra pode ser apropriada e estocada em sistema de banco de dados
ou processo similar, em qualquer forma ou ameio, seja eletrônico, de fotocópia, gravação etc.,
sem a permissão do detentor do copyright.

Diretora editorial: *Raquel Cozer*

Gerente editorial: *Alice Mello*

Editor: *Ulisses Teixeira*

Copidesque: *Marcela Isensee*

Preparação de original: *André Sequeira*

Revisão: *Rayssa Galvão*

Capa: *Guilherme Peres*

Diagramação: *Abreu's System*

CIP-Brasil. Catalogação na Publicação
Sindicato Nacional dos Editores de Livros, RJ

W471p
    Welch, Jack, 1935-2020
        Paixão por vencer / Jack Welch, Suzy Welch; tradução Bruno
Fiuza, Roberta Clapp. – 1. ed. – Rio de Janeiro: Harper Collins, 2020.
    352 p.

        Tradução de: Winning
        ISBN 9786555110586

        1. Sucesso nos negócios. 2. Planejamento estratégico. 3. Liderança.
I. Welch, Suzy. II. Fiuza, Bruno. III. Clapp, Roberta. IV. Título.

20-66076
                CDD: 658.409
                CDU: 005.322:316.46

Os pontos de vista desta obra são de responsabilidade de seu autor, não refletindo necessariamente a
posição da HarperCollins Brasil, da HarperCollins Publishers ou de sua equipe editorial.

HarperCollins Brasil é uma marca licenciada à Casa dos Livros Editora LTDA.
Todos os direitos reservados à Casa dos Livros Editora LTDA.
Rua da Quitanda, 86, sala 601A — Centro
Rio de Janeiro, RJ — CEP 20091-005
Tel.: (21) 3175-1030
www.harpercollins.com.br

Aos milhares de homens e mulheres apaixonados por negócios que, com suas perguntas, me ajudaram a conceber esse livro.

Os lucros dos autores com esta obra são destinados à caridade.

SUMÁRIO

INTRODUÇÃO
"A cada dia surge uma nova pergunta" *11*

LÁ NO FUNDO

1. MISSÃO E VALORES
Fala-se muita bobagem sobre algo tão importante *23*

2. FRANQUEZA
O maior segredo sórdido dos negócios *35*

3. DIFERENCIAÇÃO
Cruel e darwiniana? Prefiro justa e eficaz *47*

4. VOZ E DIGNIDADE
Todo mundo pensando junto *61*

A SUA EMPRESA

5. LIDERANÇA
Não tem a ver só com você *69*

6. CONTRATAÇÃO
Aquilo que faz um vencedor *89*

7. GESTÃO DE PESSOAS
Você já tem os jogadores certos. E agora? *105*

8. CAMINHOS SEPARADOS
Não é fácil demitir pessoas *125*

9. MUDANÇA
Movendo montanhas *137*

10. GERENCIAMENTO DE CRISES
Do *Ai, meu Deus!* ao *Está tudo bem* *151*

SUA COMPETIÇÃO

11. ESTRATÉGIA
O segredo está no molho *169*

12. ORÇAMENTO
Reinventando o ritual *191*

13. CRESCIMENTO ORGÂNICO
Então você quer começar algo novo? *207*

14. FUSÕES E AQUISIÇÕES
A "pressão do acordo" e outros pecados mortais *219*

15. SIX SIGMA
Melhor do que ir ao dentista *243*

SUA CARREIRA

16. O EMPREGO CERTO
Encontre-o e você nunca mais trabalhará um só dia · *251*

17. COMO SER PROMOVIDO
Desculpe informar, não existem atalhos *271*

18. PEDRAS NO SAPATO
Aquele maldito chefe *291*

19. EQUILÍBRIO ENTRE VIDA PROFISSIONAL E VIDA PESSOAL
Tudo o que você sempre quis saber (mas tinha medo de ouvir) *303*

AMARRANDO AS PONTAS SOLTAS

20. AQUI, ALI E EM TODO LUGAR
As perguntas que quase ficaram de fora *329*

Agradecimentos *349*

Introdução

"A CADA DIA SURGE UMA NOVA PERGUNTA"

DEPOIS DE TERMINAR minha autobiografia — uma tarefa divertida, mas quase enlouquecedora de tão intensa, encaixada nos intervalos do meu trabalho de verdade da época —, jurei que jamais escreveria outro livro.

Mas acabei escrevendo.

Minha justificativa, se é que existe uma, é que a ideia desta obra não foi propriamente minha.

Ela me foi dada.

Foi um presente de aposentadoria, por assim dizer, das dezenas de milhares de pessoas fantásticas que conheci desde que deixei a General Electric (GE) — homens e mulheres cheios de energia, curiosos, corajosos e ambiciosos que amavam a arte dos negócios a ponto de me fazerem todas as perguntas que alguém é capaz de imaginar. Para responder a elas, eu precisava apenas descobrir o que sabia, organizar, decodificar e pegar emprestadas as histórias dessas pessoas — e assim o livro começou a tomar forma.

As perguntas às quais estou me referindo surgiram na turnê de divulgação da minha autobiografia, que começou ao final de 2001 e se estendeu por grande parte de 2002, quando fiquei impressionado com o apego emocional que as pessoas pareciam ter com a GE. De uma ponta a outra dos Estados Unidos e em diversos outros países, pessoas me contaram histórias emocionantes sobre suas próprias experiências de trabalho na empresa, ou sobre a de suas irmãs, pais, tias ou avôs que tinham trabalhado na GE.

No entanto, também, fiquei surpreso ao perceber o quanto as pessoas queriam saber *ainda mais* sobre como acertar nos negócios.

Os ouvintes dos programas de rádio ligavam e insistiam para que eu explicasse melhor o sistema de diferenciação da GE, que classifica os funcionários em três categorias de desempenho, usadas para definir a abordagem gerencial. Os leitores que compareciam às sessões de autógrafos queriam saber se eu estava mesmo falando sério quando disse que o diretor de recursos humanos de qualquer empresa deveria ser visto como tão (ou mais) importante quanto o CFO. (Estava!) Em uma visita à faculdade de administração da Universidade de Chicago, um aluno indiano de MBA me pediu para dar mais detalhes de como deveria ser uma avaliação de desempenho realmente boa.

As perguntas não pararam após a turnê. Continuaram a surgir por toda parte: em aeroportos, restaurantes e elevadores. Uma vez, um cara foi nadando até onde eu estava, além da arrebentação em Miami Beach, para me perguntar o que eu achava sobre uma oportunidade de franquia que ele estava avaliando. Mas, principalmente, as dúvidas vieram das mais de 150 sessões de perguntas e respostas das quais eu havia participado nos três anos anteriores, em cidades do mundo inteiro, de Nova York a Xangai, de Milão à Cidade do México. Nessas sessões, cuja audiência pode variar de trinta a cinco mil pessoas, eu me sento no palco com um moderador, em geral algum jornalista da área de negócios, e tento responder a tudo o que o público lançar no meu colo.

E o público lança todo tipo de pergunta — como lidar com a concorrência da China; gerenciar pessoas talentosas, mas difíceis; encontrar o emprego perfeito; implementar o Six Sigma; montar a equipe certa; liderar em tempos incertos; sobreviver a fusões e aquisições, e até como conceber estratégias infalíveis.

Pessoas me perguntavam o que fazer quando entregavam ótimos resultados, mas o chefe era um idiota que parecia não se importar, ou quando eram a única pessoa numa empresa a achar que mudanças são necessárias, ou quando o processo de orçamento está cheio de falhas, ou quando estavam prestes a lançar um produto sensacional, mas a diretoria não queria dar a elas nem a autonomia nem os recursos necessários.

O que fazer, as pessoas me perguntavam, se os gerentes da empresa não falam o que pensam de verdade; se tivessem que demitir um funcionário do qual gostavam muito, mas que simplesmente não produzia como esperado; ou se tivessem que ajudar a empresa a atravessar uma crise que já durava um ano?

Ouvi dúvidas sobre o malabarismo necessário para dar conta de demandas conflitantes e cuidar dos filhos e da carreira sem deixar de fazer todas as outras coisas que se tem vontade, como jogar golfe, reformar a casa ou participar de uma caminhada para arrecadar dinheiro para caridade. Dúvidas sobre como conseguir a promoção dos sonhos — mas sem fazer inimigos. Sobre tendências macroeconômicas, indústrias emergentes e flutuações cambiais.

Ouvi, literalmente, milhares de perguntas. No entanto, a maioria se resumia a uma única questão:

O que é preciso para vencer?

E é disso que trata este livro: vencer. Acredito que nenhum outro assunto teria me feito querer voltar a escrever!

Para mim, vencer é incrível. Não é apenas bom — é *incrível*. Vencer nos negócios é incrível, porque, quando as empresas vencem, as pessoas prosperam e crescem. Surgem mais empregos e mais oportunidades em todo canto e para todo mundo. As pessoas se sentem mais otimistas em relação ao futuro; conseguem os recursos necessários para mandar seus filhos para a faculdade, pagar por melhores serviços de saúde, comprar uma casa de veraneio e garantir uma aposentadoria confortável. Vencer dá a oportunidade de retribuir à sociedade de formas extremamente importantes, para além de apenas pagar mais impostos — as pessoas podem doar tem-

> Ouvi, literalmente, milhares de perguntas. No entanto, a maioria se resumia a uma única questão: *O que é preciso para vencer?*

Vencer é incrível. Não é apenas bom — é *incrível*. Porque, quando as empresas vencem, as pessoas prosperam e crescem. Surgem mais empregos e mais oportunidades.

po e dinheiro para instituições de caridade e atuar como mentoras em escolas do centro da cidade, para citar apenas dois exemplos. Vencer levanta o astral de todos e transforma o mundo num lugar melhor.

Por outro lado, quando as empresas perdem, todos tomam o golpe. As pessoas sentem medo. Têm menos segurança financeira, e menos tempo ou menos dinheiro para fazer o que quer que seja pelos outros. Não fazem outra coisa além de se preocuparem e aborrecerem suas famílias — além disso, caso estejam desempregadas, pagam pouco ou nenhum imposto.

Vamos falar um pouco sobre impostos. Ou melhor, vamos falar sobre o governo, de modo geral.

O governo, obviamente, é uma parte vital da sociedade. Em primeiro lugar, ele nos protege das persistentes e insidiosas ameaças à segurança nacional que nos rondam no momento e no futuro próximo. Mas o governo fornece muito mais: um sistema de justiça, educação, proteção policial e contra incêndios, estradas e portos, assistência social e hospitais... A lista é enorme.

Mas, não importa quais sejam as virtudes do governo, é fundamental lembrar que todos os serviços oferecidos provêm de alguma forma de receita fiscal. O governo não gera renda sozinho — ele é o suporte para o motor da economia, não o motor em si.

As empresas vencedoras e as pessoas que trabalham para elas são o motor de uma economia saudável, e, ao fornecer as receitas para o governo, são a base de uma sociedade livre e democrática.

É por isso que vencer é incrível.

É redundante, no entanto, dizer que você precisa vencer da maneira certa — de forma limpa, de acordo com as regras. Isso é indiscutível. Empresas e pessoas que não competem de maneira justa não merecem vencer e, graças aos bem lapidados processos internos das empresas e das agências reguladoras do governo, os trapaceiros são quase sempre identificados e postos para fora de campo.

Empresas e pessoas honestas — a imensa maioria — precisam encontrar o caminho para vencer.

Este livro oferece um mapa.

Contudo, não é um mapa apenas para gerentes de nível sênior e CEOs. Se este livro for capaz de ajudá-los, ótimo. Espero mesmo que ajude. Mas também é, em grande medida, um livro para aqueles que estão na linha de frente: donos de negócios, gerentes de nível intermediário, pessoas que administram fábricas, operários, estudantes recém-formados em busca do primeiro emprego, pós-graduados pensando em mudar de carreira e empreendedores. Meu principal objetivo é ajudar a qualquer um que tenha ambição no olhar e paixão nas veias, não importa o lugar que ocupe dentro de uma companhia.

Você vai conhecer muitas pessoas ao longo das próximas páginas. Algumas podem fazê-lo lembrar de si mesmo, outras podem só parecer bastante familiares:

Temos o CEO que apresenta à empresa uma lista de valores nobres — por exemplo, qualidade, atendimento ao cliente e respeito —, mas que nunca explica, de fato, o que significa viver estes valores. Temos o gerente intermediário que solta fogo pelas ventas durante uma reunião com outro setor por saber que os colegas poderiam fazer muito mais se parassem de dar tapinhas nas costas uns dos outros por um minuto que fosse. Temos a funcionária que apresenta um desempenho insatisfatório há anos, mas é tão simpática e agradável — e perdida — que ninguém tem coragem de mandá-la embora. Temos o colega que você não consegue nem olhar nos olhos, porque o sujeito é uma espécie de morto-vivo sendo guiado lenta e dolorosamente até a saída. Temos os funcionários que almoçam todos os dias no que chamam de "Mesa dos Sonhos Perdidos", demonstrando seu ressentimento diante da autoridade. Temos a engenheira que passou quinze anos construindo uma carreira impressionante, para então em um dia jogar tudo para o alto ao perceber que simplesmente fizera um malabarismo com a vida e o trabalho para garantir a felicidade de todos — menos a própria.

> Assuma uma postura de positividade e espalhe esse sentimento, jamais se faça de vítima e, pelo amor de Deus, divirta-se.

Você também vai conhecer muitas pessoas cujas histórias são exemplos de inovação, visão e garra.

Temos David Novak, o jovem e enérgico CEO da Yum! Brands, que transformou cada um dos mais de 33 mil estabelecimentos da rede de restaurantes da Yum! em um laboratório para novas ideias e toda a organização em uma máquina de aprendizado. Denis Nayden, o experiente agente de mudanças, que nunca se conforma com pouco e tem intensidade de sobra. Jimmy Dunne, que reconstruiu sua empresa das cinzas após o 11 de Setembro usando amor, esperança e acreditando que tudo é possível. Susan Peters, que é mãe e vice-diretora de RH da GE e que poderia escrever um livro sobre como atravessar as colinas e os vales do equilíbrio entre as vidas profissional e pessoal. Temos Chris Navetta, CEO da US Steel Kosice, que ajudou a transformar uma cidade em crise na Eslováquia ao converter uma antiga siderúrgica estatal em uma empresa próspera e lucrativa. Temos Kenneth Yu, chefe de operações da 3M na China, que catapultou os negócios, passando de um crescimento modesto para alto ao abandonar o falso ritual do orçamento anual e substituí-lo por um debate sem restrições sobre oportunidades. Temos Mark Little, que ficou arrasado após um rebaixamento na GE, mas batalhou para reconquistar o posto com coragem, perseverança e ótimos resultados.

Pessoas são o que há de mais importante quando se trata de vencer, e, portanto, este livro trata essencialmente delas — em alguns casos, sobre os erros que cometeram, porém com mais frequência sobre seus êxitos. Este livro trata, principalmente, de ideias e da capacidade de colocá-las em ação.

Neste ponto, pode haver alguns leitores meio céticos. Estão pensando: vencer é um tópico muito complexo e cheio de gradações para ser esgotado em vinte capítulos. Não me importa quantas pessoas e ideias existam neste livro!

Sim, vencer é complexo e cheio de gradações, para não dizer impiedosamente difícil.

Mas vencer também é possível. Você *pode* vencer. Para fazer isso, no entanto, precisa saber o que nos leva à vitória.

Paixão por vencer não oferece fórmulas fáceis. Essas coisas não existem.

Em determinados capítulos, no entanto, oferece diretrizes a serem seguidas, regras a serem levadas em conta, pressupostos a serem adotados e erros a serem evitados. O capítulo sobre estratégia oferece um processo de três etapas; a parte sobre como encontrar o emprego certo indica os sinais positivos e os de alerta. Há também diversos temas que se repetem: a equipe com os melhores jogadores vence, portanto encontre e mantenha os melhores; não pense demais a ponto de não agir; não importa em que parte de uma empresa você esteja, sempre compartilhe o que aprender; assuma uma postura de positividade e espalhe esse sentimento, jamais se faça de vítima e, pelo amor de Deus, divirta-se.

Sim, divirta-se.

Os negócios são como um jogo, e vencer é sensacional!

O CAMINHO PELA FRENTE

Antes de começar, uma palavrinha sobre a organização deste livro. Ele está dividido em cinco partes.

A primeira, "Lá no fundo", é conceitual. Sem dúvida, contém mais filosofia administrativa do que a maioria das pessoas de negócios costuma ter tempo de apreciar num dia normal, e mais do que eu jamais pensei de uma só tacada, antes de me aposentar. Mas há uma subestrutura de princípios na minha abordagem aos negócios, e, portanto, eu explico tudo nesta parte.

Em suma, os quatro princípios tratam da importância de ter uma missão forte e valores concretos; da necessidade absoluta de agir com franqueza em todos os aspectos da administração; do poder da diferenciação — ou seja, de um sistema baseado na meritocracia —; e o valor que existe em dar voz e dignidade a cada indivíduo.

A seção seguinte, "A sua empresa", trata dos bastidores das organizações. É sobre dinâmicas — as pessoas, os processos e a cultura. Seus capítulos abordam liderança, contratação, gerenciamento de pessoas, demissões, coordenação de mudanças e controle de crises.

Depois vem "A sua competição", sobre o universo além dos muros da empresa. Fala de como criar vantagens estratégicas, projetar orçamentos que fazem sentido, crescer organicamente e por meio de fusões e aquisições. Além disso, procura desmistificar um tema que não cansa de deixar as pessoas intrigadas e surpresas: o programa de qualidade Six Sigma.

A seguir temos "A sua carreira", sobre gerenciar a trajetória e a qualidade da sua vida profissional. Começa com um capítulo sobre como encontrar o emprego certo — e não apenas bem no início, mas em qualquer momento da sua carreira. Inclui um capítulo sobre o que é preciso para ser promovido, e outro sobre uma situação complicada na qual todos nos vemos, mais cedo ou mais tarde: trabalhar para um chefe ruim. O último capítulo desta parte trata do desejo humano de dar conta de tudo ao mesmo tempo, o que, como você já sabe, é impossível. No entanto, é possível e recomendável saber o que seu chefe pensa sobre o assunto — e esse é um dos temas deste capítulo.

Na última seção do livro, intitulada "Juntando as pontas soltas", respondo a nove perguntas que não se enquadram em alguma das categorias anteriores. Tratam de temas como gerenciar a "ameaça chinesa", diversidade, o impacto de novas regulamentações como a Lei Sarbanes-Oxley e o que as empresas devem fazer contara crises sociais como a da Aids. Há também perguntas sobre como está se saindo o meu sucessor, Jeff Immelt (em uma palavra, ótimo), como anda meu desempenho no golfe e se acho que vou para o céu.

Preciso admitir que a última pergunta me deixou confuso!

Quanto às demais, elas me provocaram e me fizeram pensar a fundo sobre aquilo em que eu acredito e por quê.

Este livro traz um monte respostas, mas não todas — porque os negócios estão sempre mudando, porque o mundo está sempre mudando. Surgem não apenas novas perguntas — mas também novas respostas. Desde que saí da GE, aprendi quase tanto sobre negócios quanto no tempo em que trabalhei lá. Aprendi a cada pergunta que me foi feita.

Como um empreendedor holandês me disse, uma vez: "A cada dia surge uma nova pergunta. É isso que nos mantêm em movimento."

E espero que minhas respostas também ajudem você a aprender.

LÁ NO FUNDO

1. MISSÃO E VALORES

Fala-se muita bobagem sobre algo tão importante   23

2. FRANQUEZA

O maior segredo sórdido dos negócios   35

3. DIFERENCIAÇÃO

Cruel e darwiniana? Prefiro justa e eficaz   47

4. VOZ E DIGNIDADE

Todo mundo pensando junto   61

I

Missão e Valores

FALA-SE MUITA BOBAGEM SOBRE ALGO TÃO IMPORTANTE

PRESTE BASTANTE ATENÇÃO, por favor, no que eu tenho a dizer sobre missão e valores.

Faço esse pedido porque estes dois termos devem estar entre as palavras mais obscuras, repetidas e mal compreendidas no mundo dos negócios. Quando falo para uma plateia, é comum me perguntarem sobre isso, em geral, com algum nível de pânico em relação ao verdadeiro sentido e sua relevância. (Em Nova York, certa vez, ouvi: "Você poderia definir a diferença entre missão e valor, e também dizer qual a diferença que essa diferença faz?") As faculdades de administração tornam a confusão ainda maior ao pedir que seus alunos escrevam regularmente declarações de missão e debatam valores, uma prática tornada ainda mais fútil por ser realizada no vácuo. Muitas empresas fazem o mesmo com seus executivos seniores, geralmente na tentativa de criar uma placa com algo que soe pomposo para ser pendurada no saguão de entrada.

Com muita frequência, esses exercícios dão origem a um conjunto de banalidades genéricas que não fazem mais que deixar os funcionários perdidos ou indiferentes. Quem não conhece uma declaração de missão que diz algo como "Nossa empresa valoriza qualidade e serviço"

– 23 –

ou "Nossa empresa está sempre voltada para o cliente". Mas qual delas não valoriza qualidade e serviço ou não se preocupa com seus clientes? E quem nunca ouviu falar de uma instituição que passou incontáveis horas em debates emotivos para, no fim das contas, apresentar valores que, apesar das boas intenções, parecem saídos de uma lista de virtudes genéricas, incluindo "integridade, qualidade, excelência, serviço e respeito". Dá um tempo! Toda empresa decente defende essas coisas! E, francamente, integridade é pré-requisito. Se não estiver na raiz, a empresa não deveria nem poder entrar em campo.

Por outro lado, uma boa declaração de missão e um bom conjunto de valores são tão reais que a solidez é quase palpável. A missão deixa perfeitamente claro para onde você quer ir, e os valores descrevem os comportamentos que o levarão até lá. Inclusive, eu sou a favor de abandonar de vez o termo *valores* e usar simplesmente *comportamentos*. Mas, por uma questão de hábito, vamos nos ater à terminologia mais difundida.

PRIMEIRO: SOBRE ESSA TAL DE MISSÃO...

Na minha experiência, uma declaração de missão eficaz responde a uma pergunta: *Como pretendemos vencer neste negócio?*

A missão não responde à pergunta: "O que tínhamos de bom nos bons velhos tempos?" Tampouco a: "Como podemos descrever nossos negócios para que nenhuma unidade, divisão nem executivo sênior fique irritado?"

Ao contrário destes exemplos, a questão "Como pretendemos vencer neste negócio?" é definidora. Exige que as empresas façam escolhas sobre pessoas, investimentos e outros recursos, e evita que caiam na armadilha corriqueira de afirmar em sua missão que serão tudo para todo mundo o tempo todo. Essa pergunta obriga as empresas a delinearem seus pontos fortes e fracos a fim de avaliar onde podem atuar de maneira *lucrativa* no cenário competitivo.

Sim, lucrativa — essa é a chave. Até a Ben & Jerry's, a fabricante norte-americana de sorvetes com ingredientes selecionados, espírito hippie e vontade de salvar o mundo fala em ter "uma base financeira sustentável de crescente valor rentável para nossos acionistas" como um dos elementos de sua missão em três partes, porque seus executivos sabem que, sem sucesso financeiro, nenhum objetivo social tem a mínima chance.

Isso não quer dizer que uma missão não deva ser ousada nem aspiracional. A Ben & Jerry's quer "fazer, distribuir e vender um sorvete da mais alta qualidade, com diferentes combinações" e "melhorar a qualidade de vida local, nacional e internacional". Esse tipo de linguagem é excelente, pois tem um poder incrível de estimular as pessoas e motivá-las a darem o máximo de si.

No fim das contas, declarações de missão eficazes são as que equilibram o possível e o impossível. Dão às pessoas a noção clara dos rumos em direção à lucratividade e a inspiração para sentir que fazem parte de algo grande e importante.

Vejamos nossa missão na GE. De 1981 a 1995, dissemos que seríamos "a empresa mais competitiva do mundo", e buscaríamos o primeiro ou o segundo lugar em todos os mercados em que atuássemos — fosse consertando, vendendo ou encerrando todos os negócios de baixo desempenho que não conseguissem chegar lá. Não poderia haver dúvida sobre o significado nem sobre as implicações dessa missão. Era específica e descritiva, sem componente algum abstrato. E também era aspiracional em sua ambição global.

Essa missão ganhou vida de diferentes formas. Primeiro, em um momento em que estratégias de negócios eram mantidas em segredo pela diretoria e qualquer informação sobre o assunto era produto de fofocas, passamos a falar abertamente sobre quais negócios já eram líderes ou vice-líderes de mercado e quais teriam que ser reparados ou desfeitos. Tal franqueza chocou o sistema, mas fez maravilhas por tornar a missão real para as pessoas dentro da companhia. Elas podem ter odiado quando nos desfizemos de determinados negócios, mas entendiam o porquê.

Além disso, batíamos naquela mesma tecla constantemente, em todas as reuniões, fossem grandes

> Declarações de missão eficazes são as que equilibram o possível e o impossível.

ou pequenas. Qualquer decisão ou iniciativa estava vinculada à missão. Recompensamos notoriamente as pessoas que se orientavam pela missão e dispensamos aquelas que não conseguiam lidar com ela por qualquer motivo que fosse, normalmente por saudades de como eram os negócios nos "bons e velhos tempos".

No entanto, em 1981 poderíamos ter criado uma missão totalmente diferente para a GE. Vamos supor que, após muito debate e uma análise profunda da tecnologia, dos concorrentes e dos clientes, tivéssemos decidido que queríamos nos tornar a empresa mais inovadora do mundo no desenvolvimento de produtos elétricos. Ou que o caminho mais lucrativo a seguir seria globalizar rápida e integralmente todos os negócios que possuíamos, não importando a posição que ocupassem no mercado.

Qualquer uma dessas missões teria encaminhado a GE para um rumo totalmente diferente daquele que tomamos. Teriam exigido que comprássemos e vendêssemos negócios diferentes dos que compramos e vendemos, ou contratássemos e demitíssemos pessoas diferentes, e assim por diante. Mas, em termos puramente técnicos, não tenho nada contra essas missões. São concretas e específicas. Sem dúvida, aquela sobre desenvolver produtos elétricos teria sido confortável para a maioria das pessoas na GE. Afinal, era assim que elas enxergavam a empresa. A missão sobre o foco global teria deixado alguns alarmados. Mudanças muito rápidas costumam provocar esse impacto.

Uma última palavra sobre missões, no que diz respeito à elaboração delas. Como se cria uma?

Essa é uma pergunta que eu não preciso nem pensar para responder.

> **Definir a missão é uma incumbência do alto escalão. Uma missão não pode ser delegada a alguém que não as pessoas responsáveis por ela em última instância.**

Você pode buscar informações de todos os lugares — e deve ouvir pessoas inteligentes de todos os patamares. Mas definir a missão é uma incumbência do alto escalão. Uma missão não pode, e não deve, ser delegada a alguém que não as pessoas responsáveis por ela em última instância.

Porque defini-la é um momento decisivo para a liderança de uma empresa.

É o verdadeiro teste de competência.

... E AGORA, SOBRE ESSES TAIS VALORES

Como falei anteriormente, valores são apenas comportamentos — específicos, bem detalhados e tão precisos que deixam pouco para a imaginação. As pessoas precisam poder enxergá-los como palavras de comando porque eles são o *como fazer* da missão, os meios para se alcançar um objetivo — vencer.

Em contraste com a criação da missão, todos na empresa devem participar da elaboração dos valores. Sim, essa tarefa pode ser um tanto confusa. Mas tudo bem. Em uma empresa pequena, todos podem ser chamados a participar de debates, em diferentes reuniões. Em uma organização maior, é mais complicado. Podem ser organizadas reuniões com a empresa inteira, sessões de treinamento e outras atividades, para que haja o máximo possível de debates, e a intranet pode ser usada para se obter informações em maior escala.

Promover a maior participação faz toda a diferença, garante mais insights e ideias, e, o mais importante, uma adesão muito mais ampla ao fim do processo.

Inclusive, um verdadeiro processo de criação de valores envolve tentativa e erro. A equipe executiva pode criar uma primeira versão, mas que deve ser apenas isso, uma primeira versão. O documento deve ser testado e aprovado (ou não) por pessoas de toda a organização, repetidas vezes. E a equipe executiva tem que se esforçar para garantir a criação de uma atmosfera em que as pessoas sintam que contribuir é parte do papel delas.

No entanto, se na sua instituição falar abertamente sobre este assunto é algo exaustivo, esse método de desenvolvimento de valores não vai dar certo. E presumo que, enquanto você trabalhar ali, terá que conviver com aquela placa genérica na entrada.

Se você estiver em uma empresa que acolhe com prazer o debate — e muitas o fazem —, é um enorme equívoco não contribuir com o processo.

Se existem valores e comportamentos que você compreende e que é capaz de adotar, você tem a obrigação de lutar por eles.

DETALHES SÃO IMPORTANTES

Quando me tornei CEO, confesso ter defendido valores vagos, completamente enigmáticos. Em 1981, escrevi no relatório anual que os líderes da GE "encaram a realidade", "vivem a excelência" e "assumem responsabilidades". Esses chavões me pareciam bons, mas estavam muito longe de descrever comportamentos reais.

Em 1991, já havíamos feito muitos progressos. Ao longo dos três anos anteriores, mais de cinco mil funcionários passaram parte do tempo participando do desenvolvimento de nossos valores. O resultado foi muito mais concreto, e chegamos a imprimi-los em cartõezinhos. O texto incluía imperativos como "Não crie barreiras — procure e aplique sempre as melhores ideias, não importa de onde venham", "Não tolere burocracia" e "Veja as mudanças como uma oportunidade de crescimento".

Alguns desses comportamentos, claro, exigiram explicações e interpretações adicionais. E falávamos sobre isso o tempo todo, em reuniões, durante avaliações e na pausa para o café.

Desde que deixei a GE, percebi que a discussão sobre valores e comportamentos poderia ter ido ainda mais longe. Em 2004, vi Jamie Dimon e Bill Harrison trabalharem para desenvolver valores e comportamentos para a nova empresa criada pela fusão do Bank One e do JPMorgan Chase. O documento que usaram para abrir o diálogo veio do Bank One e listava valores e seus comportamentos correspondentes com um nível de detalhamento que eu nunca tinha visto.

Vejamos, por exemplo, o valor "Nós tratamos os clientes da maneira que gostaríamos de ser tratados". Isso já é bastante tangível, mas o Bank One, de fato, enumerou uma dúzia de comportamentos para que esse valor fosse concretizado. Eis alguns:

- **Não permita jamais que conflitos no centro de lucro atrapalhem o que é certo para o cliente.**

– 28 –

- Ofereça aos clientes um acordo bom e justo. Desenvolver um ótimo relacionamento com o cliente requer tempo. Não tente maximizar os lucros em curto prazo em detrimento da construção de um relacionamento duradouro.

- Procure sempre por formas de tornar mais fácil fazer negócios conosco.

- Comunique-se diariamente com seus clientes. Se estiverem falando com você, não terão tempo de falar com um concorrente.

- Lembre-se sempre de agradecer.

Outro valor do Bank One era: "Nós nos esforçamos para prestar serviços de baixo custo por meio de operações eficientes e excelentes." Alguns dos comportamentos prescritos incluíam:

- Quanto mais enxuto, melhor.

- Elimine a burocracia.

- Reduza todo o desperdício.

- As operações devem ser rápidas e simples.

- Valorize o tempo do outro.

- Invista em infraestrutura.

- Devemos conhecer melhor o nosso negócio. Não precisamos de consultores para nos dizer o que fazer.

Sei que esse nível de detalhamento parece exaustivo e até rígido demais. Quando abri pela primeira vez o documento com valores e comportamentos produzido por Jamie, cinco páginas em espaçamento simples, quase caí para trás. Mas, ao lê-lo, compreendi seu poder.

Depois de todas as histórias que ouvi de funcionários de empresas do mundo todo nos últimos anos, estou certo de que detalhes nunca são demais quando se trata de valores e dos comportamentos a eles relacionados.

VALIDAÇÃO É IMPORTANTE

Clareza em torno de valores e comportamentos não serve de muita coisa caso não haja validação. Para fazer com que os valores tenham um significado de verdade, as empresas precisam recompensar as pessoas que os adotam e "punir" as que não o fazem. Acredite, isso faz com que vencer seja mais fácil.

Falo isso porque toda vez que demitimos um gerente de alto desempenho com a justificativa de que não encarnava os nossos valores — e isso era dito publicamente —, a companhia reagiu incrivelmente bem. Em pesquisas anuais realizadas por mais de uma década, os funcionários diziam que éramos uma empresa que vivia cada vez mais seus valores. Isso fez com que as pessoas se tornassem mais comprometidas em vivê-los. E, à medida que os resultados de satisfação dos envolvidos melhoravam, melhoravam também os resultados financeiros.

E, POR FIM, CONEXÃO É IMPORTANTE

Ter uma missão concreta é ótimo. Valores que representem comportamentos específicos também. Mas, para que a missão e os valores de uma empresa realmente funcionem em conjunto para vencer, eles precisam reforçar um ao outro.

Parece óbvio, claro, que os valores de uma empresa devam estar de acordo com sua missão, mas é extremamente comum que isso não ocorra. Essa desconexão costuma se dar mais por omissão do que propositalmente, mas acontece de vez em quando.

No cenário mais comum, a missão de uma empresa e seus valores entram em desacordo devido às pequenas crises do dia a dia nos negócios:

um concorrente chega à cidade e reduz os preços, e você faz o mesmo, prejudicando sua missão de competir pela excelência no atendimento ao cliente. Ou ocorre uma crise, de modo que você reduz seu orçamento de publicidade, esquecendo-se de que sua missão é aprimorar e ampliar a marca.

No cenário mais comum, a missão de uma empresa e seus valores entram em desacordo devido às pequenas crises do dia a dia nos negócios.

Esses exemplos de desconexões podem parecer pequenos ou temporários, porém, quando não voltam a ser abordados, causam sérios danos a uma empresa. No pior dos casos, podem destruir um negócio.

Foi assim que eu vi o que aconteceu na Arthur Andersen e na Enron.

A Arthur Andersen foi fundada há quase um século, com a missão de se tornar a empresa de auditoria mais respeitada e confiável do mundo. Era uma empresa que se orgulhava de ter a coragem de dizer não, mesmo que isso significasse perder um cliente. Conseguiu contratar os CPAs mais íntegros e competentes e recompensá-los por realizar um trabalho que conquistou a confiança de empresas e órgãos reguladores em todo o mundo.

Então veio o *boom* da década de 1980, e a Arthur Andersen decidiu que queria montar um negócio de consultoria; era ali que estava a emoção, sem falar no dinheiro de verdade. A empresa começou a contratar mais profissionais com MBA e a pagar os maiores salários exigidos pelo setor de consultoria. Em 1989, a empresa se dividiu em duas: a tradicional de contabilidade, Arthur Andersen, e a Andersen Consulting, que prestava consultoria. Ambas ficaram sob o mesmo guarda-chuva corporativo, chamado Andersen Worldwide.

Em vez de valorizar a consciência, empresas de consultoria geralmente incentivam a criatividade e recompensam o comportamento agressivo das vendas, levando o cliente de um projeto para o outro. Nos anos 1990, em particular, havia uma verdadeira agressiva no setor de consultoria, e o lado contábil da Andersen sentiu o impacto. Alguns de seus contadores foram tomados por esse espírito, deixando de lado os valores intrínsecos ao ramo da auditoria que por tanto tempo os haviam guiado.

Durante a maior parte daquela década, a Arthur Andersen foi uma empresa em guerra consigo mesma. A divisão de consultoria estava subsidiando a de auditoria e não gostava de nada disso, ao mesmo tempo em que a divisão de auditoria não suportava as bravatas dos funcionários da consultoria. Em circunstâncias como aquela, como esperar que as pessoas soubessem responder perguntas como: "Qual é a nossa missão?", "Quais valores são os mais importantes?" ou "Como devemos agir?" As respostas divergiam de acordo com a divisão à qual se houvesse jurado lealdade, e é por isso que os sócios foram parar nos tribunais, tentando encontrar uma forma de repartir os lucros.

Por fim, em 2002, a empresa foi por água abaixo, devido, em grande parte, à desconexão entre missão e valores.

Em diversos aspectos, o mesmo tipo de dinâmica esteve por trás do colapso da Enron.

Nos primórdios, era uma companhia de produção e distribuição de energia, sem nada de especial. Todos estavam focados em levar gás do ponto A ao ponto B de forma rápida e barata, uma missão que eles cumpriam muito bem graças à vasta experiência em extração e transporte de combustíveis.

Então, assim como a Arthur Andersen, a empresa mudou de missão. Alguém teve a ideia de transformar a Enron em uma *trading company* — empresas que atuam como intermediárias entre fabricantes e compradores, em operações de exportação ou de importação. O objetivo, da mesma forma, era aumentar o ritmo de crescimento.

Na Arthur Andersen, senhores de viseira e colete subitamente se viram dividindo o escritório com executivos de terno Armani. Na Enron — também em sentido figurado —, homens de macacão subitamente pegavam o mesmo elevador que executivos de suspensórios.

A nova missão da Enron estabelecia que seu foco primário era o comércio de energia, e, em seguida, o comércio de tudo e qualquer coisa. Essa mudança provavelmente foi muito empolgante na época, mas ninguém parou para pensar e explicar com clareza quais valores (e seus respectivos comportamentos) dariam suporte a um objetivo deste porte.

A mesa de operações se tornou o lugar mais importante da empresa, enquanto os negócios de geração e transmissão de energia foram relegados ao segundo plano. Infelizmente, não havia procedimentos que impusessem freios e contrapesos à turma de suspensórios. E foi nesse contexto — *de ausência de contexto* — que se deu a derrocada da Enron.

Assim como no caso da Arthur Andersen, essa história de desconexão entre missão e valores termina com milhares de pessoas inocentes desempregadas. Uma enorme tragédia.

■

Este capítulo foi aberto com a observação de que as pessoas no mundo dos negócios falam muito sobre missão e valores, mas, muitas vezes, o resultado é mais bobagem do que atitude de verdade. Por mais que não seja a intenção, a afetação e a imprecisão inerentes a ambos os termos parecem fazer com que as coisas acabem sempre dessa forma.

Mas há muito a perder caso sua missão não seja expressa com clareza e seus valores não se concretizem. Não estou dizendo que sua empresa terá o mesmo desfecho trágico que a Arthur Andersen e a Enron — esses são exemplos extremos de colapsos de missão e valores. Estou dizendo, sim, que sua empresa não chegará nem perto de atingir seu pleno potencial se for guiada por uma mera lista de frases de efeito expostas no saguão de entrada.

Veja, eu sei que definir uma boa missão e desenvolver valores que a sustentem exigem tempo e um enorme comprometimento. Haverá reuniões longas e controversas quando você preferia estar em casa. Haverá debates por e-mail quando você gostaria apenas de fazer algo concreto. Haverá momentos dolorosos em que você terá que demitir pessoas de que gosta muito, mas que, simplesmente, não adotam a missão nem vivem os valores correspondentes. Em dias assim, pode ser que você deseje que sua missão e seus valores sejam algo vago e genérico.

Mas isso não funciona.

Gaste o tempo e a energia que forem necessários.

Crie algo genuíno.

2

Franqueza

O MAIOR SEGREDO SÓRDIDO DOS NEGÓCIOS

EU SEMPRE FUI um grande defensor da franqueza. Inclusive, falei isso para o pessoal da GE por mais de vinte anos.

Mas, desde que me aposentei da empresa, percebi que subestimei o valor deste sentimento. Na verdade, eu consideraria a ausência de franqueza o maior segredo sórdido dos negócios.

É um problema e tanto! A ausência de franqueza impede que ideias inteligentes, ações rápidas e pessoas competentes contribuam com tudo o que podem. É como um veneno.

Quando você age com franqueza — lembre-se, no entanto, de que ninguém é completamente franco —, tudo funciona melhor e mais rápido.

Contudo, quando falo em "ausência de franqueza", não estou falando de desonestidade deliberada. Refiro-me ao fato de que muitas pessoas, com muita frequência, não se expressam instintivamente com franqueza. Não se comunicam diretamente nem apresentam ideias que buscam fomentar o debate de verdade. Simplesmente não se abrem. Em vez disso, guardam para si os comentários ou as críticas. Mantêm a boca fechada, seja para fazer as outras se sentirem melhor ou

> A ausência de franqueza impede que ideias inteligentes, ações rápidas e pessoas competentes contribuam com tudo o que podem. É como um veneno.

para evitar conflitos, e maquiam as más notícias para preservar as aparências. Guardam tudo para si, retendo informações.

Tudo isso é falta de franqueza, e é absurdamente prejudicial. E, no entanto, esse comportamento permeia quase todos os aspectos dos negócios.

Em minhas viagens, ouvi histórias de pessoas que trabalharam em centenas de empresas que descrevem a completa falta de franqueza que vivenciam no dia a dia, em todo tipo de reunião, desde revisões de orçamento e produtos até sessões de estratégia. As pessoas falam sobre a burocracia, as barreiras, a politicagem e a falsa polidez provocadas pela falta de sinceridade. Perguntam como podem transformar suas empresas em lugares onde as pessoas expõem suas opiniões abertamente, conversam sobre o mundo de forma realista e debatem ideias de todos os pontos de vista. Ainda com mais frequência, ouço falar que a falta de sinceridade deixou de ser abordada nas avaliações de desempenho.

Na verdade, ouço isso com tanta frequência que sempre acabo pedindo ao público que levante a mão aquele que pode responder afirmativamente à pergunta: "Quem aqui teve, no último ano, uma sessão de feedback honesta e direta, olhos nos olhos, em que saiu sabendo exatamente o que precisa fazer para melhorar e em que ponto da organização se encontra?"

Em um dia bom, 20% levantam as mãos. Mas, na maioria das vezes, é mais próximo de 10%.

Curiosamente, quando inverto a questão e pergunto ao público quantas vezes proporcionaram uma avaliação honesta e sincera ao seu pessoal, os números não mudam muito.

De que importa a concorrência externa quando seu pior inimigo é a maneira como você se comunica internamente?

O EFEITO FRANQUEZA

Vejamos como este sentimento nos ajuda a vencer. Isso se dá, principalmente, de três formas.

Em primeiro lugar, a franqueza faz com que mais pessoas participem da conversa, e, com mais indivíduos, é óbvio que haverá maior riqueza de ideias. Com isso, quero dizer que muito mais ideias serão apresentadas, debatidas, dissecadas e aprimoradas. Em vez de todos se fecharem, todos se abrem e aprendem. Qualquer organização — ou divisão, ou equipe — que traga mais pessoas e suas respectivas *ideias* para a conversa obtém uma vantagem imediata.

Em segundo, franqueza proporciona velocidade. Quando as ideias são expostas, são debatidas, expandidas, aprimoradas e postas em prática rapidamente. Essa abordagem — expor, debater, aprimorar, decidir — não apenas é uma vantagem, mas uma necessidade em um mercado global. Esteja certo de que qualquer empresa, seja uma recém-fundada por cinco pessoas ali na esquina, em Xangai ou em Bangalore, é capaz de agir mais rápido do que você, para começo de conversa. A franqueza é uma forma de seguir esse mesmo ritmo.

Em terceiro, a franqueza reduz custos — muitos custos —, embora seja impossível definir o valor exato. Pense em como a prática acaba com reuniões sem sentido e com o envio de relatórios que confirmam o que todo mundo já sabe. Pense em como a sinceridade substitui sofisticados slides do PowerPoint, apresentações sonolentas e tediosas reuniões externas por conversas genuínas, sejam sobre a estratégia da empresa, o lançamento de um novo produto ou o desempenho de alguém.

Ponha todos os benefícios e as vantagens na balança e notará que não pode se dar ao luxo de não agir com verdade.

ENTÃO, POR QUE NÃO?

Dadas as vantagens da franqueza, você deve estar se perguntando: por que não somos francos?

Bem, o problema começa cedo.

O fato é que somos incentivados, desde a infância, a suavizar as más notícias e a disfarçar o incômodo diante de assuntos constrangedores. Isso é verdade em todas as culturas e classe sociais e em todos os países. Não faz diferença se você está na Islândia ou em Portugal, ninguém fala mal da comida da própria mãe, não chama o melhor amigo de gordo nem diz a uma tia idosa que odiou o presente de casamento. São coisas que simplesmente não se faz.

Um episódio ocorrido numa festa nos arredores da cidade a que fomos certa vez é um exemplo clássico. Bebendo vinho branco e comendo sushi, uma mulher, cercada de cinco pessoas, começou a lamentar o terrível estresse pelo qual o professor de música da escola primária local passara. Outros convidados entraram na conversa, todos concordando que os alunos da quarta série eram capazes de mandar qualquer um para o hospício. Felizmente, pouco antes do professor de música ser canonizado, uma convidada se meteu na conversa, dizendo: "Vocês estão malucos? Esse professor tem quinze semanas de folga por ano!" Ela apontou para o médico na rodinha, que concordava com a cabeça. "Robert", disse, "você toma decisões de vida ou morte todos os dias. Você não está comprando essa historinha triste, né?".

A conversa fiada bem-educada foi para o espaço. A convidada fez todo mundo se dispersar, a maioria em direção ao bar.

Somos incentivados, desde a infância, a suavizar as más notícias e a disfarçar o incômodo diante de assuntos constrangedores.

Franqueza deixa as pessoas ansiosas. Esse foi um exemplo leve, claro, mas quando você tenta compreendê-la, está, na verdade, tentando desvendar a natureza humana. Por centenas de anos, psicólogos e cientistas sociais estudaram os motivos de as pessoas não dizerem o que pensam, e filósofos refletem sobre este mesmo assunto há milhares de anos.

Uma grande amiga minha, Nancy Bauer, é professora de filosofia na Universidade Tufts. Quando pedi que me falasse um

> No fim das contas, você percebe que as pessoas não falam o que pensam simplesmente porque é mais fácil se calar.

pouco sobre franqueza, Nancy me contou que a maioria dos filósofos chegara às mesmas conclusões que a maioria de nós, leigos, chegamos com a ajuda da idade e da experiência. No fim das contas, você percebe que as pessoas não falam o que pensam simplesmente porque é mais fácil se calar. Quando não se tem papas na língua, é fácil provocar uma bagunça — raiva, dor, confusão, tristeza, ressentimento. Para piorar, queremos limpar essa bagunça, o que pode ser sofrido, constrangedor e levar tempo. Portanto, justificamos a falta de franqueza sob a alegação de que isso evita tristeza e dor nos outros, que se calar ou contar uma mentira inofensiva são as atitudes mais decentes. Na verdade, segundo Nancy, filósofos clássicos, como Immanuel Kant, apresentam poderosos argumentos para demonstrar que a ausência de franqueza tem a ver, na verdade, com nosso próprio interesse — facilitando a *nossa* vida.

Nancy relata uma outra observação de Kant. Ele afirmou que as pessoas são fortemente tentadas a não agir com franqueza porque não enxergam a conjuntura. Receamos que, ao falarmos o que pensamos, caso as notícias não sejam boas, haja uma probabilidade alta de provocar a exclusão de alguém. Mas o que não enxergamos é que a falta de franqueza é a maior forma de exclusão. "Kant via uma enorme ironia nisso", diz Nancy. "Afirmava que quando as pessoas evitam ser francas para não criar mal-estar com os outros acabam por minar a confiança e, dessa forma, desmantelam a sociedade."

Digo a Nancy que o mesmo se aplica quando o assunto é minar os negócios.

DE LÁ PARA CÁ

Nos Estados Unidos, a importância da franqueza nos negócios é uma novidade. Até o início dos anos 1980, grandes empresas como a GE operavam sem isso, assim como a maioria dos negócios, não importava o tamanho. Essas companhias eram um produto do complexo industrial militar que floresceu no pós-Segunda Guerra. Praticamente não tinham concorrência global e, na verdade, algumas do mesmo ramo eram tão semelhantes entre si que muitas vezes se pareciam mais colegas do que concorrentes.

A indústria siderúrgica, por exemplo. A cada três anos, mais ou menos, operários sindicalizados de várias empresas exigiam maiores salários e mais benefícios. As siderúrgicas atendiam a essas demandas, repassando os custos cada vez maiores para a indústria automotiva, que por sua vez repassava os custos para os consumidores.

Tudo corria bem, até os japoneses chegarem com seus carros importados de qualidade mediana e custo baixo, que, em poucos anos, se tornaram veículos de alta qualidade e custo baixo, muitos produzidos em fábricas norte-americanas não sindicalizadas.

No entanto, até a chegada da ameaça externa, a maioria das empresas nacionais não se importava muito com as formas de debate aberto e de ação rápida que caracterizam uma organização franca. Isso não servia de muita coisa. E, assim, sucessivas camadas de burocracia e de códigos ultrapassados de comportamento produziram uma espécie de polidez e formalidade forçadas na maioria das empresas. Havia poucos embates abertos sobre estratégia ou valores; as decisões eram tomadas majoritariamente a portas fechadas. E, quando se tratava de avaliações, essas também eram conduzidas com uma espécie de distanciamento cortês. Os bons desempenhos eram elogiados, mas, como as instituições eram financeiramente fortes, os funcionários com desempenho insuficiente podiam ser mantidos em uma divisão ou em um departamento longínquos até a aposentadoria.

Sem franqueza, todos se poupavam, e os negócios se arrastavam. O status quo não era questionado. Falsidade era regra nos escritórios.

E pessoas com iniciativa, bom-senso e coragem eram classificadas como problemáticas — ou até pior.

Alguém poderia imaginar, que, diante de todas as suas vantagens competitivas, a franqueza teria feito uma entrada triunfal após a chegada dos japoneses. Mas o Japão não provocou essa mudança, nem a Irlanda, o México, a Índia ou a China, para citar alguns dos principais agentes do mercado global hoje. Em vez disso, a maioria das empresas enfrentou a concorrência por meio de recursos mais convencionais: demissões, reduções drásticas de custos e, na melhor das hipóteses, inovação.

Ainda que franqueza esteja em ascensão, ainda é uma parte muito pequena do arsenal.

É POSSÍVEL

Prepare-se para as más notícias. Embora a franqueza seja essencial para vencer, é difícil e demorado incuti-la em qualquer grupo, independentemente do tamanho.

Isso se dá porque você está lutando contra a natureza humana e contra comportamentos organizacionais arraigados, e porque é demorado, podendo levar anos. Na GE, precisamos de quase uma década para aplicar a franqueza de alguma forma, e, mesmo depois de vinte anos, não era uma prática universal.

Ainda assim, é possível. O processo não é científico. Para obter franqueza, você a recompensa, a elogia e fala a respeito dela. Você transforma as pessoas que a manifestam em heróis e heroínas. Acima de tudo, você deve demonstrar franqueza de maneira exuberante e até exagerada — mesmo quando não é o chefe.

Imagine-se por um segundo em uma reunião em que o assunto é como atingir crescimento em uma divisão conservadora. Estão todos ao redor da mesa, falando civilizadamente sobre o quão difícil é vencer neste mercado ou nesta indústria em particular.

> Para obter franqueza, você a recompensa, a elogia e fala a respeito dela. Acima de tudo, você deve demonstrar franqueza de maneira exuberante e até exagerada.

Fala-se sobre o quanto a concorrência é forte. São trazidos à tona os mesmos motivos pelos quais não têm como crescer e pelos quais na verdade estão se saindo bem naquele ambiente. Inclusive, quando a reunião termina, estão até se parabenizando pelo "sucesso" que conseguiram alcançar "diante das circunstâncias".

Por dentro, você está prestes a explodir, pensando: "De novo isso. Sei que Bob e Mary, do outro lado da sala, estão pensando o mesmo que eu — a complacência está nos matando."

Por fora, os três estão mantendo as aparências. Você balança a cabeça, assentindo.

Imagine, então, um ambiente em que você assume responsabilidade pela franqueza. Bob, Mary ou você faria perguntas como:

"Não tem nenhuma ideia de um novo produto ou serviço em algum ponto deste negócio nos quais ainda não tenhamos pensado?"

"Não podemos fazer um upgrade neste negócio a partir de uma aquisição?"

"Esse negócio está desperdiçando muitos recursos. Por que não resolvemos isso?"

Uma reunião totalmente diferente! Muito mais divertida e proveitosa para todos.

Outra situação que acontece o tempo todo é um negócio de alto crescimento com uma equipe cheia de si na administração. Isso fica claro nas reuniões de planejamento de longo prazo. Os gerentes anunciam um crescimento de dois dígitos — 15%, por exemplo — e apresentam dezenas de slides mostrando quão bom tem sido o desempenho. A alta gerência sorri em aprovação, mas você está sentado, sabendo que há muito mais o que extrair deste negócio. Para resumir, as pessoas com os slides são colegas seus, e há um velho código que paira no ar: se você não questionar o meu trabalho, eu não questionarei o seu.

Sinceramente, a única forma que eu conheço de sair dessa situação — e introduzir a franqueza — é questionar de uma maneira não ameaçadora:

"Uau, vocês arrasaram. Belíssimo trabalho. É o melhor negócio da empresa. Por que não investimos mais recursos e corremos atrás de mais?"

"Com essa equipe excelente que você montou, deve haver uma dezena de aquisições possíveis de serem feitas. Você já fez uma análise global?"

Essas perguntas e outras similares têm o poder de transformar uma reunião que era um mero desfiar de autoelogios numa sessão de trabalho estimulante.

VERDADE E CONSEQUÊNCIA

Agora, você pode estar pensando: Não posso fazer essas perguntas, porque não quero parecer um babaca. Quero jogar junto com a equipe.

Sem dúvida, comentários francos apavoram as pessoas num primeiro momento. Quanto mais polida, burocrática ou formal é sua empresa, mais sua franqueza deixará as pessoas assustadas e contrariadas, e, sim, isso pode acabar com você.

Fazer isso oferece um risco, e só você pode decidir se está disposto a enfrentá-lo. É redundante dizer que você terá mais facilidade em introduzir a verdade em sua organização se estiver mais próximo do topo. Mas não culpe seu chefe ou CEO se a empresa não tiver franqueza — diálogos abertos podem começar em qualquer lugar. Eu já dizia o que pensava quando tinha apenas quatro funcionários na Noryl, a menor e mais recente unidade de uma empresa hierarquizada que via o ato de falar abertamente com muita desconfiança.

Na época, eu era muito jovem e inexperiente em termos políticos para perceber, mas estava protegido porque nosso negócio estava indo de vento em popa.

Com honestidade, na época não tínhamos essa noção — não entendíamos o suficiente das coisas para saber o que era franqueza. Apenas nos parecia natural falar abertamente, discutir e debater, e fazer com que as coisas acontecessem rapidamente. A única coisa que sabíamos é que éramos muito competitivos.

Toda vez que eu era promovido, o primeiro ciclo de revisões

> Sem dúvida, comentários francos apavoram as pessoas num primeiro momento.

> **Meus chefes sempre me alertaram sobre a minha franqueza. No entanto, agora que minha carreira na GE se encerrou, eu afirmo: foi isso que me ajudou a fazer dar certo.**

— fossem de orçamentos ou de avaliações de desempenho — era frequentemente desagradável e constrangedor. A maior parte da nova equipe que eu estava gerenciando não estava acostumada a debater de forma franca sobre tudo e qualquer coisa. Por exemplo, quando falávamos de um subordinado em uma reunião sobre pessoal e todos concordavam que o sujeito era um desastre — mas sua avaliação por escrito o fazia parecer um príncipe. Quando eu questionava a falsidade disso, afirmavam: "Sim, claro, mas por que colocaríamos isso por escrito?"

Eu explicava o porquê e apresentava minha defesa da franqueza.

Na reunião seguinte já era possível observar o impacto positivo da franqueza com uma equipe melhor em campo, e, a cada ciclo, cada vez mais pessoas estavam ao meu lado em sua defesa.

Ainda assim, não posso dizer que o coro inteiro cantava a mesma música.

Desde o dia em que entrei para a GE até o dia em que fui nomeado CEO, vinte anos mais tarde, meus chefes sempre me alertaram sobre a minha franqueza. Diziam que eu causava atritos, e ouvi diversas vezes que isso se tornaria um problema mais cedo ou mais tarde.

No entanto, agora que minha carreira na GE se encerrou, eu afirmo: foi isso que me ajudou a fazer dar certo. Muitas pessoas entraram nesse jogo, muitas vozes, muita energia. Nós nos comunicávamos de forma direta, e graças a isso todos puderam melhorar.

■

Neste capítulo, falamos muito sobre uma única palavra. E é simples como parece: a franqueza funciona porque descomplica as coisas.

Sim, todo mundo concorda que vai contra a natureza humana. Da mesma forma que acordar às cinco da manhã todos os dias para pegar o trem das seis. Da mesma forma que almoçar na mesa de trabalho para não perder uma reunião importante a uma da tarde. Mas, pelo bem da sua equipe ou da sua empresa, você faz muitas coisas que não são fáceis. O lado bom da franqueza é que é um ato não natural que vale a pena encarar.

É impossível imaginar um mundo em que todos saiam por aí falando tudo o que pensam de verdade. Você provavelmente não ia querer ouvir — tem coisas que a gente não precisa saber! Mas, se chegarmos a um meio-termo, a ausência de franqueza já não será mais o maior segredo sórdido do mundo dos negócios.

E passará a ser a maior das mudanças em direção ao aprimoramento.

3

Diferenciação

CRUEL E DARWINIANA? PREFIRO JUSTA E EFICAZ

U M DOS MEUS valores que sempre desperta fortes emoções quando apresentado é a diferenciação.

Algumas pessoas se apaixonam pela ideia; juram fidelidade eterna, administram suas empresas com base nela e afirmam que ela está na raiz do seu sucesso. Outras a detestam. Dizem que é cruel, rude, impraticável, desmotivadora, política ou injusta — ou todas as alternativas. Certa vez, durante uma entrevista sobre meu primeiro livro, em uma emissora de rádio, uma mulher de Los Angeles parou o carro no acostamento para ligar para a rádio e dizer que achava a diferenciação "cruel e darwiniana". E isso foi só o começo!

Sou um grande fã da diferenciação, é claro. Eu já a vi transformar empresas medíocres em excelentes, e é tão correto em termos morais quanto qualquer outro sistema de gerenciamento. E funciona.

Organizações vencem quando seus gerentes fazem uma distinção clara e significativa entre negócios e pessoas com desempenhos alto e baixo, quando alimentam os fortes e sufocam os fracos. Empresas sofrem quando negócios e pessoas são tratados da mesma forma e apostas são lançadas por todos os lados, como chuva no oceano.

> Tempo e dinheiro são recursos limitados em qualquer empresa. Líderes vencedores investem onde o retorno é mais alto e reduzem as perdas em todos os outros pontos.

Trocando em miúdos, a diferenciação é simplesmente alocação de recursos, que é o que bons líderes fazem e que, na verdade, é uma das principais tarefas que são *pagos* para fazer. Tempo e dinheiro são recursos limitados em qualquer empresa. Líderes vencedores investem onde o retorno é mais alto e reduzem as perdas em todos os outros pontos.

Se isso soa darwiniano, permita-me acrescentar que estou convencido de que, além de ser a maneira mais produtiva e eficaz de administrar sua empresa, a diferenciação também é a mais justa e a mais gentil. Em última análise, pode transformar qualquer um em vencedor.

Quando eu estava na GE, as pessoas contestavam vigorosamente a diferenciação, mas, ao longo dos anos, a maioria passou a apoiá-la de maneira convicta como nossa forma de fazer negócios. Ao me aposentar, a diferenciação não era mais tão debatida. O mesmo não se pode dizer de outras empresas! Sem dúvida, este valor é o tema em torno do qual gira a maior parte das perguntas que recebo do público em todo o mundo. Como eu disse, as pessoas tendem a amá-lo ou odiá-lo, mas uma quantidade significativa fica apenas confusa. Se eu pudesse mudar algo em meu primeiro livro, seria adicionar mais páginas ao debate sobre diferenciação, e explicar o tópico em mais detalhes e enfatizar que a diferenciação não pode — e não deve — ser implementada às pressas. Na GE, levamos cerca de uma década para introduzir o tipo de franqueza e de confiança que fazem com que a diferenciação seja possível.

Mas este capítulo não é sobre implementação. É sobre os motivos que me fazem crer na diferenciação, e por que você deveria crer também.

DEFININDO A DIFERENCIAÇÃO

Um dos principais mal-entendidos sobre a diferenciação é que trata apenas de pessoas. Quem acha isso compreendeu pela metade. Este valor é um método de gerenciamento de pessoas *e de empresas*.

A diferenciação estabelece que uma organização possui duas partes: o software e o hardware.

O primeiro é simples — é o seu pessoal.

Já o segundo, depende. Numa empresa grande, o hardware são os diferentes negócios no portfólio. Numa pequena, são as linhas de produtos.

Vejamos primeiro a diferenciação aplicada ao hardware, que é mais direta e muito menos polêmica.

Toda empresa tem negócios ou linhas de produtos fortes, fracos e medianos. A diferenciação exige que os gerentes estejam cientes disso e que façam investimentos em consonância com essa classificação.

Para fazer isso, claro, é preciso haver uma definição bem objetiva de "forte". Na GE, significava que este negócio era o primeiro ou o segundo colocado em seu mercado. Caso contrário, os gerentes precisavam corrigi-lo, vendê-lo ou, em último caso, encerrá-lo. Outras empresas possuem estruturas diferentes para decisões de investimento. Elas investem tempo e dinheiro apenas em negócios ou linhas de produtos que prometam crescimento de dois dígitos nas vendas, por exemplo. Ou apenas em negócios ou linhas de produtos com margem de lucro de 15% (ou maior).

Eu, particularmente, não gosto de critérios de investimento de natureza financeira, como a margem, porque números podem variar com muita facilidade ao mudarmos o valor residual, ou qualquer outra estimativa, em uma proposta de investimento. Mas meu argumento é o mesmo: a diferenciação entre seus negócios ou linhas de produtos requer uma estrutura transparente que todos na empresa compreendam. As pessoas podem não concordar, mas estão cientes dos critérios e podem usá-los em suas decisões.

A diferenciação é uma poderosa ferramenta para disciplinar o gerenciamento de modo geral. Na GE, a definição "primeiro ou segundo colocado" fez cessar a prática de espalhar dinheiro por todo canto, que persistia havia décadas. É provável que a maioria dos gerentes da GE dos velhos tempos soubesse que espalhar dinheiro por todo lado não fazia sentido, mas agir dessa forma era muito mais fácil. Há sempre essa pressão — gerentes em uma disputa política para receber a parte que lhes

– 49 –

cabe. Para evitar uma guerra, você distribui uma pequena fatia a cada um e torce para que dê certo.

Empresas também distribuem recursos em proporções idênticas por razões afetivas ou emocionais. A GE manteve, por vinte anos, um negócio de ar-condicionado central pouco lucrativo, apenas porque as pessoas acreditavam que era necessário numa grande organização de eletrodomésticos. Na realidade, a diretoria odiava esse produto, porque o sucesso dependia demais dos instaladores. Esses empreiteiros independentes instalavam nossas máquinas em residências e depois iam embora, e a GE perdia o controle da marca. Pior ainda, tínhamos uma fatia mínima do mercado e simplesmente não havia como ganharmos muito dinheiro com aparelhos de ar-condicionado central. Com a regra do primeiro ou segundo colocado, tivemos que vender o negócio e, quando o fizemos — para uma empresa que vivia e respirava ar-condicionado com muito sucesso —, os outros funcionários da GE descobriram a alegria de serem amados! Além disso, a atenção da gerência não era mais desviada para um negócio de desempenho insuficiente, e os acionistas obtiveram melhores retornos. Todo mundo saiu ganhando.

Administrar sua empresa sem fazer a diferenciação entre seus negócios ou linhas de produtos pode ter sido possível quando o mundo era menos competitivo. Mas, com a globalização e a digitalização, esqueça. Gerentes de todas as categorias precisam fazer escolhas difíceis e lidar com elas.

DIFERENCIAÇÃO APLICADA ÀS PESSOAS

Falemos agora sobre o tópico mais controverso: a diferenciação aplicada às pessoas. É um processo que exige que os gerentes avaliem seus funcionários e os separem em três categorias em termos de desempenho: os 20% melhores, os 70% medianos e os 10% piores. A seguir — e aí reside o segredo —, os gerentes precisam *agir* a partir dessa divisão. Destaco aqui o termo "agir" porque todos os gerentes aplicam a diferenciação instintivamente dentro de suas cabeças. Mas poucos a aplicam de forma concreta.

Quando este valor é de fato aplicada às pessoas, os funcionários entre os 20% melhores recebem bônus, opções de ações, elogios, amor, treinamento e uma variedade de recompensas para seus bolsos e suas almas. Não há dúvidas sobre quem são os astros de uma empresa que aplica a diferenciação. São os melhores, e são tratados de acordo.

Os 70% medianos são gerenciados de forma distinta.

Esse grupo é extremamente valioso para qualquer empresa; é simplesmente impossível funcionar sem suas habilidades, energia e comprometimento. Afinal de contas, eles são a maioria dos seus funcionários. E esse é o maior desafio, e o maior risco, do modelo 20-70-10 — manter os medianos engajados e motivados.

É por isso que grande parte do gerenciamento deles envolve treinamento, feedback positivo e o estabelecimento de metas factíveis. Os indivíduos deste grupo que forem particularmente promissores devem circular por diferentes negócios e funções para ganhar experiência e conhecimento, e para que suas habilidades de liderança sejam testadas.

Para ser claro, gerenciar os 70% medianos não significa apenas mantê-los afastados dos 10% inferiores. Não tem a ver com salvar aqueles com baixo desempenho. Isso seria uma péssima decisão de investimento. Em vez disso, a diferenciação exige que gerentes olhem para os medianos, identificando indivíduos com potencial para crescer, e investindo neles. No entanto, *todos* que estão entre os 70% precisam ser motivados e integrados. Você não quer perder a grande maioria dos seus funcionários, quer que eles cresçam.

Quanto aos 10% inferiores, não há como dizer isso de outra forma: eles precisam ir. Isso é mais fácil de ser dito do que feito; demitir pessoas é horrível. Porém, se você tem uma organização onde há franqueza, com expectativas bastante claras de desempenho e um processo de avaliação de performance — uma meta ambiciosa, sem dúvida, mas esse deveria ser o objetivo de todos —, aqueles que fazem parte dos 10% geralmente estão cientes disso. Quando você conta isso a eles, estes indivíduos, geralmente, vão embora antes que seja preciso pedir. Ninguém quer estar em uma empresa onde não é desejado. Uma das maiores qualidades da diferenciação é que as pessoas entre os inferiores conquistam carreiras de sucesso em outras empresas e ativi-

> **Eu não inventei a diferenciação! Eu a aprendi no parquinho, quando era criança.**

dades onde realmente se sentem integradas e onde conseguem se destacar.

Em poucas palavras, é assim que opera a diferenciação. Às vezes, as pessoas perguntam como eu tive essa ideia. Minha resposta é: eu não inventei a diferenciação! Eu a aprendi no parquinho, quando era criança. Quando estávamos formando um time de beisebol, os melhores jogadores eram sempre escolhidos primeiro, os medianos eram colocados em posições mais fáceis, e os menos atléticos ficavam de fora, assistindo. Todo mundo estava ciente da própria condição. Os destaques queriam desesperadamente se manter onde estavam e recebiam como recompensa o respeito e a emoção de vencer. Os do meio se esforçavam para melhorar, e às vezes conseguiam, aprimorando a qualidade do jogo para todos os envolvidos. E os que não conseguiam entrar para o time geralmente encontravam outras atividades, esportivas ou não, das quais gostavam e em que se destacavam. Nem todo mundo vai ser um grande jogador de beisebol, e nem todo grande jogador de beisebol vai ser um grande médico, programador, carpinteiro, músico ou poeta. Cada um de nós é bom em alguma coisa, e acredito que somos mais felizes e mais plenos quando nos dedicamos a esta coisa.

Vale para o parquinho, mas também vale para os negócios.

RAZÕES PARA ODIAR A DIFERENCIAÇÃO — E PARA NÃO ODIAR

Eu poderia desperdiçar as páginas seguintes expondo todas as razões para amar este valor, mas, em vez disso, vou listar as críticas que o conceito recebe com mais frequência. Vou deixar de lado a diferenciação de hardware, porque não recebe nem uma fração da carga que o modelo 20-70-10 recebe.

Eis as críticas à diferenciação de pessoas. Algumas contêm algo de verdadeiro, mas, na maioria das vezes, não! Veja o que eu quero dizer:

A diferenciação é injusta porque sempre é corrompida pela política da empresa. O modelo 20-70-10 é só uma maneira de separar as pessoas que puxam o saco do chefe daquelas que não o fazem.

É verdade que em algumas empresas a diferenciação é corrompida pelo favoritismo e pelo clientelismo. Os 20% melhores são os simpáticos, que nunca reclamam de nada, e os 10% inferiores são aqueles sinceros que fazem as perguntas difíceis e desafiam o status quo. Os 70% medianos estão apenas se esquivando e sobrevivendo. Isso existe, é desprezível e ocorre em equipes onde falta cérebro ou integridade (ou ambos) à liderança.

A única coisa boa que posso dizer sobre um sistema como esse, desprovido de mérito, é que, mais cedo ou mais tarde, destrói a si mesmo. Ou muda, ou desaba com o próprio peso. Os resultados não serão bons o suficiente para sustentar a empresa.

Felizmente, os casos de "diferenciação abusiva" podem ser evitados por um sistema de desempenho franco e claro, com expectativas, metas e prazos bem-definidos, e um programa de avaliações consistente. Na verdade, a diferenciação só pode ser implementada após a introdução desse sistema, um processo que discutiremos em mais detalhes no capítulo sobre gestão de pessoas.

A diferenciação é cruel e constrangedora. Lembra o parquinho da pior maneira possível — crianças fracas são feitas de bobas, excluídas e ridicularizadas.

Já ouvi isso centenas de vezes, o que me deixa completamente maluco, porque uma das principais vantagens da diferenciação é que é boa e justa para todo mundo!

Quando este valor está funcionando bem, as pessoas sabem onde estão. Você sabe se tem grandes probabilidades de ser promovido ou se precisa correr atrás de outras oportunidades, seja dentro ou fora da empresa. Talvez algumas informações sejam difíceis de engolir a princípio, e, sim, más notícias costumam magoar. Porém, em pouco tempo, assim como todo conhecimento, são poderosas — são, na verdade, libertadoras. Quando você sabe onde está, pode controlar seu próprio destino, e o que é mais justo do que isso?

Curiosamente, quando as pessoas me apresentam essas críticas em eventos, eu, em geral, devolvo com uma pergunta. Questiono se já receberam notas na escola. Todo mundo diz que sim, claro. Então eu prossigo: "E você achava que tirar notas era ruim?"

"Bem, não", costumam responder. Notas às vezes nos incomodam, mas as crianças, de alguma forma, sobrevivem a elas. E notas são uma forma de deixar tudo bem claro. Algumas pessoas se formam e se tornam astronautas, cientistas ou professores universitários, outras se tornam gerentes de marketing ou executivos de publicidade, e outras ainda se tornam enfermeiras, chefs de cozinha ou até surfistas profissionais. As notas nos guiam, dizendo algo sobre nós mesmos que precisamos saber.

Então, por que devemos parar de receber notas aos 21 anos? Por que é cruel? Por favor!

Sou bonzinho(a) demais para implementar o modelo 20-70-10.

As pessoas com essa queixa sobre a diferenciação afirmam que, como um sistema gerencial, não valoriza pessoas que acrescentam coisas intangíveis aos negócios, como "sentimento de família", "humanidade" ou "senso de história". E todos conhecemos empresas que mantêm profissionais de baixo desempenho em seus quadros há bastante tempo, essencialmente, por serem pessoas bacanas.

Entendo perfeitamente não querer demitir uma pessoa legal. Mas o fato é que proteger o baixo desempenho sempre sai pela culatra. Antes de tudo, por não carregarem o próprio peso, esses indivíduos fazem com que a torta seja menor para todo mundo. Isso pode provocar ressentimento. Também não é o que você poderia chamar de justo, e uma cultura injusta nunca ajuda uma empresa a vencer, pois mina a confiança e a sinceridade.

O pior, no entanto, é que proteger quem não apresenta bons resultados prejudica essas próprias pessoas. Elas vão sendo carregadas por anos, enquanto todo mundo finge que não vê. Nas avaliações, são vagamente informadas de que são "incríveis" ou "estão indo muito bem". A empresa agradece por suas contribuições.

> **Proteger o baixo desempenho sempre sai pela culatra.
> O pior, no entanto, é que proteger quem não apresenta bons resultados prejudica essas próprias pessoas.**

Então, de repente, há uma desaceleração, e demissões se tornam necessárias. Os "legais" de baixo desempenho são quase sempre os primeiros a serem mandados embora, e são sempre também os mais surpresos, porque ninguém nunca lhes disse a verdade sobre seus resultados — ou ausência deles. O terrível é que isso geralmente acontece quando essas pessoas estão nos quarenta ou cinquenta e muitos; foram carregadas durante a maior parte de suas carreiras. Assim, em uma idade em que começar de novo pode ser muito difícil, elas se veem sem emprego, sem preparação nem planejamento e com um chute no estômago que talvez jamais consigam superar. Elas se sentem traídas, e não estão erradas.

Por mais severa que possa parecer, à primeira vista, a diferenciação impede que essa tragédia ocorra porque se baseia em uma avaliação de desempenho que realmente faz sentido. É por isso que acredito que ninguém é "bonzinho demais" para implementar o 20-70-10, e sim covarde demais.

A diferenciação coloca as pessoas umas contra as outras e prejudica o trabalho em equipe.

Experimente tentar convencer o Joe Torre disso!

O New York Yankees funciona perfeitamente bem enquanto equipe (para desgosto dos torcedores do Red Sox, eu incluso, preciso acrescentar), com um sistema transparente de diferenciação. As estrelas são generosamente recompensadas, e os jogadores de baixo desempenho são guiados até a saída. Se isso não bastasse para deixar o sistema de diferenciação claro, os salários dos jogadores são públicos! Não há dúvida de que a diferenciação está em jogo quando alguns membros da equipe ganham dezoito milhões de dólares por ano, enquanto outros que vestem o mesmo uniforme recebem o valor mínimo da liga, trezentos mil por ano.

E, no entanto, todos concentram esforços para que o *time* vença. Alex Rodriguez adora a sensação de acertar um *grand slam*, mas tenho certeza de que ele se sente muito melhor quando os Yankees vencem. Em julho de 2004, Derek Jeter fez o *catch* do ano, depois de se jogar no meio da arquibancada e voltar com um olho roxo e um corte no rosto, uma foto que estampou a capa de todos os jornais nova-iorquinos. Boa parte dessa dor deve ter ficado de lado depois que o time venceu, tendo estado atrás do placar até a décima terceira entrada, em uma das maiores partidas de beisebol de todos os tempos.

Sem dúvida, esses dois astros gostam de estar em destaque por interesses próprios. Mas pode apostar que é sempre mais divertido e emocionante quando o time vence.

O trabalho em equipe que eles apresentam é prova de outras duas coisas. Primeiro, de uma grande liderança. Joe Torre, sem dúvida, compreende o desafio que é gerenciar um ambiente onde a diferenciação está presente.

Segundo, a união dos Yankees e de muitas outras equipes esportivas, demonstra o impacto positivo de um sistema de gerenciamento aberto e honesto, construído com base em avaliações de desempenho francas e em recompensas alinhadas. Aplicada dessa forma, a diferenciação não prejudica o trabalho em equipe, mas o aprimora.

Nos negócios, provavelmente haveria um pandemônio se as empresas começassem a tornar públicos os salários dos funcionários, e não estou defendendo isso aqui. No entanto, as pessoas sempre parecem saber quanto seus colegas ganham, não é? É por isso que algumas ficam malucas quando todos na equipe são recompensados da mesma forma, ainda que apenas algumas pessoas tenham feito o trabalho.

> A diferenciação recompensa os membros da equipe que merecem.

Eles se sentem enganados e se perguntam por que a gerência não está enxergando o óbvio: que nem todos os membros da equipe foram criados da mesma forma.

A diferenciação recompensa os membros da equipe que merecem. Isso é o tipo de coisa que incomoda apenas os de baixo desempenho. Para os demais, parece justo. E um ambiente justo estimula o trabalho em equipe. Melhor ainda, motiva as pessoas a dar tudo de si, e é justamente isso o que você quer.

Só é possível implementar a diferenciação nos Estados Unidos. Eu gostaria de poder aplicá-la, mas, por causa de nossos valores culturais, as pessoas no meu país simplesmente não a aceitam.

Escuto essa frase desde que a diferenciação foi implantada na GE, quando um de nossos gerentes explicou que o 20-70-10 não poderia ser aplicado no Japão porque, naquela cultura, a educação era muito mais valorizada do que a franqueza. Desde então, ouvi essa mesma desculpa da "cultura nacional" da boca de pessoas de centenas de empresas de dezenas de países. Uma vez, gerentes na Dinamarca nos disseram que seu país valoriza demais a igualdade para que a diferenciação seja amplamente aceita. Também ouvimos essa mesma justificativa na França. Em uma reunião em Amsterdã, um gerente nos disse que havia muito "calvinismo no espírito dos holandeses" para que o sistema funcionasse por lá. Acho que o gerente acreditava que as recompensas chegariam apenas no paraíso, caso fosse escolhido para entrar lá! Na China, ouvimos que a diferenciação exigiria tempo demais, porque, na maioria das empresas estatais — que ainda representam mais de 50% da economia, apesar das reformas de mercado —, muitos dos melhores empregos e recompensas vão para os membros mais leais do Partido, sejam os mais talentosos ou não.

Acredito que as desculpas sobre os obstáculos culturais à diferenciação são justamente isso: desculpas. No que dizia respeito à GE, não era possível que existisse diferenciação apenas nas operações norte-americanas. Antes de mais nada, acreditávamos muito na eficácia da diferen-

> **Depois que insistimos na diferenciação e aplicamos junto um sistema franco de avaliação de desempenho, funcionou bem tanto no Japão quanto em Ohio.**

ciação. Mas sabíamos, também, que aplicá-la apenas nos Estados Unidos teria sido injusto e confuso, sobretudo para os negócios com divisões tanto dentro quanto fora do país e para as pessoas que haviam se mudado de território por nossa causa. Decidimos, desde o início, que promoveríamos este valor em todos os lugares onde tivéssemos negócios, lidando com quaisquer questões culturais que surgissem.

Então, uma coisa incrível aconteceu. Muitas questões culturais *não* surgiram. Depois que insistimos na diferenciação e aplicamos junto um sistema franco de avaliação de desempenho, funcionou bem tanto no Japão quanto em Ohio. Inclusive, as pessoas que a princípio pensaram que jamais funcionaria em seu país passaram a apoiar a medida com convicção devido à sua honestidade, justiça e clareza.

Como disse anteriormente, quando escuto o comentário "Não é possível aplicar a diferenciação no *meu* país", muitas vezes é dito por gerentes que admitem ser favoráveis à abordagem. A resistência que apresentam surge da *suposição* de que seus compatriotas irão se opor, com base em valores culturais. Meu conselho é que comecem devagar, mas que não desistam. Ficarão surpresos ao perceberem que não estão sozinhos, porque a diferenciação, depois de algum tempo em prática, passa a falar por si só, qualquer que seja o idioma.

> *A diferenciação é boa para os 20% melhores e para os 10% inferiores, porque eles sabem para onde estão indo. Mas é extremamente desmotivadora para os 70% medianos, que acabam vivendo em uma espécie de limbo bem desagradável.*

Como em outro exemplo, há um elemento verdadeiro nesta reclamação. Os medianos são a categoria mais difícil de gerenciar na diferenciação. O maior problema ocorre com aqueles de melhor qualidade entre os 70%, porque eles sabem que não estão muito longe dos 20% e que, de forma geral, são muito melhores do que a camada inferior de sua própria categoria. Isso pode ser enlouquecedor, é verdade, e, às vezes, profissionais medianos talentosos deixam a empresa por causa disso.

> Ainda que estar entre os 70% medianos possa ser desmotivador para alguns, a verdade é que serve de estímulo para muitos outros.

O lado positivo dessa situação complicada é que a existência dos 70% obriga as empresas a se esforçarem mais em termos administrativos. Isso faz com que os líderes avaliem as pessoas com mais atenção do que o usual e deem feedbacks mais consistentes e sinceros. Isso estimula as empresas a montar centros de treinamento que realmente façam a diferença. Por exemplo, na década de 1970, antes da diferenciação, nosso centro de treinamento em Crotonville, Nova York, era usado como uma espécie de depósito para o qual os gerentes podiam enviar os profissionais de baixo desempenho. Era como uma breve parada a meio-caminho da aposentadoria precoce.

O rigor do modelo 20-70-10 nos ajudou a mudar isso. Transformamos Crotonville em um lugar onde os 20% e os melhores entre os 70% medianos trocavam ideias, debatiam nossa abordagem aos negócios e passavam a se conhecer e se entender muito melhor. Como a gerência sênior convivia muitas horas com cada categoria, isso também nos deu uma noção aproximada do rigor com que a diferenciação estava sendo aplicada.

Outro lado bom é que, ainda que estar entre os 70% medianos possa ser desmotivador para alguns, a verdade é que serve de estímulo para muitos outros. Para aqueles entre os melhores, a própria existência dos medianos oferece um motivo para superar todas as barreiras dia após dia. Eles precisam *se aprimorar sempre* para manter a posição — que belo estímulo! Afinal de contas, a maioria das pessoas quer melhorar e crescer todos os dias.

Para muitos entre os 70%, melhorar também é revigorante. Chegar aos 20% é um objetivo tangível, que os faz se esforçarem mais, usarem mais a criatividade, compartilharem mais ideias e, em geral, lutarem pelo que interessa. Torna o trabalho mais desafiador e muito mais divertido.

A diferenciação favorece pessoas enérgicas e extrovertidas e subestima pessoas tímidas e introvertidas, mesmo que sejam talentosas.

Não sei se é uma coisa boa ou ruim, mas o mundo normalmente recompensa pessoas enérgicas e extrovertidas. Isso também é algo que aprendemos cedo e que é reforçado na escola, na igreja, no serviço militar, nos clubes e em casa. Ao entrar para o mercado de trabalho, se o indivíduo ainda é tímido, introvertido e pouco ativo, existem profissões e empregos em que essas características são vantajosas. Quem se conhece bem saberá encontrá-los. Essa crítica, que eu ouço com certa frequência, não diz respeito à diferenciação, mas aos valores da sociedade.

Devo acrescentar que, nos negócios, pessoas enérgicas e extrovertidas em geral se saem melhor, mas os *resultados* falam por si, em alto e bom som. E a diferenciação sabe escutá-los.

■

Se quer ter os melhores profissionais em sua equipe, precisa encarar a diferenciação. Não conheço sistema melhor de gerenciamento de pessoas, nem com mais transparência, justiça e agilidade. Não é perfeito. Mas a diferenciação, assim como a franqueza, descomplica os negócios e faz com que funcionem melhor em todos os aspectos.

4

Voz e Dignidade

TODO MUNDO PENSANDO JUNTO

RUDY GIULIANI TEM um ditado: "Conheça suas crenças." Eu concordo, portanto, gostaria de concluir esta seção do livro com uma das minhas principais crenças. Faço isso porque essa é a base de todos os princípios sobre os quais você acabou de ler: missão e valores, franqueza e diferenciação.

A crença é: todo mundo quer ter voz e dignidade, e todo mundo merece tê-las.

Por "voz", quero dizer que as pessoas querem a oportunidade de expressar o que pensam e de ter as ideias, as opiniões e os sentimentos ouvidos, independentemente de nacionalidade, gênero, idade ou cultura.

Por "dignidade", quero dizer que as pessoas, de forma essencial e instintiva, querem ser respeitadas pelo trabalho, pelo esforço e pela individualidade que apresentam.

Se você acabou de ler esses parágrafos e pensou "Bom, mas isso é óbvio", tudo bem. Presumo que a maioria das pessoas tenha a mesma reação. Talvez a crença na voz e na dignidade nem precise ser proclamada; talvez seja amplamente aceita e sua importância seja evidente por si só.

Mas fiquei surpreso, nos últimos anos, com a frequência com que acabo retornando a esses valores, quando falo em vencer.

No ano passado, na China, uma jovem se levantou na plateia e, em lágrimas, perguntou como um empresário de seu país poderia aplicar a franqueza e a diferenciação se "apenas o chefe tem permissão para falar".

"Nós, subordinados, temos muitas ideias. Mas não podemos nem imaginar em falar qualquer coisa até nos tornarmos chefes", disse. "Você pode fazer isso se for um empreendedor e abrir sua própria empresa. Porque, aí, você é o chefe. Mas alguns de nós não podem fazer isso."

Eu respondi que, no início das operações da GE na China, eu tinha visto as dificuldades que ela acabara de descrever em nossas fábricas em Nansha, Xangai e Pequim. Mas, à medida que as fábricas foram se desenvolvendo e as práticas de negócios foram evoluindo, testemunhei uma melhoria significativa na forma como os líderes chineses da GE estavam ouvindo os funcionários. Eu disse que estava confiante de que, com a expansão da economia de mercado da China e o amadurecimento de suas práticas de gerenciamento, uma abordagem mais inclusiva acabaria por se difundir.

Mas a repressão da voz e da dignidade não é um problema exclusivamente chinês. Embora a jovem que me fez a pergunta estivesse visivelmente angustiada, pessoas de todos os países que visitei experimentam algum grau de frustração e de preocupação com este mesmo assunto.

Agora, quando é você que comanda uma unidade ou uma divisão, dificilmente pensa que as pessoas não estão se manifestando ou que não estão sendo respeitadas. Você tem a sensação de que estão todos bem, e seus dias são repletos de reuniões, telefonemas e e-mails de pessoas com opiniões fortes. No entanto, o que você experimenta é uma amostra enviesada. As pessoas não costumam

> Na China, uma jovem perguntou como um empresário de seu país poderia aplicar a franqueza e a diferenciação se "apenas o chefe tem permissão para falar".

dizer nada porque têm a sensação de que não podem — e porque ninguém pergunta.

Isso ficou claro para mim no fim dos anos 1980, sempre que eu fazia uma maratona em nosso centro de treinamento em Crotonville. Eu recebia perguntas detalhadas sobre questões comerciais locais — e que já deveriam ter sido respondidas — vindo de todas as direções. "Por que a fábrica de geladeiras está recebendo todos os equipamentos novos enquanto a de máquinas de lavar está sofrendo?" "Para que vamos transferir a montagem do motor GE90 para Durham se podemos fazer aqui mesmo em Evandale?"

> Eu perguntava: "Por que você não está fazendo essas perguntas ao seu próprio chefe?" E ouvia a resposta: "Eu não posso trazer isso à tona. Acabariam comigo."

Frustrado, depois de ouvir várias questões desse tipo, eu pedia um tempo à turma e a inquiria: "Por que você não está fazendo essas perguntas ao seu próprio chefe?"

E ouvia a resposta: "Eu não posso trazer isso à tona. Acabariam comigo."

"E por que você pode perguntar para *mim*?", eu retrucava.

"Porque aqui nos sentimos anônimos."

Depois de mais ou menos um ano desse tipo de intercâmbio, percebemos que tínhamos que fazer algo para criar um ambiente onde pessoas de todos os patamares pudessem falar da mesma forma que faziam em Crotonville.

Assim nasceu o processo Work-Out. Foram dois ou três dias de eventos nas instalações da GE em todo o mundo, sob o modelo estabelecido nas reuniões das cidades da Nova Inglaterra. Grupos de trinta a cem funcionários se reuniam com um facilitador externo para falar sobre maneiras melhores de fazer as coisas e sobre como eliminar parte da burocracia e das barreiras. O chefe estaria presente no início de cada sessão para apresentar as premissas do Work-Out. E também se comprometeria com duas coisas: responder de imediato com sim ou não a 75% das recomendações oriundas da sessão, e resolver os 25% restantes em até trinta dias. O chefe desapareceria até o fim da sessão, para

> Algumas pessoas têm ideias melhores; algumas são mais inteligentes, mais experientes ou mais criativas. Mas todas devem ser ouvidas e respeitadas.

não reprimir a discussão aberta, retornando apenas ao final para cumprir sua promessa.

Dezenas de milhares de sessões como essas ocorreram ao longo de vários anos, até se tornarem o modo de vida da empresa. Deixaram de ser grandes eventos para se tornarem a forma como a GE soluciona problemas.

Fosse uma fábrica de geladeiras em Louisville, Kentucky, onde os funcionários debatiam sistemas de pintura melhores e mais rápidos, uma de motores a jato em Rutland, Vermont, onde os funcionários tinham sugestões para reduzir o tempo de ciclo na fabricação de lâminas, ou uma unidade de processamento de cartão de crédito em Cincinnati, onde os funcionários tinham ideias para aumentar a eficácia do faturamento, os Work-Outs provocaram um boom de produtividade.

Todo mundo passou a pensar junto.

Um operário de meia-idade do setor de eletrodomésticos que estava em um Work-Out falou por milhares de pessoas quando me disse: "Por vinte e cinco anos, você pagou pelas minhas mãos quando poderia ter tido também o meu cérebro — e de graça."

Por fim, graças ao Work-Out, estamos tendo os dois. Na verdade, acredito que esta iniciativa foi responsável por uma das mudanças mais profundas na GE durante o meu tempo na empresa. Para a grande maioria dos funcionários, a cultura do chefe sabichão desapareceu.

■

Uma burocracia grande como a da GE precisava de algo sistematizado, como o Work-Out, para quebrar o gelo e fazer as pessoas se abrirem. Mas esse não é o único método para garantir que sua equipe ou empresa ouça todas as vozes. Encontre uma abordagem que pareça adequada para você.

Não afirmo que todas opiniões devam ser colocadas em prática ou que todas as reclamações precisam ser atendidas. Avaliar isso é tarefa da gerência. Obviamente, algumas pessoas têm ideias melhores; algumas são mais inteligentes, mais experientes ou mais criativas. Mas todas devem ser ouvidas e respeitadas.

É um desejo delas e uma necessidade sua.

A SUA EMPRESA

5. LIDERANÇA

Não tem a ver só com você   **69**

6. CONTRATAÇÃO

Aquilo que faz um vencedor   **89**

7. GESTÃO DE PESSOAS

Você já tem os jogadores certos. E agora?   **105**

8. CAMINHOS SEPARADOS

Não é fácil demitir pessoas   **125**

9. MUDANÇA

Movendo montanhas   **137**

10. GERENCIAMENTO DE CRISES

Do *Ai, meu Deus!* ao *está tudo bem*   **151**

5

Liderança

NÃO TEM A VER SÓ COM VOCÊ

UM BELO DIA, você se torna um líder.

Numa segunda-feira, você está fazendo o que sempre faz, desfrutando do seu trabalho, executando um projeto, conversando animadamente com os colegas sobre a vida e o trabalho e fofocando sobre como a gerência, às vezes, é estúpida. E então, na terça-feira, *você* é a gerência. Você é o chefe.

De repente, tudo parece diferente — porque *é* diferente. Liderança requer atitudes e comportamentos distintos e, para muitas pessoas, isso é indissociável do cargo.

Antes de se tornar um líder, sucesso tem a ver com crescimento pessoal. Quando você se torna um comandante, sucesso passa a estar relacionado com o crescimento dos outros.

Sem dúvida, existem muitas formas de ser líder. Basta olhar para Herb Kelleher, o homem direto e sem freios que comandou a Southwest Airlines por trinta anos; ou o discreto fundador da Microsoft, Bill Gates, para saber que existem líderes de todas as variedades. Na política, veja Churchill e Gandhi. No futebol americano, temos Lombardi e Belichick.

Cada um deles faria uma relação distinta de "regras" de liderança.

Se alguém me pedisse, eu listaria oito. Elas não me pareciam regras quando eu as estava empregando. Pareciam apenas ser o jeito certo de liderar.

Esta não é a última vez que você vai ler sobre liderança neste livro. Praticamente todos os capítulos abordam o assunto, seja relacionado a de gestão crises, estratégia, ou ao equilíbrio entre vidas pessoal e profissional.

No entanto, começo com um capítulo exclusivo sobre o assunto porque a questão da liderança está sempre no imaginário das pessoas. Nos últimos anos, durante conversas com estudantes, gerentes e empresários, invariavelmente, surgiam perguntas sobre. "O que um líder faz de verdade?" "Fui promovido e nunca gerenciei nada. Como posso ser um bom líder?" O microgerenciamento costuma aparecer como um tópico sensível, como em "Meu chefe acha que precisa controlar tudo — ele é um líder ou uma babá?". Da mesma forma, o carisma gera muitas dúvidas; as pessoas perguntam: "É possível ser introvertido, quieto ou tímido e, mesmo assim, obter resultados com seu pessoal?" Uma vez, em Chicago, uma pessoa na plateia me questionou: "Tenho pelo menos dois subordinados diretos que são mais espertos que eu. Que direito eu tenho de avaliá-los?"

Perguntas como essas me levaram a refletir sobre as minhas próprias experiências de liderança ao longo de quarenta anos. Década após década, as circunstâncias variaram amplamente. Dirigi equipes com três pessoas e divisões com trinta mil. Gerenciei empresas que estavam morrendo e outras que estavam florescendo. Houve aquisições, alienações de ativos, crises organizacionais, momentos de sorte inesperada, economias que iam bem e que iam mal.

E, no entanto, algumas formas de liderar pareciam funcionar em qualquer circunstância. E essas formas se tornaram as minhas "regras".

∎

O QUE LÍDERES FAZEM

1. Líderes aprimoram sua equipe incansavelmente, transformando cada encontro numa oportunidade para avaliar, orientar e gerar autoconfiança.

2. Líderes se asseguram de que as pessoas não apenas enxerguem a visão, mas que vivam e respirem a visão.

3. Líderes influenciam todos, incutindo energia positiva e otimismo.

4. Líderes estabelecem confiança por meio da franqueza, da transparência e do crédito.

5. Líderes têm coragem de tomar decisões instintivas e pouco populares.

6. Líderes põem tudo à prova com uma curiosidade que beira o ceticismo, garantindo que suas dúvidas sejam solucionadas por meio de ações.

7. Líderes inspiram os outros a correr riscos e ensinam pelo exemplo.

8. Líderes comemoram.

SABER CONCILIAR

Antes de examinarmos cada regra, queria falar um pouco sobre paradoxos. A liderança está repleta deles.

O avô dessa questão é o paradoxo do curto prazo versus longo prazo, como na pergunta que eu sempre escuto: "Como posso gerenciar resultados trimestrais e, ao mesmo tempo, fazer o que é certo para os meus negócios daqui a cinco anos?"

Minha resposta é: "Bem-vindo à liderança!"

Qualquer um pode gerenciar a curto prazo — é só não parar de espremer o limão. E qualquer um pode gerenciar por longo prazo também — é só não parar de sonhar. Você virou líder porque alguém acredita que você é capaz de espremer o limão e sonhar ao mesmo tempo. Porque é considerada uma pessoa com visão, experiência e rigor suficientes para equilibrar as demandas conflitantes dos resultados de curto e de longo prazo.

Saber conciliar os dois todos os dias é o *próprio* sentido da liderança.

Veja as regras 3 e 6. Uma diz que você deve incutir energia positiva e otimismo, oferecendo ao seu pessoal uma atitude de confiança. A outra diz que você deve questionar constantemente seu pessoal e não desvalorizar o que dizem.

Ou as regras 5 e 7. Uma diz que você precisa agir como chefe, afirmando sua autoridade. A outra, que você precisa admitir seus erros e valorizar pessoas que correm riscos, principalmente quando fracassam.

A vida seria mais fácil, é claro, se o comando fosse apenas uma lista de regras simples, mas paradoxos são inerentes aos negócios.

Isso faz parte da diversão que é liderar — cada dia é um desafio. É uma oportunidade totalmente nova de melhorar em um trabalho que, ainda que tudo saia como você espera, jamais será perfeito.

A única coisa que você pode fazer é dar tudo de si. Eis aqui como.

REGRA 1. Líderes aprimoram sua equipe incansavelmente, transformando cada encontro numa oportunidade para avaliar, orientar e gerar autoconfiança.

Depois que o Boston Red Sox finalmente quebrou um jejum de 86 anos e venceu a World Series, era impossível ligar a TV ou abrir o jornal sem ouvir especulações em torno de 2004 ser "o ano". Havia teorias sobre tudo, desde o penteado do *centerfielder* Johnny Damon até o eclipse lunar!

A maioria das pessoas concordava, no entanto, que não havia nada de misterioso naquilo. O Red Sox tinha os melhores jogadores. Os arremessadores eram os melhores da liga, a defesa era boa, e os rebatedores... bem, os rebatedores eram sensacionais. E estavam todos unidos por um espírito vencedor, tão palpável que era quase possível tocá-lo.

Há rompantes de sorte e marés de azar em qualquer temporada, mas o time com os melhores jogadores em geral vence. E é por essa razão que, colocando em palavras simples, você, como líder, precisa investir a maior parte de seu tempo e energia em três atividades:

- **Você precisa avaliar — assegurar-se de que as pessoas certas estejam nas posições certas, oferecendo-lhes apoio para progredirem, e realocando os que ainda não estejam.**

- **Você precisa orientar — guiar, criticar e ajudar as pessoas para que melhorem o desempenho de todas as formas possíveis.**

- **E, por fim, você precisa gerar autoconfiança — oferecer incentivo, atenção e reconhecimento. A autoconfiança fornece energia e coragem ao seu pessoal para que deem o melhor, corram riscos e alcancem seus sonhos (e muito mais). É o combustível das equipes vencedoras.**

Com frequência, gerentes julgam que desenvolvimento de pessoal é algo que ocorre apenas uma vez por ano, nas análises de desempenho. Isso está bem longe do esperado.

O desenvolvimento de pessoal deve fazer parte da rotina, estar integrado a todos os aspectos de suas atividades.

> **Aproveite todas as oportunidades que tiver para injetar autoconfiança naqueles que merecem. Não poupe elogios — quanto mais específicos, melhor.**

As revisões de orçamento, por exemplo, são a ocasião perfeita para você se concentrar nas pessoas. Isso mesmo, nas pessoas. Sim, é preciso falar sobre os negócios e os resultados, mas em uma revisão de orçamento você vê de perto a dinâmica da equipe em ação. Se todos em torno da mesa ficam em silêncio, paralisados, enquanto o líder da equipe pontifica, existe bastante trabalho a ser feito. Se todos estiverem envolvidos na apresentação e todo o grupo estiver vivo, você terá uma ótima oportunidade para demonstrar que está gostando do que vê. Se a equipe tiver um verdadeiro astro ou um estorvo entre os membros, compartilhe suas impressões com o líder o mais rápido possível.

Não há evento algum no seu dia que não possa ser usado para o desenvolvimento de pessoal.

Visitas aos clientes são uma oportunidade para avaliar sua equipe de vendas. Visitas às fábricas são uma oportunidade para conhecer gerentes promissores e analisar se demonstram capacidade para encarar desafios maiores. Uma pausa para o café durante uma reunião é um bom momento para orientar um membro da equipe prestes a fazer sua primeira apresentação importante.

Lembre-se que é ótimo aproveitar cada um desses encontros para avaliar e orientar, mas gerar autoconfiança é, no fim das contas, a coisa mais importante que você pode desenvolver. Aproveite todas as oportunidades que tiver para injetar autoconfiança naqueles que merecem. Não poupe elogios — quanto mais específicos, melhor.

Além do enorme impacto que isso tem no aprimoramento da equipe, a melhor parte de aproveitar cada encontro para o desenvolvimento de pessoal é o quão divertido isso é. Em vez de reuniões entediantes sobre números e de visitas a fábricas para ficar vendo novas máquinas, os dias passam a ser sobre as pessoas e seu desenvolvimento. Experimente, inclusive, ver a si mesmo como um jardineiro, com um regador em uma mão e um pote de fertilizante na outra. Vez ou outra você precisa arrancar algumas ervas daninhas, mas, na maioria das vezes, apenas nutre e cuida.

E assiste a tudo florescer.

REGRA 2. Líderes se asseguram de que as pessoas não apenas enxerguem a visão, mas que vivam e respirem a visão.

É redundante dizer que líderes precisam definir a visão da equipe, e a maioria o faz. Mas há muito mais nessa história de visão. Como comandante, você precisa dar vida a ela.

E como se faz isso? Primeiro, eliminando o jargão. Metas não podem soar nobres, mas serem vagas. Metas não podem ser confusas a ponto de não poderem ser atingidas. A direção que oferecem deve ser vívida a ponto de, se você acordar aleatoriamente um de seus funcionários no meio da noite e perguntar: "Para onde estamos indo?", ele seja capaz de responder, em meio ao estupor do sono: "Vamos continuar aprimorando nosso serviço para os compradores individuais e expandir nosso mercado, buscando a todo custo alcançar os pequenos atacadistas."

Eu tive exatamente esse tipo de experiência no passado, quando estava vendendo um fundo de investimento para a Clayton, Dubilier & Rice, onde presto consultoria. Durante um jantar em Chicago, a sala tinha cerca de dez investidores, todos concentrados nos critérios de investimento e projeções de retorno.

Steve Klimkowski, diretor de investimentos da Northwestern Memorial HealthCare, era um deles. Mas, em paralelo a todo aquele papo sobre finanças, ele também estava interessado em falar sobre a missão do hospital, que era oferecer "um excelente

> Houve momentos em que falei tantas vezes sobre a direção da empresa em um só dia que nem eu aguentava mais ouvir.

atendimento ao paciente — da perspectiva do paciente". Tinha exemplos de como os funcionários de todos os níveis — incluindo ele, o investidor — haviam mudado a forma de trabalhar para cumprir o que a visão prometia. Por exemplo, ele fora treinado para, em vez de explicar a um paciente como chegar a determinado lugar dentro do hospital, levá-lo até lá. Em sua avaliação de desempenho, pediram a Steve que listasse várias maneiras pelas quais ele próprio havia aprimorado a experiência do paciente no Northwestern Memorial. A compreensão sobre seu papel na conquista da missão e sua paixão por ela eram tão reais que, depois de uma conversa de quinze minutos, poderiam me acordar no meio da noite e eu seria capaz de explicá-la!

Era visível que os líderes do Northwestern Memorial haviam transmitido a visão do hospital com clareza e consistência notáveis. E isso é o mais importante. É preciso falar sobre a visão constantemente — quase a ponto de virar um gravador repetindo a mesma coisa. Houve momentos em que falei tantas vezes sobre a direção da empresa em um só dia que nem eu aguentava mais ouvir. Mas percebi que sempre havia alguém para quem a mensagem era novidade. E, portanto, a gente não para de repeti-la.

E para *todo mundo*.

Um dos problemas mais corriqueiros nas empresas é que os líderes transmitem a visão aos colegas mais próximos, mas as implicações jamais alcançam as pessoas que estão na linha de frente. Pense em todas as vezes em que você encontrou um funcionário rude ou descompensado em uma loja de departamentos de alta categoria, ou foi deixado em espera pelo operador de call-center de uma empresa que promete velocidade e praticidade.

De alguma forma, a missão não chegou aos ouvidos dessas pessoas. Talvez por não ter sido gritada para elas, talvez por não terem falado alto o suficiente, ou por não ter sido repetida.

Ou talvez as recompensas não estivessem ajustadas à missão.

E essa é a parte final desta regra de liderança. Se quer que as pessoas vivam e respirem a visão, ofereça algum tipo de recompensa quando o fizerem, seja no salário, no bônus ou com reconhecimento de algum tipo. Para citar meu amigo Chuck Ames, ex-presidente e CEO da Reliance Electric: "Mostre-me os diferentes planos de remuneração de uma empresa, e eu lhe direi como seus funcionários se comportam."

A visão é um elemento essencial do trabalho de um líder. Mas nenhuma vale o papel em que é impressa se não for comunicada constantemente e reforçada com recompensas. Só assim sairão do papel e ganharão vida.

REGRA 3. Líderes influenciam todos, incutindo energia positiva e otimismo.

Você conhece o ditado: "Basta uma maçã podre para estragar todo o cesto." Ele é empregado principalmente para se referir ao modo como a política e a corrupção se infiltram em uma organização, mas poderia ser usado da mesma forma para descrever o efeito de uma postura ruim por parte de quem está no topo de uma equipe, grande ou pequena. Cedo ou tarde, todos são contaminados.

O espírito do líder é, por falta de uma palavra melhor, contagioso. Você já viu essa dinâmica centenas de vezes. Um gerente otimista, que atravessa os dias com uma perspectiva positiva, de alguma forma acaba por comandar uma equipe ou organização cheia de... bem, cheia de pessoas otimistas com perspectivas positivas. Da mesma forma, um carrancudo pessimista acaba formando sua própria tribo de infelizes.

Tribos infelizes têm dificuldades para vencer.

Claro, às vezes há boas razões para ficarmos para baixo. A economia vai mal, a concorrência é brutal... Não importa. O trabalho pode ser difícil.

Mas seu papel enquanto líder é combater a atração gravitacional do negativismo. Isso não significa que você precisa mascarar os desafios que sua equipe enfrenta. Significa, sim, que você deve demonstrar uma atitude confiante e animada quando falar em superá-los. Significa que você sai do escritório e exerce influência sobre todo mundo, preocupando-se verdadeiramente com o que estão fazendo e sobre como estão se saindo enquanto encaram o obstáculo *juntos*.

Nesse momento, você pode estar pensando: "Não sou muito bom nesse tipo de vínculo emocional."

E, de fato, algumas pessoas não são boas mesmo. Vi gerentes capazes administrar seus negócios enquanto mantinham distância de seus funcionários. Esses geralmente demonstravam os valores corretos, como franqueza e rigor, e entregavam bons resultados.

Mas, por nunca se conectarem com seu pessoal, algo se perdia. O trabalho nunca deixava de ser trabalho.

Adotar a atitude certa poderia ter transformado o trabalho em algo mais. Adote essa atitude.

REGRA 4. Líderes estabelecem confiança por meio da franqueza, da transparência e do crédito.

Para algumas pessoas, tornar-se um líder pode provocar uma verdadeira "onda" de poder. Elas se deleitam com a sensação de controle sobre indivíduos e informações.

E, por isso, guardam segredos, revelam pouco do que pensam sobre as pessoas e seu desempenho, e retêm o que sabem sobre o negócio e o futuro.

Esse tipo de comportamento sem dúvida estabelece o lugar do líder como chefe, mas leva embora a confiança de uma equipe.

O que é confiança? Eu poderia dar aqui a definição do dicionário, mas o fato é que todos sabem o que é quando a sentem. A confiança surge quando os líderes são transparentes, francos e mantêm suas promessas. Simples assim.

Seus funcionários devem estar sempre cientes do ponto onde estão em termos de desempenho.

> Líderes jamais tiram vantagem de seu próprio pessoal roubando uma ideia e dizendo que é deles.

Precisam saber como os negócios estão indo. Às vezes, as notícias não são boas — como no caso de demissões iminentes —, e qualquer ser humano normal prefere evitar ter que divulgá-las. Mas você precisa combater o impulso de suprimir ou atenuar mensagens difíceis, sob o risco de comprometer a confiança e a energia de sua equipe.

Líderes também estabelecem confiança dando crédito a quem merece. Jamais tiram vantagem de seu próprio pessoal roubando uma ideia e dizendo que é deles. Não dão com uma mão e tiram com a outra, porque têm autoconfiança e são maduros o suficiente para saber que o sucesso de sua equipe fará com que todos sejam reconhecidos. Nos maus momentos, comandantes assumem a responsabilidade pelo que deu errado. Nos tempos bons, distribuem elogios com generosidade.

Quando você se torna um líder, às vezes sente o impulso de dizer: "Veja só tudo o que *eu* fiz." Quando sua equipe se destaca, é normal ela querer algum crédito.

Afinal de contas, é você que dirige o show. Você distribui os contracheques, portanto as pessoas escutam (ou fingem escutar) todas as suas palavras e acham graça (ou fingem achar) de todas as suas piadas. Em algumas empresas, ser chefe significa uma vaga melhor no estacionamento ou viajar de primeira classe. Isso pode subir à cabeça. Às vezes você começa a se achar importante demais.

Não deixe que isso aconteça.

Lembre-se de que, quando você foi promovido a líder, não recebeu uma coroa, mas sim a responsabilidade de trazer à tona o melhor dos demais. Para tal, seu pessoal precisa confiar em você. E eles vão confiar, desde que você demonstre franqueza, dê os devidos crédito e mantenha os pés no chão.

REGRA 5. Líderes têm coragem de tomar decisões instintivas e pouco populares.

> **Você não virou líder para ganhar um concurso de popularidade — virou líder para liderar.**

Por natureza, algumas pessoas são formadoras de consenso. Outras pessoas desejam ser amadas por todos.

Esses comportamentos podem deixá-lo à beira da loucura se você for um líder, porque não importa onde trabalha ou o que faz, haverá momentos em que será preciso tomar decisões difíceis — demitir, cortar o financiamento de um projeto ou fechar uma fábrica.

E, claro, decisões pouco populares geram reclamações e resistência. Seu trabalho é ouvir e se explicar com clareza, mas seguir em frente. Não desista nem se esquive.

Você não virou líder para ganhar um concurso de popularidade — virou líder para liderar. Não precisa fazer campanha. Você já está eleito.

Às vezes, tomar uma decisão é difícil não porque ela não é popular, mas porque é instintiva e desafia uma lógica "técnica".

Muito foi escrito sobre os mistérios do instinto, mas tem a ver com o reconhecimento de padrões, não é mesmo? Você já viu determinada coisa tantas vezes que *simplesmente sabe* o que está acontecendo naquele momento. Os fatos podem ser incompletos, ou os dados, limitados, mas a situação parece muito, muito familiar.

Líderes se veem diante de decisões instintivas o tempo todo. Imagina que lhe ofereçam uma participação em um novo prédio de escritórios, por exemplo, mas, ao visitar a cidade, você vê guindastes por todos os lados. Os números do negócio são absolutamente perfeitos, alguém diz, mas você já viu aquilo antes. Sabe que o risco de haver excesso de oferta é alto e que o investimento "perfeito" está prestes a valer sessenta centavos para cada dólar injetado. Você não tem como provar, mas o instinto está falando alto.

Você tem que descartar aquele negócio, ainda que isso irrite as pessoas.

> **Se você ficou hesitante mesmo sem saber por quê, não contrate a pessoa.**

Às vezes, as decisões instintivas mais difíceis estão relacionadas à escolha de pessoas. Você conhece um candidato excelente. O currículo é perfeito: escolas de prestígio e ótima experiência. A entrevista é impressionante: aperto de mão firme, bom contato visual, perguntas inteligentes e assim por diante. Mas algo o incomoda. Talvez ele já tenha passado por muitos lugares — empregos demais num curto intervalo, sem explicação plausível. Ou a energia parece forçada. Ou um ex-chefe disse coisas boas sobre ele, mas não soou convincente.

Se você ficou hesitante mesmo sem saber por quê, não contrate a pessoa.

Você se tornou líder porque viu além e porque acertou mais vezes. Escute seu instinto. Ele sabe o que está lhe dizendo.

REGRA 6. Líderes põem tudo à prova com uma curiosidade que beira o ceticismo, garantindo que suas dúvidas sejam solucionadas por meio de ações.

Quando você é um colaborador individual, procura sempre obter todas as respostas. Esse é o seu trabalho: ser um especialista, o melhor no que faz, quem sabe até a pessoa mais inteligente da equipe.

Quando você é um líder, seu trabalho é fazer todas as perguntas. Você precisa estar incrivelmente confortável em parecer estúpido. Toda conversa sobre uma decisão, uma proposta ou uma informação de mercado precisa ser intercalada com você questionando: "E se?", "Por que não?" e "Mas como?"

Quando me tornei gerente pela primeira vez, em 1963, eu estava comandando uma startup que tinha um produto que chegava ao mercado por meio de uma ampla gama de equipes de venda. E eu sabia que não estávamos recebendo atenção suficiente das pessoas na linha de frente. Assim, todo fim de semana eu levava para casa cópias em carbono dos relatórios de vendas preenchidos após cada visita aos clientes — pilhas de relatórios. Toda segunda-feira, eu me desgastava fazendo uma série de telefonemas, pedindo aos vendedores ou ao gerente da fábrica que explicassem tudo o que eu não tinha entendido. Por que, por exemplo, estávamos fazendo preços de atacado para um cliente que comprava pequenos lotes? Por que um cliente tinha recebido um produto com manchas pretas?

Essas perguntas fizeram a equipe de vendas dar ao nosso produto a atenção necessária, e isso aumentou minha compreensão sobre a como eram as vendas.

Questionar, no entanto, não basta. Você precisa garantir que suas perguntas desencadeiem debates e levantem indagações que gerem ações.

Lembre-se de que não é porque você é um líder que algo que você disse vai obrigatoriamente acontecer.

Foi isso que ocorreu no início dos anos 1990, quando eu estava obcecado com a ideia de uma máquina de ressonância magnética com uma abertura maior. Se você já teve que fazer este exame, sabe do que estou falando. Você deita de costas e desliza para dentro de um túnel contendo um ímã giratório.

Na época, a abertura era muito estreita, e os pacientes sentiam muita claustrofobia durante os quarenta minutos do processo. Dizia-se que a Hitachi estava prestes a lançar uma máquina com um diâmetro muito maior, mas algumas pessoas da nossa área médica descartaram a ideia. Segundo elas, os hospitais jamais aceitariam as imagens de baixa qualidade produzidas por máquinas de grande diâmetro.

Já tendo passado por uma ressonância magnética, eu não estava convencido. As máquinas sem dúvida provocavam claustrofobia! Sempre que eu tinha uma oportunidade, pedia à equipe médica que olhasse para aquela situação. Os hospitais não estariam dispostos a comprometer a qualidade da imagem para o conforto do paciente, especialmente, para procedimentos mais simples, como os envolvendo articulações? Não havia previsão de que a tecnologia avançasse em algum momento?

> "Vamos ver isso", diziam. Eu era um ignorante, um estorvo, e eles estavam só tentando me neutralizar.

Em resposta, a equipe médica me aplicou um drible muito comum no mundo dos negócios.

"Vamos ver isso", diziam. Mas claro que não viam. Eu era um ignorante, um estorvo, e eles estavam só tentando me neutralizar.

Um ano depois, a Hitachi lançou uma máquina de grande diâmetro e conquistou uma parte significativa do mercado. Passamos dois anos correndo atrás.

A última coisa que quero parecer ao contar esta história é um herói. É justamente o contrário.

Eu deveria ter me esforçado muito mais no meu questionamento. Na verdade, eu deveria ter insistido em alocar recursos no desenvolvimento de nossa própria máquina de grande diâmetro. Tudo o que restou, ao final, foi eu pensando "Sabia!" e com vontade de dizer: "Eu avisei."

Esses dois sentimentos não valem de nada. Pode parecer óbvio, mas já vi muitos líderes acreditarem que terem sido visionários os absolvia da responsabilidade quando as coisas davam errado. Anos atrás, eu costumava encontrar um famoso CEO em ocasiões sociais. Sempre que sua empresa ia parar no noticiário por conta de um grande equívoco, ele dizia algo como: "Eu sabia que não deviam ter feito aquilo." Por alguma razão, isso fazia com que ele se sentisse melhor, mas de que adiantava?

Todos já cometemos o erro, em um momento ou outro de nossas carreiras, de nos vangloriarmos por termos antevisto algo com clareza.

É um pecado terrível.

Se você não se esforça para que suas perguntas sejam respondidas, e suas dúvidas sejam solucionadas, *isso não vale de nada.*

Sei que a maioria das pessoas não ama questionamentos. É irritante acreditar em um produto ou fazer uma bela apresentação para uma sala lotada, para poucos segundos depois começar a ouvir dezenas de perguntas do seu chefe.

Mas assim é o trabalho. Você quer soluções maiores e melhores. Perguntas, debates saudáveis, decisões e ações são o único caminho.

REGRA 7. Líderes inspiram os outros a correr riscos e ensinam pelo exemplo.

Empresas vencedoras correm riscos e aprendem.

Mas, na realidade, esses dois conceitos costumam ser muito repetidos e pouco aplicados. Muitos gerentes exortam seu pessoal a experimentar coisas novas e depois reclamam quando há falhas. E muitos vivem num universo particular de soberba.

Se você quer que sua equipe experimente e aprenda, dê o exemplo.

Assuma riscos. Você pode criar uma cultura que lide bem com os riscos ao admitir abertamente seus erros e falar sobre o que aprendeu com eles.

Perdi a conta de quantas vezes que falei sobre o meu primeiro grande erro, e foi enorme: explodir uma fábrica-piloto em Pittsfield, Massachusetts, em 1963. Eu estava do outro lado da rua, no meu escritório, quando houve a explosão, provocada por uma faísca que atiçou fogo em um grande tanque de solução volátil. Foi um estrondo enorme e, em seguida, telhas e cacos de vidro voaram por toda parte. A área ficou tomada de fumaça. Graças a Deus, ninguém se machucou.

Apesar da dimensão do meu erro, o chefe do meu chefe, um ex-professor do MIT chamado Charlie Reed, não acabou comigo. Em vez disso, sua investigação científica (e compreensiva) das razões do incidente me ensinou não apenas como melhorar o processo de fabricação, mas, o mais importante, como lidar com as pessoas em momentos em que estivessem inoperantes.

Esse não foi o único erro na minha carreira; eu cometi muitos. Comprei o banco de investimentos Kidder Peabody — um desastre em termos de decisão — e fiz muitas contratações erradas, para citar apenas mais dois.

Não há algo do que me orgulhar por essas experiências, mas sempre falei abertamente sobre, a fim de mostrar que não há problema algum em arriscar e errar, desde que você aprenda com os enganos.

Não é preciso ser nem pedagógico nem melancólico demais ao falar dos seus erros. Na verdade, quanto mais engraçado e alegre você conseguir ser, melhor as pessoas receberão a mensagem de que falhas não matam.

Quanto à parte de aprender — do mesmo modo, viva com intensidade. Só porque você é o chefe não significa que é a fonte de todo o conhecimento. Sempre que eu conhecia uma prática de que gostava em outra empresa, levava isso de volta à GE e fazia uma grande apresentação. Talvez eu tenha exagerado algumas vezes,

> Só porque você é o chefe não significa que é a fonte de todo o conhecimento.

mas queria que as pessoas soubessem o quanto eu estava entusiasmado com a nova ideia. E estava!

Você pode — e deve — trocar conhecimentos. Lembra-se do executivo lá em Chicago que me perguntou que direito tinha de avaliar pessoas mais inteligentes que ele? A resposta que dei foi: "Aprenda com elas. Na melhor das hipóteses, toda a equipe será mais esperta que você. Isso não significa que você não pode liderá-los."

Não há lei no mundo que faça as pessoas correrem riscos ou dedicarem tempo a aprender. Na maioria dos casos, a equação risco-recompensa não está suficientemente clara.

Se você quer mudar isso, dê o exemplo. Você vai adorar a cultura estimulante que irá criar e os resultados que irá obter — e sua equipe também.

REGRA 8. Líderes comemoram.

Por que comemorar deixa os gerentes tão ansiosos? Talvez dar uma festa não pareça nada profissional, ou deixe os gerentes preocupados de não parecerem sérios o bastante para o cargo, ou que, se houver felicidade demais no escritório, as pessoas vão parar de trabalhar.

Qualquer que seja o motivo, comemorar nunca é demais no ambiente de trabalho — nem em qualquer lugar. Em minhas viagens, frequentemente pergunto ao público se fizeram alguma coisa para reconhecer as conquistas — sejam grandes ou pequenas — de sua equipe no ano anterior. Não estou falando de festas organizadas pela empresa que todo mundo odeia, nas quais toda a equipe é levada a um restaurante local para uma noite de alegria forçada quando preferiria estar

> O trabalho é uma parte muito grande da vida para não comemorarmos os momentos de conquista. Não deixe passar um que seja. Dê o máximo de valor a todos.

em casa. Estou falando de mandar uma equipe para a Disney com suas famílias, de dar a cada pessoa dois ingressos para um ótimo show em Nova York, ou de presentear cada membro com um novo iPod.

Mas, quando pergunto "Quem comemora o suficiente?", quase ninguém levanta a mão.

Não é como se a GE estivesse imune a esse fenômeno. Eu insisti na importância de comemorar por vinte anos. No entanto, durante minha última viagem como CEO ao nosso centro de treinamento em Crotonville, perguntei aos cerca de cem gerentes da turma: "Você comemora o suficiente em sua unidade?" Mesmo sabendo o que eu queria que dissessem, menos da metade respondeu que sim.

Quantas oportunidades perdidas. Comemorar faz com que as pessoas se sintam vencedoras e cria uma atmosfera positiva de reconhecimento. Imagine um time ganhando a World Series sem que haja champanhe estourando em todos os lugares. É impossível! E, no entanto, as empresas ganham o tempo todo e deixam o momento passar sem nem um aperto de mão.

O trabalho é uma parte muito grande da vida para não comemorarmos os momentos de conquista. Não deixe passar um que seja. Dê o máximo de valor a todos. Se você não fizer isso, ninguém fará por você.

∎

Não existe fórmula fácil para ser um líder. Quem dera!

Liderar é desafiador, traz o peso de toda a conciliação, toda a responsabilidade, toda a pressão.

E, no entanto, existem ótimos líderes, de todos os modelos e tamanhos. Há os calmos e os explosivos. Há os analíticos e os mais impulsivos. Alguns são duros ao lidar com suas equipes, outros são mais estimulantes. Olhando superficialmente, seria difícil dizer que qualidades esses comandantes têm em comum.

No fundo, você, provavelmente, veria que os melhores se interessam apaixonadamente pelo seu pessoal — pelo crescimento e o sucesso. E veria que eles próprios se sentem bem no papel que desempenham. São genuínos, muito francos, íntegros, otimistas e humanos.

Muitas vezes me questionam se os líderes nascem prontos ou se aprendem no caminho. A resposta, claro, é ambas as coisas. Algumas características, como QI e energia, parecem vir "de fábrica". Por outro lado, é possível aprender algumas habilidades, como autoconfiança, desde criança, em família, na escola, e nos esportes. E você aprende com os outros no trabalho, por meio de tentativa e erro — experimentando, falhando e tirando uma lição, ou acertando e ganhando autoconfiança para fazer de novo, só que melhor.

Para a maioria de nós, a liderança surge um dia, de repente, quando você se torna chefe, e as regras mudam.

Antes, seu trabalho dizia respeito apenas a você. Agora, diz respeito aos outros.

6

Contratação

AQUILO QUE FAZ UM VENCEDOR

À S VEZES, QUANDO falo para o público empresarial, escuto uma pergunta que me surpreende muito, do tipo que não faço ideia como responder. Alguns anos atrás, em uma convenção de executivos da área de seguros em San Diego, por exemplo, uma mulher se levantou e falou: "Qual é a pergunta certa que deve ser feita em uma entrevista para ajudar a decidir quem contratar?"

Eu balancei a cabeça. "A pergunta certa?", indaguei. "Não consigo pensar em apenas *uma*. Você não acha?"

"É por isso que estou perguntando a você!", respondeu a mulher.

O público foi às gargalhadas, em parte por eu ter ficado desorientado, mas também porque, provavelmente, haviam se identificado.

Fazer boas contratações é difícil.

Fazer excelentes contratações é brutalmente difícil.

E, no entanto, nada é mais essencial para vencer do que colocar as pessoas certas em campo. As melhores estratégias e as tecnologias mais avançadas do mundo não chegam perto de serem eficazes sem ótimos profissionais para colocá-las em funcionamento.

– 89 –

Saber fazer as contratações certas é tão importante — e tão desafiador — que há um vasto território a ser abordado neste capítulo.

- **Primeiro, vamos analisar três testes fundamentais que você precisa fazer antes de pensar em contratar alguém.**

- **A seguir, apresentarei o modelo 4-E (e 1-P) para contratação, que utilizo há muitos anos. Tem esse nome por causa das quatro características que reúne, todas começando com a letra *E*, uma ótima coincidência. E há também um *P* (de paixão).**

- **Depois, vamos explorar as quatro características especiais que você deve buscar ao contratar líderes. O capítulo anterior tratou do papel do líder — as regras de liderança, por assim dizer. Este aqui é sobre como contratar líderes, antes de mais nada.**

- **Por fim, respondo às seis perguntas mais frequentes (FAQs, na sigla em inglês) sobre contratações que escuto em minhas viagens — além da pergunta "impossível" daquela executiva da área de seguros em San Diego. Afinal de contas, já tive alguns anos para pensar na resposta!**

OS TESTES FUNDAMENTAIS

Antes de sequer pensar em avaliar pessoas para determinada vaga, elas precisam passar por três testes. Lembre-se de que os testes devem ser feitos logo no início do processo de recrutamento, não antes de você assinar o contrato.

> Com o tempo, muitos de nós desenvolvemos um instinto para a integridade. Não tenha medo de pô-lo em prática.

O primeiro teste é de *integridade*. Integridade é um termo vago, então permita-me apresentar a minha definição. Pessoas íntegras dizem a verdade e cumprem suas palavras. Assumem a responsabilidade por suas ações, admitem seus erros e os consertam. Conhecem a legislação de seu país, de seu setor e de sua empresa — tanto ao pé da letra quanto em espírito —, e as cumprem. Elas jogam para ganhar da maneira certa, de acordo com as regras.

Como é possível pôr a integridade à prova? Se o candidato vem de dentro da empresa, é bem fácil. Você já o viu em ação ou conhece alguém que o tenha visto. Para quem vem de fora, é preciso contar com a reputação e as referências. Mas esses parâmetros não são infalíveis. Você também tem que confiar em sua intuição. A pessoa parece ser genuína? Admite abertamente os erros? Fala sobre a vida com iguais medidas de franqueza e discrição?

Com o tempo, muitos de nós desenvolvemos um instinto para a integridade. Não tenha medo de pô-lo em prática.

O segundo teste é de *inteligência*. O que não quer dizer que a pessoa deva ter lido Shakespeare ou que possa resolver problemas complexos de física. Significa, sim, que o candidato tem uma forte dose de curiosidade intelectual, com amplo conhecimento para trabalhar ou liderar pessoas igualmente inteligentes no complexo mundo de hoje.

Às vezes, as pessoas confundem formação com inteligência. Eu mesmo fiz isso no início da carreira. Mas, com a experiência, aprendi que há pessoas inteligentes com todo tipo de formação. Conheci gente extremamente brilhante vinda de lugares como Harvard e Yale. Mas alguns dos melhores executivos com quem já trabalhei estudaram em lugares como a Bryant University, em Providence, Rhode Island, e a Universidade de Dubuque, no Iowa.

A GE teve sorte de ter todas essas pessoas em sua equipe.

O que quero dizer é que a formação de um candidato é apenas parte do cenário, ainda mais quando se trata de inteligência.

O terceiro teste para entrar no jogo é de *maturidade*. A propósito, você pode ser maduro em qualquer idade, assim como imaturo. Independentemente disso, existem certas características que parecem indicar que uma pessoa cresceu: a forma como ela administra a pressão, como lida com o estresse e com os contratempos. Por outro lado, quando surgem os bons momentos, se ela encara o sucesso com partes iguais de alegria e humildade. Pessoas maduras respeitam as emoções alheias. São confiantes, mas não arrogantes.

Inclusive, indivíduos maduros geralmente têm bastante senso de humor, inclusive em relação a si próprios!

Assim como a integridade, não há um teste concreto de maturidade. Mais uma vez, você vai ter de confiar em referências, na reputação e, o mais importante, no seu instinto.

O MODELO 4-E (E 1-P)

Levei anos para consolidar o modelo 4-E. É claro que outras pessoas utilizam outros modelos que funcionam muito bem na formação de equipes vencedoras. Mas descobri que este era eficaz de maneira consistente, ano após ano, não importava o negócio nem o país.

O primeiro E é energia positiva. Acabamos de falar sobre essa característica no capítulo sobre liderança. Significa a capacidade de seguir em frente, acertar nas decisões e apreciar as mudanças. Pessoas com energia positiva costumam ser extrovertidas e otimistas. Sabem puxar conversa e fazer amizades com facilidade. Começam o dia animados e terminam com o mesmo gás, raramente parecendo cansadas no meio do caminho. Nunca reclamam de trabalhar duro; elas amam trabalhar.

E também gostam de se divertir.

Em suma, pessoas com energia positiva amam a vida.

O segundo E é a capacidade de estimular os outros. Energia positiva é a capacidade de estimular as pessoas. As que trazem estímulo conseguem inspirar sua equipe a enfrentar o impossível e encontrar prazer na tarefa. Todo mundo quer trabalhar com pessoas assim.

Agora, fornecer estímulo não é só proferir discursos pomposos. É preciso conhecer a fundo seus negócios e ter uma excelente capacidade de persuasão para defender uma causa e conquistar o apoio dos outros.

> Em suma, pessoas com energia positiva amam a vida.

Um ótimo exemplo é Charlene Begley, que começou na GE

como trainee de gestão financeira em 1988. Após passar por diferentes cargos ao longo dos anos, ela foi selecionada para implementar o programa Six Sigma da GE no setor de transportes. Foi aí que a sua liderança realmente começou a brilhar. Cativados por sua intensidade, a equipe fez com que aquela tarefa chegasse aos ouvidos de toda a empresa.

> Pessoas eficazes, no entanto, sabem quando parar de fazer análises e tomar uma decisão difícil, mesmo sem ter todas as informações à mão. Poucas coisas são piores do que um gerente que não sabe dar limites.

Não é fácil destrinchar a capacidade que Charlene tem de prover estímulo, porque é uma rica mistura de habilidades. Ela é uma ótima comunicadora, sabe definir os objetivos com clareza. Ela fala sério quando o assunto é trabalho, mas não se leva a sério demais. Na verdade, tem um ótimo senso de humor e não tarda a compartilhar o crédito. Sua postura é sempre otimista: por mais difícil que seja, a tarefa pode ser feita.

A capacidade dela de estimular aquela equipe Six Sigma foi uma das características mais importantes para que se destacasse e galgasse degraus na GE. Após o projeto e alguns outros papéis de liderança, ela virou diretora da equipe de auditoria corporativa da GE, e acabou por se tornar CEO da GE Fanuc Automation. Charlene se tornou CEO e presidente da divisão ferroviária da GE, um negócio com valor estimado em três bilhões de dólares.

O terceiro E é o esforço de tomar decisões difíceis. Veja só, o mundo é repleto de zonas cinzentas. Qualquer um pode olhar para um problema por diferentes ângulos. Pessoas inteligentes são capazes de analisar esses ângulos indefinidamente, e assim o farão. Pessoas eficazes, no entanto, sabem quando parar de fazer análises e tomar uma decisão difícil, mesmo sem ter todas as informações à mão.

Poucas coisas são piores do que um gerente, de qualquer nível, que não sabe dar limites, do tipo que sempre diz: "Vamos retomar o assunto daqui a um mês e dar uma boa olhada"; ou aquele tipo horrível que diz uma coisa para você, mas então chega outra pessoa e faz com que ele mude de ideia. Nós chamamos esses de chefes sem personalidade de maria-vai-com-as-outras.

Algumas das pessoas mais inteligentes que contratei ao longo dos anos — muitas vindas da área de consultoria — tiveram grande dificuldade em fazer escolhas, principalmente quando ocupavam cargos executivos. Em todas as situações, sempre enxergavam opções demais, o que as impedia de agir. Essa indecisão fazia com que suas organizações ficassem num limbo. No fim das contas, para muitas delas, esse foi um pecado mortal.

O que nos leva ao quarto E, de execução, a capacidade de fazer o trabalho. Talvez este quarto E pareça óbvio, mas, por alguns anos, havia apenas os três primeiros. Na crença de que essas características eram mais do que suficientes, avaliamos centenas de pessoas, rotulamos várias como de "alto potencial", e muitas foram promovidas para cargos de gerência.

Nessa época, viajei para fazer as sessões de revisão de pessoal *in loco* com o então chefe de RH da GE, Bill Conaty. Nestas sessões, trabalhávamos com uma única folha, que continha a foto de cada gerente, juntamente com a análise de desempenho feita por seu chefe e três círculos, um para cada E que estávamos usando na época. Cada um era preenchido de modo a representar o desempenho do indivíduo. Por exemplo, uma pessoa poderia ter meio círculo de energia, um círculo completo de estímulos e um quarto de círculo de escolhas.

Então, numa sexta-feira à noite, depois de uma visita de uma semana aos nossos negócios do Meio-Oeste, Bill e eu estávamos no avião, retornando à sede, analisando páginas e páginas de gerentes de alto potencial com os três círculos solidamente preenchidos. Ele virou-se para mim e disse: "Olha, Jack, estamos deixando passar alguma coisa aqui. Todas essas pessoas parecem incríveis, mas os resultados de algumas são terríveis."

O que estava faltando era a execução.

> Algumas das pessoas mais inteligentes que contratei tiveram grande dificuldade em fazer escolhas. Para muitas delas, esse foi um pecado mortal.

Você pode ter energia positiva, estimular todos ao seu redor, fazer escolhas difíceis e, mesmo assim, não cruzar a linha de chegada. Ser capaz de executar é uma habilidade especial e distinta. Significa que uma pessoa sabe como transformar decisões em ações e então concluí-las, ainda que haja resistência, caos ou que surjam obstáculos inesperados. Pessoas capazes de executar coisas sabem que vencer tem a ver com mostrar resultados.

Se um candidato tiver os quatro Es, então procure por aquele P final — paixão. Por paixão quero dizer uma emoção sincera, profunda e autêntica em relação ao trabalho. Pessoas com paixão desejam — de verdade — que colegas, funcionários e amigos vençam. Elas adoram aprender e crescer, e o impulso é ainda maior quando os indivíduos ao redor fazem o mesmo.

O curioso sobre as pessoas com paixão, no entanto, é que elas geralmente não estão empolgadas apenas com o trabalho. Tendem a ter paixão por tudo. Sabem tudo sobre esportes, fazem tudo pelas universidades onde estudaram e são viciadas em política.

De todas as formas, a paixão pela vida corre em suas veias.

CONTRATAÇÕES DE ALTO NÍVEL

Os três testes fundamentais preliminares e o modelo 4-E (e 1-P) se aplicam a qualquer decisão de contratação, independentemente do nível da organização. Mas, às vezes, você precisa contratar um líder de nível sênior — alguém que vai comandar uma grande divisão ou uma empresa inteira. Nesse caso, existem outras quatro características essenciais.

A primeira característica é a autenticidade. Por quê? Simples. Uma pessoa não pode tomar decisões difíceis, sustentar posições impopulares ou defender aquilo em que acredita a menos que conheça a si mesma e que esteja segura com quem é. Estou falando de autoconfiança e convicção. São essas os atributos de um líder ousado e decidido, o que é absolutamente crítico nos momentos em que é preciso agir rápido.

Também importante, a autenticidade torna os líderes "agradáveis", por falta de uma palavra melhor. Sua espontaneidade está presente na forma como se comunicam, e isso alcança as pessoas em um nível emocional. Suas palavras comovem: a mensagem toca alguma coisa lá dentro.

Quando eu estava na GE, de vez em quando nos deparávamos com um executivo de ótimo desempenho, mas que simplesmente não podia ser promovido. Lá no começo, quebramos a cabeça para tentar entender isso. Esses executivos demonstravam os valores certos e batiam as metas, mas seu pessoal não desenvolvia uma ligação com eles. O que estava errado? Por fim, descobrimos que eles pareciam sempre soar um pouco falsos para a equipe. Fingiam ser algo que não eram — mais no controle, mais otimistas, mais experientes do que realmente eram. Nunca ficavam tensos. Nunca choravam. Não se sentiam confortáveis com quem eram de verdade e desempenhavam um papel que eles mesmos tinham inventado.

Líderes não podem ter um pingo sequer de falsidade. Precisam conhecer bem a si mesmos — para agir sem rodeios, estimular seus seguidores e liderar com a autoridade que surge a partir da autenticidade.

A segunda característica é a capacidade de ver além. Todo líder precisa ter visão e capacidade de prever o futuro, mas bons líderes devem ter uma capacidade especial de antecipar o inesperado. Nos negócios, os melhores líderes em ambientes brutalmente competitivos têm um sexto sentido para mudanças no mercado, bem como para os movimentos de concorrentes já existentes e o surgimento de novos.

O ex-vice-presidente da GE, Paolo Fresco, é um talentoso jogador de xadrez. Ele aplicou essa habilidade a todos os negócios globais que fez ao longo de trinta anos. De alguma forma, graças a sua intuição e seu conhecimento, ele conseguia se colocar no lugar da pessoa do outro lado da mesa, prevendo cada passo de uma negociação. Para nossa surpresa, Paolo sempre sabia o que estava por vir. Ninguém jamais chegou perto de tirar vantagem dele — porque Paolo sabia o que seu "adversário" estava pensando antes que o próprio soubesse.

A capacidade de ver além é a capacidade de imaginar o inimaginável.

A terceira característica é a forte propensão a se cercar de pessoas melhores e mais inteligentes do que você mesmo. Toda vez que passávamos por uma crise na GE, eu reunia um grupo com as pessoas mais inteligentes e intuitivas que conseguisse encontrar em qualquer nível dentro da empresa, e, às vezes, fora dela, e contava com a expertise e os conselhos delas. Eu fazia com que cada uma encarasse o problema de um ângulo diferente e, em seguida, mergulhávamos nas informações disponíveis para solucionar a crise.

> Os melhores líderes em ambientes brutalmente competitivos têm um sexto sentido para mudanças no mercado. Eles têm a capacidade de imaginar o inimaginável.

Essas reuniões eram quase sempre controversas, e eu ouvia opiniões fortes e variadas. No entanto, minhas melhores decisões foram tomadas a partir do que aprendi nesses debates. A divergência trazia à tona questões importantes e nos forçava a desafiar nossos pressupostos. Todos saíam da experiência mais bem-informados e bem-preparados para enfrentar a próxima crise.

Um bom líder tem a coragem de reunir uma equipe que, às vezes, faz com ele pareça a pessoa mais estúpida do grupo! Sei que isso parece contraintuitivo. Você quer que seu líder seja a pessoa mais esperta da equipe — mas, se ele agir dessa forma, não receberá nem metade do retorno de que precisa para tomar as melhores decisões.

A quarta característica é o alto grau de perseverança. Todo líder comete erros, todo líder tropeça e cai. A questão que gira em torno de um de nível sênior é: ele aprende com seus erros, recompõe-se e retoma o rumo com velocidade, convicção e confiança renovadas?

O nome desse traço é perseverança, e é tão importante que um líder já deve estar familiarizado com ele desde que assumiu o cargo, caso contrário, no momento de crise será tarde demais para aprendê-lo. Por isso, quando eu colocava pessoas em novos papéis de liderança, procurava sempre por candidatos que tivessem uma ou duas experiências muito difíceis. Eu gostava particularmente de pessoas que haviam passado por sufocos, mas que se provaram capazes de correr ainda mais rápido na disputa seguinte.

O atual mundo globalizado dos negócios vai fazer com que um líder caia do cavalo mais de uma vez. É preciso que ele saiba como dar a volta por cima.

AS PERGUNTAS MAIS FREQUENTES SOBRE CONTRATAÇÃO

Por fim, vejamos as seis perguntas mais frequentes — ou FAQS — que me foram feitas a respeito de contratações nos últimos anos. Ao final, vou tentar (finalmente) responder à executiva da área de seguros de San Diego sobre a questão certa a ser feita em uma entrevista. Como já disse, pensei nisso por bastante tempo.

1. Como você entrevista alguém para uma vaga? Minha resposta imediata a esta pergunta é: jamais confie totalmente em uma única reunião!

Não importa o quanto você esteja sem tempo nem o quanto determinado candidato seja promissor, assegure-se de que todos sejam entrevistados por várias pessoas. Ao longo do tempo, você vai notar que algumas pessoas em sua organização têm um dom especial para diferenciar os astros dos impostores. Confie nelas. (Bill Conaty, meu diretor de RH, era mestre nisso. Fosse pelo aperto de mão, pelo sorriso ou pela maneira de falar sobre a família, ele sempre conseguia decifrar os candidatos.) E preste atenção quando um colega de confiança lhe disser que não tem um bom pressentimento em relação a um candidato. Essa hesitação costuma ser sinal de que o pretendente não é o que parece.

Em algum momento do processo de entrevista, quando for a sua vez, exagere ao descrever os desafios impostos pela vaga; tome por base o pior dia de trabalho — difícil, controverso, político, cheio de incertezas. À medida que você exagerar, veja se o candidato continua dizendo: "Sim, sim, sim!" Se ele o fizer, talvez não tenha muitas opções à disposição. Quem sabe até essa seja a única esperança de emprego dele.

> Eu gostava particularmente de pessoas que haviam passado por sufocos, mas que se provaram capazes de correr ainda rápido na disputa seguinte.

Um bom sinal é se o candidato começa a lançar perguntas difíceis como: "Em quanto tempo você espera que os resultados sejam alcançados?" ou "Terei pessoas suficientes para que isso aconteça?" Melhor ainda se perguntarem sobre os valores da empresa. Diante da dificuldade do trabalho, os bons candidatos vão se mostrar cada vez mais empolgados, curiosos e cheios de autoconfiança, não apenas balançar a cabeça para tudo.

Por fim, depois de encerrada a conversa, verifique não apenas as referências que o requerente fornecer. Faça suas próprias ligações — mas isso você já sabe. Nestas ocasiões, não deixe que a conversa seja superficial. Contenha o ímpeto de fazer o que seria esperado, de apenas ouvir as boas notícias que você quer ouvir. Force-se a questionar qualquer coisa que soe como papo de advogado. Valha-se da sua influência. Prometa sigilo. Ao fazer isso, você vai ouvir o que eu já escutei incontáveis vezes: "Você só pode estar brincando! Ficamos felizes em nos livrar desse cara!"

2. Eu preciso de uma pessoa para uma função meramente técnica. Por que me preocupar com os quatro Es? Obviamente, contratar uma pessoa que é ao mesmo tempo um astro no aspecto técnico e apresenta os quatro Es seria muito bom! Mas, se você está realmente desesperado por uma pessoa com uma determinada especialidade — digamos, um programador de computadores ou um cientista —, eu ficaria satisfeito em ver energia e paixão, junto com um balde de inteligência bruta, ótima experiência anterior e, claro, integridade. Você precisa dessas qualidades em qualquer pessoa que contratar.

3. E se faltar um ou dois Es em algum candidato? O treinamento é capaz de suprir essas lacunas? Qualquer candidato que você contrate para um cargo de gerência deve ter os dois primeiros Es, energia positiva e capacidade de estimular. Esses são traços de personalidade, e eu não acredito que possam ser ensinados. Falando francamente, não recomendo contratar um membro da equipe — gerente ou não — que não tenha uma boa dose de energia positiva. Pessoas assim só provocam irritação.

Fazer escolhas e saber executá-las, por outro lado, são coisas que podem ser desenvolvidas com experiência e treinamento. Por diversas vezes vi pessoas aprenderem a tomar decisões difíceis e apresentar bons resultados.

A equipe de auditoria da GE oferece vários exemplos. Todos os anos, reúne cerca de 120 profissionais, principalmente do programa de treinamento em gestão financeira, mas cerca de um quarto é de outras categorias, como engenharia e produção. O perfil típico dos contratados pela auditoria são funcionários com cerca de três anos de experiência na empresa.

No primeiro ano, esses "novos filhos" visitam os negócios da GE em todo o mundo, como parte de equipes de auditoria contendo de três a seis pessoas. Após doze semanas de exaustiva análise, eles voltam à sede para apresentar suas descobertas aos CFO e CEO. Na maior parte das vezes têm muita coisa para contar, e nem tudo são flores.

No início, esses jovens auditores ficam hesitantes e guardam suas observações para si enquanto os membros mais antigos da equipe conduzem a conversa. Mas, com o tempo, normalmente de três a cinco anos, eles desenvolvem uma ousadia visível. Isso surge a partir da observação de seus colegas de equipe mais experientes, de muito treinamento e de muita prática. Eles também desenvolvem um talento incrível para executar coisas. Afinal, são os responsáveis por garantir que suas recomendações sejam implementadas. Caso contrário, tudo sai dos eixos — e essa situação é uma ótima professora.

A prova de que é possível aprender a fazer escolhas e executá-las está bastante clara: diversos CEOs das maiores empresas da GE e um vice-presidente eram veteranos do processo de desenvolvimento da equipe de auditoria.

4. É possível avançar nos negócios sem ter os quatro Es nem paixão? Indiscutivelmente, sim.

Uma pessoa pode alçar grandes voos apenas graças à inteligência. Ou pela simples capacidade de conseguir concluir as coisas. Todos conhecemos exemplos desses indivíduos. Muitos são inventores e empreendedores, e geralmente comandam seus próprios espetáculos.

Mas, dentro de uma organização, não vi muitos desses que tenham tido sucesso, especialmente como líderes, sem os quatro Es nem paixão.

5. Procuro sempre contratar pessoas que já chegam botando a mão na massa. Você acha que esse é um fator decisivo?

Ao fazer contratações, é preciso colocar as prioridades na balança. Você quer alguém para dar cabo de um trabalho rapidamente, ou alguém com potencial de crescimento? Meu conselho é: dê preferência à segunda opção.

Mas eu nem sempre pensei assim.

A primeira vez que contratei gerentes foi quando eu tinha 28 anos e precisava formar uma equipe funcional. Contratei um colega Ph.D. para ser gerente de pesquisa e desenvolvimento. Para o marketing, chamei um velho amigo que era esperto e estava disponível. E para gerente de produção, minha escolha foi por um profissional experiente. Eu já o havia visto em ação em outra parte da mesma divisão.

Embora eu não tenha percebido isso naquela época, a maioria dessas pessoas não tinha futuro além dos empregos nos quais eu havia acabado de colocá-las. Nosso negócio estava crescendo depressa, e eles não tinham as habilidades necessárias para crescer junto. Inclusive, quatro anos mais tarde, todos deixaram seus cargos, e tivemos que preenchê--los novamente.

Em minha primeira ocasião contratando gerentes, eu ainda não entendia bem a dinâmica. Queria apenas ver o trabalho concluído. Mas acabei aprendendo que vale a pena investir nos profissionais de alto potencial capazes de crescer junto com os negócios ou de alcançar outros patamares dentro da organização. Contratar um "marcador" altamente qualificado — que sabe botar a mão na massa logo de cara, mas que não tem futuro além da vaga que ocupa — é tentador, porque resolve uma necessidade imediata. Mas eles logo se tornam um estorvo. Ficam entediados devido à familiaridade com o trabalho ou, como aconteceu no caso que eu relatei, empacam diante dos desafios. Os funcionários que eles lideram ficam desmotivados, porque não imaginam seus chefes indo a lu-

> Uma boa regra, portanto, é jamais contratar alguém para o que seria o último emprego de sua carreira, a menos que seja para o cargo de diretor ou de CEO.

> **Não se martirize por fazer uma contratação errada vez ou outra. Só não esqueça que a responsabilidade de consertar isso é sua.**

gar algum, o que os faz pensar sobre suas próprias oportunidades. Uma boa regra, portanto, é jamais contratar alguém para o que seria o último emprego de sua carreira, a menos que seja para o cargo de diretor ou de CEO.

6. Quanto tempo leva para saber se a contratação feita foi acertada? Geralmente, em cerca de um ano — no máximo dois — fica bem claro se a pessoa está obtendo os resultados que você esperava.

É relativamente fácil perceber quando uma pessoa não tem a energia e a capacidade de execução que você esperava. Mas a habilidade de estimular e a de tomar decisões ousadas às vezes requerem mais tempo. As pessoas procuram primeiro se enquadrar antes de começarem a motivar a equipe em torno de uma causa ou a tomar decisões difíceis. Mas, como eu disse, dentro de dois anos, no máximo, se um funcionário ainda estiver aquém das suas expectativas, é hora de admitir o erro e iniciar o processo de afastamento. Se você fez o seu trabalho e fez avaliações honestas ao longo do caminho, ele não tem por que ficar surpreso, e uma indenização à altura também ajuda a amortecer o impacto.

Contratar certo é difícil. Eu diria que, no início de minha carreira como gerente, escolhi as pessoas certas cerca de 50% das vezes. Trinta anos depois, eu havia melhorado para cerca de 80%.

O que quero dizer é: não se martirize por fazer uma contratação errada vez ou outra, principalmente quando estiver começando.

Situações mudam. Pessoas mudam. Você muda.

Só não esqueça que a responsabilidade de consertar isso é sua. É você quem tem que resolver o problema, não um profissional do RH a quem você delega a parte ruim do trabalho. Assuma a responsabilidade e assegure que o desfecho seja franco e justo.

E, agora, a pergunta de San Diego.

Qual é a pergunta certa que deve ser feita em uma entrevista para ajudá-lo a decidir quem contratar? Se eu só pudesse me debruçar em um tópico durante uma entrevista, seria sobre o motivo pelo qual o candidato deixou seu último emprego, e também o penúltimo.

Foi o ambiente? Foi o chefe? Foi a equipe? O que exatamente o fez sair? Há muitas informações por trás dessas respostas. É aí que você tem de cavar, e fundo. Talvez o candidato deposite expectativas muito altas num emprego ou numa empresa — quer um chefe que seja totalmente ativo ou colegas de equipe que sempre concordam uns com os outros. Talvez ele queira um retorno muito alto num prazo muito curto. Ou talvez esteja deixando o emprego porque possui exatamente aquilo que você deseja: energia demais para deixar guardada, capacidade de estimular tão grande que o faz buscar gerenciar mais pessoas, ousadia demais para gastar com um patrão molenga e uma capacidade tão alta de executar projetos que o faz precisar de mais desafios.

A chave é: escute com atenção. Procure decifrar o candidato. O motivo pelo qual uma pessoa deixou um ou mais empregos diz mais sobre ela do que quase qualquer outro dado.

■

Seu objetivo ao fazer uma contratação é colocar os jogadores certos em campo.

Por sorte, há pessoas incríveis por toda parte. Você só precisa saber encontrá-las.

É muito fácil contratar apenas pessoas de quem você gosta. Afinal, vai passar a maior parte do seu tempo com elas. Também é fácil contratar apenas pessoas com grande experiência, porque já sabem fazer todo o trabalho.

Mas amizade e experiência não bastam. Toda pessoa que você empregar precisa ter integridade, inteligência e maturidade. Garantidas essas qualidades, procure pessoas com os quatro Es e com paixão. E, para além disso, no nível sênior, busque profissionais autênticos, com visão, predisposição para pedir conselhos e perseverança.

Reúna todas essas habilidades e terá pessoas prontas para vencer.

7
Gestão de Pessoas

VOCÊ JÁ TEM OS JOGADORES CERTOS.
E AGORA?

VOCÊ JÁ TEM os jogadores certos em campo — isso é um ótimo começo. Agora eles precisam trabalhar em conjunto, melhorar constantemente seu desempenho, estar motivados, serem fiéis à empresa e crescerem como líderes.

Em outras palavras, precisam ser *gerenciados*.

Existem pilhas e pilhas de livros sobre gestão de pessoas, sem falar nas dezenas de cursos de administração. Existem programas de treinamento, revistas e sites, muitos oferecendo bons conselhos. Além disso, existe a experiência.

Este capítulo baseia-se essencialmente nisso. Durante os anos em que trabalhei na GE, gerenciar pessoas foi quase a única coisa que eu fiz desde que deixei o laboratório. Afinal de contas, eu não tinha o conhecimento necessário para projetar motores a jato, criar máquinas de tomografia computadorizada nem escrever um programa de comédia para a NBC. No papel de CEO, é óbvio que eu me envolvia com todos os aspectos do negócio: estratégias, novos produtos, vendas, fusões e aquisições etc. No entanto, sempre acreditei que administrar pessoas era a maior contribuição que eu podia dar à GE.

– 105 –

Gestão de pessoas abrange uma ampla gama de atividades, mas, na verdade, resume-se a seis práticas fundamentais.

Ninguém é capaz de dar conta dessas atividades sozinho — longe disso —, portanto prefiro expressá-las como práticas que envolvem toda a empresa. Para gerenciar bem as pessoas, as empresas devem:

1. Promover o RH a uma posição de poder e proeminência na organização e garantir que o pessoal do setor tenha qualidades especiais para ajudar os gerentes a formarem líderes e carreiras. Os melhores profissionais de RH são um misto de mãe e sacerdote.

2. Empregar um sistema de avaliação rigoroso e sem burocracia, cuja integridade e conformidade com a Lei Sarbanes-Oxley sejam monitoradas de perto.

3. Usar mecanismos eficazes — leia-se: dinheiro, reconhecimento e treinamento — para motivar as pessoas e mantê-las na empresa.

4. Lidar pessoalmente com os relacionamentos conturbados — com sindicatos, astros, autômatos e disruptivos.

5. Combater a inércia e, em vez de não dar atenção aos 70% medianos, tratá-los como se fossem o coração e a alma da organização.

6. Projetar um organograma que seja o mais horizontal possível, no qual hierarquia e responsabilidade de cada um estejam perfeitamente claras.

Depois de muitos anos de estrada, percebi que algumas pessoas leem essas práticas e ficam se perguntando como é possível conseguir concretizar qualquer trabalho se forem adotadas.

Eu *sempre* achei tudo isso muito concreto! No entanto, após centenas de sessões de perguntas e respostas, fiquei com a impressão de que, em muitas empresas, o gerenciamento de pessoas é feito apenas quando sobra tempo.

Na esperança de que isso mude, explico essas práticas em mais detalhes.

PRÁTICA 1: 1. Promover o RH a uma posição de poder e proeminência na organização e garantir que o pessoal do setor tenha qualidades especiais para ajudar os gerentes a formarem líderes e carreiras. Os melhores profissionais de RH são um misto de mãe e sacerdote.

Alguns anos atrás, eu estava na Cidade do México, falando para uma convenção de cinco mil executivos da área de recursos humanos. Como sempre, o evento foi organizado como uma sessão de perguntas e respostas, na qual eu dividia o palco com mais uma pessoa. Nesse caso, o entrevistador era Daniel Servitje, o atencioso e carismático CEO do Grupo Bimbo, uma das maiores empresas alimentícias do país.

Daniel e eu passamos os primeiros 45 minutos conversando sobre estratégia, orçamentos, competição global e outros tópicos dos negócios, antes que o microfone fosse aberto ao público para perguntas. A primeira pessoa a falar se identificou como chefe de pessoal de uma empresa brasileira. Demonstrando certa ansiedade, ela me perguntou sobre o papel do RH em uma empresa — o que eu achava que deveria ser?

Respondi de bate-pronto, e, para ser sincero, ainda que eu viesse apresentando aquele argumento publicamente havia anos, achei que fosse receber uma salva de palmas, dada a composição da audiência.

"Sem sombra de dúvida, o diretor de RH deve ser a segunda pessoa mais importante em qualquer organização", disse. "Do ponto de vista do CEO, o diretor de RH deve estar no mínimo em pé de igualdade com o CFO."

Fez-se um silêncio incômodo. Na verdade, ficou tudo tão quieto que achei que meu sotaque de Boston tivesse deixado o tradutor perdido.

"Não é isso o que acontece nas suas empresas?", perguntei. "Quero dizer, vou pedir que vocês levantem as mãos. Quantos de vocês trabalham em empresas em que o CEO trata o diretor de RH e o CFO da mesma forma?"

Cinquenta pessoas levantaram a mão — cinquenta em *cinco mil* pessoas! Não é de se admirar que ninguém tenha aplaudido! Sem querer, pisei no calo de cerca de 99% do público.

Mais tarde, no coquetel da apresentação, ouvi várias pessoas relatarem como o RH era menosprezado e subutilizado em suas organizações. No total, cerca de trinta pessoas me contaram histórias semelhantes.

Pior que isso, seus relatos não eram exceção. Repeti a mesma pergunta sobre o prestígio do RH em cerca de 75 outros eventos de palestras depois daquela na Cidade do México. Os resultados são perturbadoramente parecidos.

Isso me deixa doido. Mesmo que sua empresa seja pequena demais para ter um departamento de RH, *alguém* precisa fazer o trabalho do setor.

E ele precisa ter função tão importante quanto qualquer outra na empresa.

Por que o setor de RH não é visto como tão importante quanto o financeiro? Afinal, se você fosse gerente de um time de beisebol, ouviria com mais atenção o contador da equipe ou o diretor desportivo? A opinião do contador é importante — ele com certeza sabe quanto é possível pagar a um jogador. Mas a contribuição dele sem dúvida não vale *mais* do que a do diretor desportivo, que entende a qualidade de cada jogador. Ambos devem estar, juntamente com o CEO, na mesa onde as decisões são tomadas.

> Se você fosse gerente de um time de beisebol, ouviria com mais atenção o contador da equipe ou o diretor desportivo?

Infelizmente, em muitas empresas, o RH não está nem na mesma sala.

Isso se dá, na minha opinião, por três motivos. Primeiro, é difícil mensurar o impacto do RH. É possível ver o quanto as vendas e a pesquisa afetam o desempenho e os parâmetros que o financeiro usa para fazer essa avaliação. Mas o RH lida com o "etéreo" — as habilidades das pessoas. Além de as habilidades serem mais difíceis de mensurar, a maioria dos indivíduos acha que entende plenamente do assunto. Quantas vezes você já ouviu alguém dizer: "Eu sou ótimo em lidar com pessoas!"?

Segundo, o RH muitas vezes é relegado, ou encurralado, em direção à armadilha de gerir apenas os benefícios — administrando planos de saúde e supervisionando questões de calendário, como férias e turnos. Também fica sobrecarregado com atividades de bem-estar e felicidade — editando o jornal da fábrica e organizando o piquenique de verão. Alguém tem que cuidar dessas tarefas, mas se o RH não consegue executar nada além disso, jamais terá o prestígio que merece.

Terceiro, o RH é tragado por intrigas palacianas.

Nos anos 1960 e início da década de 1970, a GE passou por um período como esse. O sistema de RH funcionava na base de fofocas, cochichos e papo furado. Um pequeno e apavorante grupo de executivos do setor mantinha um relatório secreto sobre cada um dos gerentes, e podiam acabar com qualquer um pelo resto da vida, se quisessem. Por outro lado, também podiam promover quem quer que fosse num piscar de olhos. Eles se viam como fazedores de reis.

O jogo virou completamente quando Reg Jones, o CEO da época, nomeou Ted LeVino como diretor de RH. Ted abriu as cortinas e deixou a luz entrar. Os processos logo se tornaram transparentes e, o mais importante, começaram a fazer sentido. Quando ele se aposentou, em 1985, o RH estava a caminho de fazer exatamente o que deveria: ouvir as pessoas desabafarem, mediar conflitos internos e ajudar os gerentes a desenvolverem líderes e construírem carreiras.

É por isso que os melhores profissionais de RH são um misto de sacerdote, que escuta todos os

> Aqueles com perfil sacerdote-mãe enxergam as hierarquias implícitas na cabeça das pessoas — o organograma invisível que existe em toda empresa.

pecados e reclamações sem fazer julgamentos, e de mãe, que dá amor e atenção, mas que não perde tempo nem poupa palavras quando você está saindo dos eixos.

Ao longo dos anos, aprendi que os melhores tipos de sacerdote-mãe são normalmente os que comandaram alguma coisa uma vez em suas carreiras — uma fábrica, uma linha de produtos ou outra função. Mas também vi alguns surgirem de dentro do setor de RH. De uma forma ou de outra, os melhores têm uma categoria que vai além da posição e do título. Eles *conhecem* o negócio em todos os detalhes. Sabem como funciona a tensão entre o marketing e a produção, ou entre dois executivos que já disputaram a mesma vaga. Enxergam as hierarquias implícitas na cabeça das pessoas — o organograma invisível de conexões políticas que existe em toda empresa. Conhecem os personagens e as histórias.

Além do prestígio, os de perfil sacerdote-mãe possuem integridade de sobra. Essa característica provém da franqueza e da confiabilidade intermináveis. Eles escutam com cuidado ímpar, dizem sempre a verdade e sabem guardar segredo.

E também sabem resolver conflitos.

Todos gostamos de acreditar que boas empresas não precisam de árbitros. Mas isso não é verdade. Pessoas são preteridas em promoções. Vendas interdivisionais geram todo tipo de problemas para decidir quem merece o crédito. A distribuição dos bônus é vista como injusta.

Tive a sorte de ter alguns tipos sacerdote-mãe em minha equipe em vários momentos da carreira, o último tendo sido Bill Conaty, que já mencionei aqui. Bill começou no programa de treinamento de produção da GE e acabou por se tornar gerente da fábrica de motores a diesel de locomotivas em Grove City, Pensilvânia. Dali, ele deu um salto para a área de RH. O homem era um talento. Não importava com quem estivesse lidando —um executivo sênior ou um operário que batia cartão —, ele era o mais direto possível para dar boas ou más notícias. Era um ótimo ouvinte, e tão discreto que não se podia arrancar um segredo dele nem sob tortura.

Comecei a prestar atenção quando Bill era diretor de RH do setor de motores aeronáuticos. A empresa passou por uma enorme crise em

1989, quando foi descoberto que um dos funcionários havia subornado um general da força aérea israelense para conseguir um contrato de motores a jato. Fiquei impressionado com a forma como Bill lidou com as pessoas envolvidas na bagunça, algumas das quais eram colegas e amigos próximos. Ele teve que fazer recomendações incrivelmente penosas quanto a demissões, e fez isso com o tipo de franqueza, compaixão e diplomacia que é a marca registrada de um sacerdote-mãe.

Se o seu RH está no caminho certo, os sacerdotes-mãe estão prontos para lidar com atritos e crises — direcionando a raiva para o lugar certo, produzindo acordos e, se necessário, negociando para que demissões sejam feitas com dignidade.

Eles estão lá para ajudar os gerentes a lidar com as pessoas da maneira adequada.

> **PRÁTICA 2: Empregar um sistema de avaliação rigoroso e sem burocracia, cuja integridade e conformidade com a Lei Sarbanes-Oxley sejam monitoradas de perto.**

Lembra-se do que aconteceu quando os escândalos corporativos abalaram a economia norte-americana? O governo agiu rapidamente, aprovando a Lei Sarbanes-Oxley, que determina multa, prisão ou ambos para qualquer CEO ou CFO que deliberadamente coadune com fraudes.

A Lei Sarbanes-Oxley era necessária para devolver credibilidade aos balanços fiscais e restaurar a confiança dos investidores.

Meu desejo é que os sistemas de avaliação recebessem o mesmo tipo de atenção e rigor. Afinal de contas, fraudes fiscais são provocadas por pessoas.

No entanto, os sistemas de avaliação de pessoal costumam ser apenas mera papelada.

No início deste livro, no capítulo sobre franqueza, mencionei

> Pouquíssimas empresas possuem sistemas de avaliação relevantes em vigor. Isso não é apenas ruim, é um desastre!

que muitas vezes pergunto ao público: "Quem aqui nos últimos anos teve uma sessão de feedback honesta e direta, olhos nos olhos, em que saiu sabendo exatamente o que precisa fazer para melhorar e em que ponto da organização se encontra?"

Repito: vinte por cento das pessoas levantam a mão em um dia bom, mas a média é de dez por cento.

Se essa avaliação não científica pelo menos se aproximar da verdade, pouquíssimas empresas possuem sistemas de avaliação relevantes em vigor.

Isso não é apenas ruim, é um desastre!

É simplesmente impossível gerenciar as pessoas em busca do melhor desempenho sem oferecer um feedback sincero e consistente por meio de um sistema pautado na integridade.

Não existe uma forma correta única de avaliar as pessoas. Cada empresa vai conceber diferentes maneiras e diferentes metodologias. Mas qualquer bom sistema de avaliação deve conter algumas características básicas.

Deve ser simples e direto, despido de todo tipo de burocracia ou jargão, que só desperdiça tempo. Se o seu sistema de avaliação envolve mais de duas páginas por pessoa, algo está errado. Eu fazia meus cerca de vinte relatórios diretos com observações à mão que incluíam sempre duas informações: o que eu achava que a pessoa fazia bem e como eu achava que ela poderia melhorar.

O sistema deve avaliar as pessoas de acordo com critérios relevantes, pré-definidos, que tratem diretamente do desempenho de um indivíduo. Os critérios precisam ser quantitativos, com base em como as pessoas cumprem determinados objetivos, e qualitativos, com base em como apresentam os comportamentos esperados.

É preciso garantir que os gerentes avaliem seu pessoal pelo menos uma vez por ano, mas de preferência duas, em sessões formais e presenciais. Avaliações informais devem acontecer o tempo todo. Porém, quando se trata de revisões formais, uma das sessões presenciais deve informar às pessoas em que posição estão em relação aos demais. Se sua empresa emprega a diferenciação, um bom sistema de avaliação é a melhor forma de comprovar seus benefícios.

Por fim, um bom sistema de avaliação deve incluir um componente de desenvolvimento profissional. Os gerentes não precisam apenas conversar com seus funcionários sobre as etapas seguintes de suas carreiras, mas também obter nomes de duas ou três pessoas que eles acham que seriam capazes de substituí-los, caso sejam promovidos.

Mesmo com todas essas características, nenhum sistema de avaliação pode ser dito de primeira qualidade se não for constantemente monitorado quanto à integridade. Alguém precisa ter a responsabilidade de questionar se o sistema de avaliação está refletindo de fato a verdade, assim como uma boa equipe de auditoria faz com os números, e responder por isso caso haja falhas.

O sistema de avaliação mede os valores da empresa, ou apenas os resultados financeiros?

Ele é implementado com sinceridade, ou as pessoas o consideram uma perda de tempo?

Ao final, as pessoas aprendem de fato o que é preciso fazer para melhorarem seus desempenhos?

Somente a integridade pode impedir que estes sistemas se tornem mera papelada. E como não há lei nem auditoria para impedir que isso aconteça, cabe a cada chefe conduzir uma avaliação — com o apoio vigoroso do RH — e assumir essa responsabilidade.

Você não corre o risco de ser preso se descumprir essa regra, mas faça isso de qualquer maneira, pois garante que você e sua equipe se tornem cada vez melhores.

PRÁTICA 3: Usar mecanismos eficazes — leia-se: dinheiro, reconhecimento e treinamento — para motivar as pessoas e mantê-las na empresa.

Jamais me esquecerei do dia em que eu estava em uma reunião cuja pauta era como a GE deveria recompensar o vencedor do Steinmetz Award, prêmio concedido anualmente ao melhor cientista da empresa. Na época, eu ocupava um cargo de vice-presidente e, por isso, meus ouvidos realmente se animaram quando outro vice-presidente, um cara com bastante categoria e muito prestígio, deixou sua opinião registrada.

"Essas pessoas não querem dinheiro, querem reconhecimento."

Ele deve ter se esquecido de onde veio!

É óbvio que as pessoas querem ser reconhecidas quando apresentam ótimo desempenho. Troféus e serpentinas têm seu valor. Mas, sem dinheiro, tudo isso perde muito de seu impacto. Até os prêmios Nobel e Pulitzer são acompanhados de somas em dinheiro.

Se sua empresa está gerenciando pessoas de forma correta, bom desempenho e recompensas andam de mãos dadas. Quanto melhor a qualidade do trabalho, mais a pessoa recebe — *tanto* na alma *quanto* na carteira.

Não há nada mais frustrante do que trabalhar arduamente, atender ou mesmo superar às expectativas, e descobrir que isso não importa para a sua empresa. Você não recebe nada de especial, ou recebe o mesmo que todo mundo.

As pessoas têm de ganhar recompensas e reconhecimento diferenciados para se manterem motivadas. E as empresas precisam oferecer ambos, para não perderem seus funcionários.

Simples assim.

Vejamos o caso de uma conhecida que se formou em uma das universidades norte-americanas de maior prestígio e logo começou a trabalhar como compradora em uma reconhecida rede varejista em Nova York. Apesar das jornadas exaustivas e do baixo salário, ela demonstrou de imediato ser uma promessa. Suas seleções para o departamento de roupas esportivas quebraram recordes de vendas por seis trimestres seguidos, e ela conseguiu reconstruir o relacionamento da loja com dois fornecedores descontentes. Embora não fizesse parte do trabalho — e outros compradores implicaram com ela por "exagerar" —, a mulher trabalhou no chão de loja e no caixa, para poder conhecer melhor os clientes da área.

Por dois anos, ela obteve pouco reconhecimento público por seu sucesso dentro da empresa. Isso já era ruim o suficiente, mas o bônus que ela recebia também era padrão — exatamente o que a empresa descreveu como "mediano" no processo de entrevista.

Ela precisou deixar a empresa para descobrir o quanto valia de verdade. Quando entregou sua carta de demissão, a chefe ficou chocada.

"Mas por que você está indo embora?", perguntou a chefe. "Você tem um grande futuro aqui!"

> Troféus e serpentinas têm seu valor. Mas, sem dinheiro, essas recompensas perdem muito de seu impacto.

"É desgastante demais — ninguém nunca me diz que estou fazendo um bom trabalho."

"Ninguém nunca *me* diz que estou fazendo um bom trabalho", devolveu a chefe. "É assim que acontece aqui. Você precisa ser casca grossa."

O varejo é um ambiente de trabalho notoriamente difícil. Mas a prática de não recompensar o desempenho é comum em muitas indústrias, e um dos principais motivos pelos quais as pessoas boas acabam por pedir demissão.

Uma empresa vencedora não deixa que bons profissionais saiam porta afora por falta de reconhecimento, financeiro ou não.

Outra maneira importante de motivar e manter funcionários é por meio de treinamento.

Se você contratou as pessoas certas, elas vão querer crescer. Estarão cheias de vontade de aprender e de fazer mais. Um bom mecânico vai querer saber como operar novas máquinas e, mais tarde, como administrar a fábrica. Um bom engenheiro de produção vai querer viajar para o Japão para visitar empresas que empreguem as técnicas avançadas que ele vê apenas nos livros. Um bom profissional de relações públicas vai querer aprender a se comunicar de maneira mais eficaz na internet.

Bons profissionais nunca acham que já alcançaram o topo. E estão sempre morrendo de vontade de chegar lá!

Uma empresa que gerencia pessoas da forma correta ajuda a concretizar isso. Se couber no orçamento, oferecerá treinamento internamente, liderado pelos próprios executivos, que servirão não apenas como professores, mas como modelos. Uma empresa com menos recursos pode patrocinar treinamentos externos, escolher um entre dezenas

> Bons profissionais nunca acham que já alcançaram o topo. E estão sempre morrendo de vontade de chegar lá!

de bons programas disponíveis. Em ambos os casos, garante que a ação seja vista como uma recompensa pelo desempenho, não como um mero prêmio de consolação.

Empresa alguma pode prometer um emprego vitalício aos seus funcionários. A concorrência global é muito acirrada, e os ciclos econômicos, muito frequentes para que haja esse tipo de garantia.

Mas as empresas podem, sim, dar ao seu pessoal todas as chances de empregabilidade — habilidades que o tornarão mais valorizados se algum dia deixarem o trabalho.

Assim como recompensas e reconhecimento, o treinamento oferece isso. Motiva as pessoas, mostrando uma forma de crescer, sinalizando que a empresa se importa e que as pessoas têm um futuro.

Se você estiver fazendo as coisas do jeito certo, sua organização vai querer construir esse futuro junto com você.

PRÁTICA 4: Lidar pessoalmente com os relacionamentos conturbados — com sindicatos, astros, autômatos e disruptivos.

Assim como as famílias, as empresas têm relacionamentos cheios de boas lembranças ou repletos de tensão.

Gerenciar pessoas adequadamente significa prestar atenção especial a esses relacionamentos conturbados, não apenas deixá-los apodrecer ou à deriva — abordagens perfeitamente humanas, mas que, em geral, terminam em confusão.

A boa gestão de pessoas exige que as empresas enfrentem esses relacionamentos complicados com franqueza e atitude.

Vamos começar com os sindicatos. Quando eu estava na GE, não era segredo que eu não era fã de sindicatos. Eu achava que provocavam circunstâncias que tornavam a empresa menos competitiva e criavam uma fissura desnecessária entre gerência e funcionários.

Uso a palavra "desnecessária" porque, na minha experiência, os sindicatos despontam apenas quando uma fábrica ou um escritório está sendo gerenciado por uma pessoa abusiva, distante ou indiferente, e cujas ações retiraram a voz e a dignidade dos funcionários. Esse chefe precisa, sem dúvida, ser reciclado ou demitido, porque a sindicalização é uma resposta excessiva com consequências negativas a longo prazo — para todos, sem distinção.

Tivemos vários sindicatos de longa data na GE durante meu tempo como CEO. Sempre achei que nosso relacionamento era franco e respeitoso, e nunca houve uma greve nacional. Eu acredito que isso se deu por duas razões.

Primeiro porque sempre mostramos quais eram nossos princípios e nos mantivemos fiéis a eles; segundo porque nossa relação com os sindicatos nunca começou na mesa de negociações.

Tratemos dos princípios, em primeiro lugar.

A coisa mais importante a lembrar sobre os sindicatos é que são compostos por seu próprio pessoal. Pessoas com as quais você trabalha, que moram na mesma cidade que você e, muitas vezes, cujos filhos vão à escola ou brincam juntos com os seus. Suas vidas e seus futuros estão entrelaçados.

É por isso que você precisa lidar com os sindicatos com integridade — com a sua palavra. Vocês podem e devem discordar. Mas a batalha será mais produtiva se você sempre tiver certeza de quais pontos são negociáveis e quais são intocáveis. Durante as negociações, perca tempo apenas com os tópicos que você identifica como negociáveis, nada mais. Caso contrário, sua palavra não terá sentido, e não haverá confiança no relacionamento.

Agora, quanto à mesa de negociações. Faça todos os esforços para que o primeiro encontro não ocorra em uma delas. Uma zona de guerra não é lugar para apresentações.

Em quase todas as viagens de negócios que fiz com Bill Conaty, nós nos encontramos com representantes sindicais locais. Essas sessões serviram, principalmente, para nos conhecermos melhor e marcarmos posições, sem que houvesse uma agenda imediata. Todos tinham a chance de falar e, melhor ainda, nessas situações estávamos todos mais inclinados a ouvir. Bill e eu sempre aprendemos muito, e isso foi muito útil para ele e para a empresa em todas as negociações nacionais.

Vejamos outro relacionamento conturbado para gerenciar: os astros. Uma coisa é certa. Você precisa de astros para vencer, e eu sempre defendi que fossem identificados — os 20% melhores —, bem tratados e largamente recompensados.

Mas dar um bom tratamento pode sair pela culatra. O ego de um astro pode ser traiçoeiro. Vi jovens talentosos serem promovidos muito rapidamente e sua ambição sair do controle. Vi analistas financeiros, engenheiros e executivos fantásticos ouvirem muitas vezes que eram insubstituíveis, a ponto de ficarem tão cheios de si em que suas equipes passaram a se ressentir deles. Vi indivíduos inteligentes e capazes se acharem tão indispensáveis que acreditaram que não precisavam respeitar nada, nem os valores da empresa.

Astros podem acabar virando monstros, se você deixar.

É por isso que alguém tem que estar sempre atento — mais especificamente, o chefe desse astro, com o apoio do RH, se houver. Este trabalho não pode cair no esquecimento. No momento em que um astro parece estar ficando arrogante ou fugindo ao controle, alguém precisa chamar a pessoa para uma conversa franca sobre valores e comportamentos. Você não pode ter medo de seus astros; eles não podem fazer a empresa de refém.

Às vezes os astros surpreendem e deixam a empresa. Esse pode ser um momento decisivo. O ideal é que o astro seja substituído dentro de oito horas. Isso mesmo, oito horas. Essa reação imediata sinaliza à organização que ninguém é indispensável. Funciona como um grito de que indivíduo algum é maior do que a empresa.

> O ideal é que o astro seja substituído dentro de oito horas. Isso sinaliza que indivíduo algum é maior do que a empresa.

Certa vez, numa manhã do verão de 2001, quando Jeff Immelt estava prestes a assumir como CEO, Larry Johnston, o CEO de nossos negócios de eletrodomés-

– 118 –

ticos, foi à sede nos avisar que estava assumindo o cargo na Albertsons, a grande rede de alimentos e produtos de farmácia da Costa Oeste. Larry era uma figura marcante na GE, com uma bela trajetória e excelente reputação.

> Um autômato é aquele que aparece todos os dias no trabalho apenas para apertar botões.

Ainda que o anúncio de sua partida tivesse nos derrubado, agimos rapidamente. Às quatro da tarde, anunciamos o nome de Jim Campbell, gerente de vendas do negócio de eletrodomésticos, para a vaga deixada por Larry. A Albertsons conseguiu um ótimo CEO, mas não ficamos por baixo nem por um minuto. Jim era uma promessa desde o primeiro dia na empresa.

A única forma de poder substituir um astro com rapidez é ter uma lista de pessoas prontas para isso. É aí que entram os bons sistemas de avaliação, em particular o planejamento de desenvolvimento de carreira. Esse processo pode fazer despontar um ou dois candidatos internos para substituir qualquer um que for embora.

Não espere o momento da demissão para iniciar o processo de substituição. Pode ser tarde demais para começar.

O terceiro relacionamento complicado é com os que eu chamo de autômatos. São funcionários que já tiveram bons desempenhos, mas empacaram por algum motivo, seja por uma crise da meia-idade, uma decepção relacionada ao trabalho etc.

Um autômato, embora geralmente benquisto, é aquele que aparece todos os dias no trabalho apenas para apertar botões. Na maioria dos casos, ninguém sabe o que fazer a respeito. De fato, a situação é geralmente tão constrangedora que as pessoas fingem não estar vendo.

Você não pode fazer isso. Os autômatos precisam ter a energia renovada, seja em novos cargos, seja por meio de treinamento. Caso contrário, criam raízes em seus empregos e vão se tornando amargos, contaminando os seus pares com a sua insatisfação. Com frequência, os gerentes demoram muito para demitir esses indivíduos, porque seus feitos anteriores eram notáveis. Mas uma empresa que gerencia pessoas de maneira correta age rapidamente para recuperar o controle da partida e, caso isso não funcione, avisa que o jogo acabou.

O último relacionamento, que não pode ser ignorado, é com disruptivos. São os indivíduos que estão sempre causando problemas — alimentando oposição à administração por vários motivos, na maioria das vezes mesquinhos.

Geralmente, essas pessoas apresentam bom desempenho — é isso que as protege — portanto, são toleradas ou aplacadas.

Uma empresa que gerencia pessoas de maneira adequada enfrenta os disruptivos de cabeça erguida. Primeiro, avaliando-os com rigor, apontando claramente o seu mau comportamento e exigindo mudanças. Que, geralmente, não acontecem. Ser disruptivo é um traço de personalidade. Se for esse o caso, tire-os do caminho das pessoas que estão tentando trabalhar. Eles são contagiosos.

PRÁTICA 5. Combater a inércia e, em vez de não dar atenção aos 70% medianos, tratá-los como se fossem o coração e a alma da organização.

Como demonstra a prática 4, os gerentes acabam gastando a grande maior parte do tempo dedicado à gestão de pessoas lidando com relacionamentos conturbados, muitas vezes tentando recuperar autômatos ou disruptivos. Isso é compreensível, mas está errado.

A maior parte do trabalho de uma organização é realizada por pessoas entre os medianos, com um desempenho sólido, mas não brilhante, que trabalham duro e bem, e que talvez um dia consigam brilhar, se receberem a devida atenção. Você tem a obrigação de não deixar que os 70% trabalhem numa espécie de limbo, como o típico filho do meio bem-comportado em uma família de prodígios e problemáticos, que estão sempre chamando a atenção.

Empresas gerenciadas com eficiência lutam para não cair nessa armadilha. Elas se asseguram de que os gerentes dediquem pelo menos metade do tempo reservado à gestão de pessoas a este maior grupo, com avaliações e orientações. Além disso, não se esquecem dos 70% medianos quando o assunto são recompensas, reconhecimento e treinamento.

Nota importante: em grandes empresas, os 70% podem ser um grupo altamente diferenciado. De certa forma, tem seus próprios 20% melhores, um miolo valioso, e os 10% inferiores. Você precisa enxergar essas gradações de desempenho — tenha certeza de que os funcionários o fazem. Uma dinâmica muito comum e prejudicial é a partida dos de melhor desempenho entre os 70% medianos. Alguns desses indivíduos são quase astros — o desempenho deles é muito próximo disso. Porém, quando são misturados aos medianos e não são gerenciados com atenção, deixam a empresa frustrados, em direção a uma outra onde serão mais valorizados. Isso é uma grande perda.

Futuros astros muitas vezes trabalham duro — e silenciosamente — entre os 70% medianos. Uma boa empresa sabe disso e deixa claro que essa classificação é apenas momentânea. Ela incentiva esse grupo, usando todas as ferramentas de gerenciamento de pessoas à disposição.

A questão é: os medianos são muito importantes. São o coração e a alma — o núcleo central — de qualquer empresa.

Se você quer gerenciar pessoas de maneira correta, não pode simplesmente esquecer a maioria delas.

PRÁTICA 6. Projetar um organograma que seja o mais horizontal possível, no qual hierarquia e responsabilidade de cada um estejam perfeitamente claras.

Em 2004, a Clayton, Dubilier & Rice adquiriu a Culligan International, empresa de tratamento e fornecimento de água com receita na casa dos setecentos milhões de dólares anuais e cerca de cinco mil funcionários espalhados por treze países. Um dos associados da CD&R, George Tamke, ex-co-CEO da Emerson Electric, foi escolhido para presidir a empresa. George sabia muito bem que a Culligan havia passado pela mão de dez donos nos quinze anos anteriores, mas, mesmo assim, não conseguiu acreditar na bagunça organizacional que viu quando cruzou a porta. Descobriu que muitos dos funcionários não sabiam onde se encaixavam — a quem deviam se reportar, quem se reportava a eles e por quais resultados cada um era responsável.

George tivera o privilégio de estudar o negócio por noventa dias antes de a CD&R decidir pela aquisição, e, portanto, tinha uma ideia clara de como a Culligan devia ser organizada. Em apenas trinta dias, ele e o relativamente novo CEO da Culligan, Mike Kachmer, projetaram e implementaram um novo organograma, que eliminava qualquer confusão.

Ainda é cedo para falar sobre o impacto dessa mudança nas bases da Culligan, mas, baseado na minha experiência — um tanto frequente — na GE de clarificar estruturas confusas e ambíguas, ela será significativa.

A situação da Culligan, infelizmente, não é exclusividade de multinacionais antigas e bem-estabelecidas. Recentemente, conversei com Dara Khosrowshahi, então recém-empossada CEO da empresa de viagens on-line Expedia. Dara também encontrou um atoleiro de organograma quando chegou ao cargo no fim de 2004. A Expedia, à época com menos de dez anos e um forte espírito empreendedor, estava crescendo tão rápido que ninguém tinha tido tempo de esclarecer a hierarquia e a responsabilidade de cada um. A prioridade número um de Dara foi corrigir isso.

Meu objetivo aqui não é dizer como criar o organograma perfeito. Cada empresa fará isso de uma forma, com base no tamanho e na área de atuação. No entanto, alguns princípios se aplicam a todos os aspectos. Se você quer gerenciar pessoas de maneira eficaz, uma forma de fazer isso é certificar-se de que o organograma não deixe margem para interpretações. Ele deve formar uma imagem nítida das relações de hierarquia e deixar claro quem é responsável por quais resultados.

> Em empresas que só enxergam valor na importância do cargo, a hierarquia tende a transformar pessoas perfeitamente normais em pequenos generais.

Tão importante quanto, esse organograma deve ser horizontal.

Cada camada de uma organização distorce uma nova iniciativa ou evento dentro da empresa. É como brincar de telefone sem fio. A informação muda sempre que passa de uma pessoa para outra. As camadas também fazem isso, acrescentando interpretações e fofocas à medida que as informações transitam de cima para baixo ou de baixo para cima. O truque, portanto, é ter o menor número possível de camadas.

> Torne sua empresa mais horizontal. Gerentes devem ter dez subordinados diretos, e esse número pode crescer de 30% a 50% se tiverem experiência.

Camadas apresentam outros defeitos. Agregam custo e complexidade a tudo. Reduzem a agilidade, porque aumentam o número de aprovações e reuniões necessárias para que qualquer coisa avance. Têm um jeito detestável de soterrar novos negócios ou pequenas unidades em grandes empresas, com toneladas de burocracia. Em empresas que só enxergam valor na importância do cargo, a hierarquia tende a transformar pessoas perfeitamente normais em pequenos generais.

O aspecto detestável das camadas não é novidade. E, no entanto, as organizações estão sempre criando mais e mais. Para algumas, essa parece ser a única forma de responder ao crescimento. As vendas aumentam — e, logo, são contratados mais gerentes regionais. O número de funcionários aumenta — e, logo, a sede precisa de mais pessoal de apoio.

Para outras, o raciocínio é ainda pior. Camadas são utilizadas para dar às pessoas uma sensação de crescimento mesmo quando não há. Elas permitem que você dê promoções, em vez de aumentos. É melhor do que não fazer alguma coisa, certo? Errado!

A atração inexorável em direção às camadas é o motivo pelo qual sugiro que você torne sua empresa 50% mais horizontal do que consideraria normal, *a priori*. Gerentes devem ter dez subordinados diretos, e esse número pode crescer de 30% a 50%, se tiverem experiência.

Quando você tem ótimos agentes, tira melhor proveito deles se a hierarquia e as responsabilidades estiverem extremamente claras. O organograma não é a única forma de conseguir isso, mas é um primeiro passo necessário.

■

Depois de contratar pessoas incríveis, seu trabalho deve ser gerenciá--las para criar uma equipe vencedora.

Dê destaque ao RH e escolha profissionais com perfil sacerdote-mãe para comandá-lo. Assegure-se de que as pessoas saibam como estão indo de verdade, com sistemas de avaliação honestos e diretos. Gere motivação e mantenha os funcionários na empresa com dinheiro, reconhecimento e treinamento. Encare os relacionamentos conturbados sem hesitações. Preste muita atenção ao seu grupo mais valioso, os 70% medianos. E, por fim, ajuste o organograma e torne-o mais horizontal.

Essas seis práticas demandam tempo, é verdade. Mas empresas não são edifícios, máquinas nem tecnologias. São pessoas.

O que poderia ser mais importante do que gerenciá-las?

8

Caminhos separados

NÃO É FÁCIL DEMITIR PESSOAS

AGORA, VAMOS À parte complicada.

Nos três capítulos anteriores, falei sobre a parte empolgante e motivadora do trabalho — liderar, encontrar os jogadores certos e gerenciar pessoas para montar uma equipe vencedora.

Mas todo mundo sabe que o dia a dia no mundo corporativo não é um eterno paraíso.

Está mais para um Jardim do Éden. Às vezes, algumas pessoas precisam ir embora.

Esse momento — seja uma demissão por baixo desempenho, seja um corte de gastos — é horrível, tanto para a pessoa que demite quanto para a pessoa que está sendo demitida. A maioria dos bons gerentes acha extremamente difícil pôr isso em prática — sentem culpa e ansiedade, antes, durante e depois. Quanto à pessoa que está sendo dispensada, pode ser o pior dia de sua carreira. Para muitos, o trabalho é definidor da identidade, é o eixo da rotina, ou é como uma segunda família, e ser forçado a deixá-lo é uma espécie de morte pública. Para outros, o trabalho pode não ter um significado emocional tão forte, mas é uma necessidade em termos financeiros, e a perspectiva do desemprego é assustadora.

Este capítulo fala sobre como gerenciar uma demissão com o mínimo possível de sofrimento.

No entanto, é importante notar que nem todas as demissões ocorrem pelos mesmos motivos.

- **Existem as demissões por violação à integridade — roubo, mentira, trapaça ou qualquer outra forma de transgressão das leis ou da ética.**

- **Existem os cortes por desaceleração econômica.**

- **E, por fim, as demissões por baixo desempenho.**

Este capítulo se concentra principalmente nestas últimas, que são as que costumam provocar os conflitos mais graves.

E não precisa ser assim.

O antídoto, na verdade, é muito simples: os gerentes precisam aceitar que demitir pessoas não é algo a ser protelado, delegado ao departamento de RH, nem feito às pressas, num piscar de olhos. Em vez disso, é um processo sob o qual eles devem deter pleno controle, guiando-se por dois princípios: não agir de surpresa e buscar reduzir o sentimento de humilhação.

Contudo, antes de examinarmos mais a fundo como alcançar esses objetivos, vamos falar sobre as duas primeiras formas de demissão.

VIOLAÇÕES À INTEGRIDADE

... são fáceis de lidar. Porque não é preciso pensar duas vezes antes de demitir um funcionário, e não deixe que isso tire o seu sono. Simplesmente demita, e certifique-se de que a empresa fique ciente das razões, para que as consequências de violar as regras fiquem bastante claras para todos.

CORTES RELACIONADOS À ECONOMIA

... são mais complicados.

Pense em todas as vezes em que estava assistindo ao noticiário e viu funcionários revoltados, protestando junto aos portões de uma fábrica ou à entrada de um edifício corporativo. Demissões foram anunciadas, e as pessoas estão em choque. O sentimento é de que uma bomba caiu sobre as cabeças delas, do nada.

Você pode apostar que o topo da pirâmide não se sente da mesma forma. Eles provavelmente sabiam, há meses, que as demissões estavam por vir.

O fato de os demais não saberem é indiscutivelmente repreensível. Todos os funcionários, não apenas os que ocupam os cargos mais altos, precisam saber como anda a empresa.

Claro, obter informações financeiras não costuma ser fácil. Se você comanda uma divisão com dez funcionários, por exemplo, pode ser que tenha acesso aos dados sobre a empresa, mas que saiba pouco sobre o desempenho das demais. Por outro lado, se você é dono de uma pequena manufatura com dez funcionários, não há razão para que os funcionários não estejam cientes de todos os sinais vitais do negócio — o volume de pedidos, a margem de lucro e suas tendências de variação, se surgiram concorrentes baixo-custo e assim por diante.

Para a maioria dos gerentes, os dados financeiros à disposição situam-se entre esses dois extremos. O trabalho deles é obter o máximo possível dessas informações e transmiti-las ao seu pessoal da forma mais clara e com o máximo de regularidade possíveis. Dessa maneira, se houver demissões, pelo menos as pessoas estarão preparadas.

O mesmo se aplica aos cortes devido a oscilações no mercado. Durante o boom da internet, muitas empresas se estapeavam para contratar gurus técnicos no atacado. Conforme a realidade do e-commerce foi se consolidando,

> Todos os funcionários, não apenas os que ocupam cargos mais altos, precisam saber como anda a empresa.

logo ficou claro que as contratações haviam sido excessivas, e que alguns técnicos seriam mandados embora. A maioria dos gerentes que se viram diante dessa situação defendeu abertamente a medida, graças à ampla cobertura da imprensa sobre o colapso do setor. Mas a comunicação aberta deve estar sempre na ordem do dia, não importa o que aconteça

No ano passado, em uma sessão de perguntas e respostas em Orlando, Flórida, fui apresentado ao público pela proprietária e CEO de uma empresa de consultoria e treinamento com sede na Nova Inglaterra. Antes da sessão, questionei-a sobre como andavam os negócios. Ela me disse que tinha sofrido um verdadeiro golpe quando a bolha da internet estourou. Precisou demitir metade de seus trinta funcionários.

"E como foi?", perguntei.

"Incrivelmente bem", respondeu ela, para minha surpresa. "Meu marido e eu administrávamos a empresa como um livro aberto. Nossos funcionários sabiam tudo sobre o estado dos negócios. Quando chegou a hora das demissões, as pessoas ficaram tristes, mas entenderam."

Hoje, o negócio está voltando a crescer, e muitos de seus ex-funcionários retornaram, sem ressentimentos.

Não é preciso dizer que esta é uma situação ideal — a empresa era pequena e também se beneficiou da cobertura midiática do colapso da indústria da internet. Mas, mesmo que sua empresa seja grande, e as condições econômicas sejam mais imprecisas, é sempre bom que as cartas estejam na mesa para que os funcionários fiquem cientes em caso de desaceleração.

DEMISSÕES POR BAIXO DESEMPENHO

Agora, vamos ao tipo mais complexo e delicado de demissão, quando um indivíduo precisa ser mandado embora devido ao desempenho.

Anteriormente, usei a palavra "simples" para descrever a abordagem que busca não agir de surpresa e ao mesmo tempo reduzir o sentimento de humilhação nessas situações. Não pretendia fazer a tarefa parecer fácil, pois não é.

Infelizmente, você só aprende a demitir demitindo — ou seja, sob as circunstâncias mais estressantes possíveis. Não há nada que possa preparar você para essa ocasião. Os gerentes não ficam conversando nem trocando dicas sobre como demitir. Não conheço uma única faculdade de administração que realmente ensine sobre esse processo, e, embora os programas de treinamento das empresas às vezes abordem bastante avaliações, nenhum que eu conheça oferece muita ajuda sobre como mandar alguém embora.

> O tipo mais complexo e delicado de demissão é quando um indivíduo precisa ser mandado embora devido ao desempenho.

O que deixa você sozinho com seus instintos. Talvez algumas pessoas tenham nascido com o dom de saber demitir. Eu, não. Tive que fazer isso por muito tempo e jamais me acostumei. E era ainda pior nos meus primeiros anos como gerente. Uma das minhas lembranças mais dolorosas de Pittsfield, onde eu comandava a divisão de plásticos, é do dia em que um garoto entrou no ônibus da escola e deu um soco no meu filho, John. Eu tinha demitido o seu pai na véspera, e, obviamente, da maneira errada. Não fez diferença o fato de eu achar que havia lidado bem com a questão. A família do garoto não viu as coisas dessa forma.

OS TRÊS MAIORES ERROS AO DEMITIR ALGUÉM

Às vezes, as pessoas fazem besteiras tão grandes que merecem ser demitidas sem demora.

Certa vez, tive um gerente na divisão de plásticos que foi mandado embora noventa dias depois de ser contratado porque, embora tivesse um currículo repleto de títulos de prestígio e fosse absurdamente carismático na hora de jogar conversa fora, era completamente ineficaz em todas as tarefas. Uma amiga minha, atendente de uma loja de roupas foi demitida na primeira semana porque se esqueceu de pedir à metade dos clientes que assinassem os recibos do cartão de crédito. Ela brinca que, se o chefe não a tivesse demitido, ela mesma teria pedido as contas.

> Ele explodiu de raiva, gritando: "Você só pode estar doida. Ninguém é demitido nesta empresa!"

No entanto, demissões por baixo desempenho não costumam ser tão preto no branco. Há muitas nuances sobre quem fez o quê e sobre o que deu errado para chegar àquele desfecho.

Por isso, são três os principais erros que os gerentes cometem nessa hora: agir de maneira precipitada, não demonstrar franqueza e demorar demais.

Para dar um exemplo da primeira dinâmica, vejamos o caso de uma amiga que comandava uma unidade de sessenta pessoas em uma empresa com trezentos funcionários. A companhia estava crescendo, e as coisas estavam indo bem de maneira geral. Era uma organização de sociedade limitada que possuía uma cultura familiar, o que significa que desempenhos medíocres costumavam ser tolerados em nome da simpatia. Não era raro que os funcionários dessem carona uns para os outros nos dias de semana e socializassem aos sábados e domingos. Como em muitas empresas pequenas, as análises de desempenho eram eventos informais, com muitas piadinhas genéricas.

Quando minha amiga foi promovida a diretora da unidade, logo percebeu que um de seus principais comandados, o sujeito encarregado da distribuição, a quem vou chamar de Richard, não estava à altura das exigências de um negócio em crescimento. Para piorar as coisas, ele era um legítimo disruptivo, conforme descrito no capítulo anterior. Não perdia uma oportunidade de desafiar a autoridade da nova chefe nem do chefe dela; geralmente, suas críticas vinham na forma de comentários sarcásticos feitos para os colegas nos corredores.

O desempenho de Richard não era terrível, mas chegava perto. Ele perdia prazos e parecia incapaz de lidar com uma logística cada vez mais complexa. Minha amiga falou várias vezes com Richard sobre suas deficiências, sem sucesso. Por fim, depois de um período complicado em que a língua dele estava afiada pelos corredores, um cliente importante ligou para reclamar que a remessa estava uma semana atrasada. Minha amiga chegara ao limite — Richard precisava ser mandado embora.

A reunião para comunicar a demissão não poderia ter sido pior. Dizer que Richard ficou surpreso é um eufemismo. Ele explodiu de raiva, gritando: "Você só pode estar doida. Ninguém é demitido nesta empresa!" e "Você vai pagar por isso". Depois, saiu correndo em direção ao escritório dele, do outro lado do edifício, e convocou uma reunião improvisada com as oito pessoas de sua equipe. Embora tenha tirado tudo de sua mesa e saído poucas horas depois, uma semente de ódio à gerência havia sido plantada. Alguns funcionários da unidade — em particular, o círculo de amigos de Richard — ficaram com a impressão de que ele havia sido demitido sem aviso e diziam que não confiavam mais nos chefes nem na empresa. Nas duras semanas que se seguiram, a produtividade caiu vertiginosamente à medida que as pessoas passavam enormes intervalos se fechando em suas salas para falar sobre a demissão de Richard, sobre como havia sido conduzida e se perguntando quem seria o próximo.

Minha amiga levou cerca de três meses para restaurar o equilíbrio e recolocar sua unidade em movimento.

O segundo erro ao demitir alguém é uma variação do caso de Richard. Envolve falta de franqueza e uma visão equivocada sobre o que significa ser justo.

Digamos que você tenha uma funcionária chamada Gail. Ela não consegue bater as metas de vendas, e seus colegas de equipe não podem contar com ela pra valer, por diversos motivos. Isso está prejudicando o desempenho e o moral da unidade. Mas Gail é simpática com todo mundo, é esforçada, e está na empresa há anos. Toda vez que você tenta dizer o quanto ela está indo mal, Gail está tão animada e tão alheia que a conversa muda de rumo, e você acaba escondendo seus sentimentos negativos atrás de um sorriso forçado e de uma mensagem vaga sobre "trabalhar de maneira mais inteligente".

Até que a situação atinge um patamar crítico. Gail faz uma besteira gigantesca, e, em um rompante de raiva, você a demite. Ela fica chocada e começa a repassar todo o feedback positivo que você deu a ela ao longo dos anos. Você responde oferecendo um pacote de indenização que parece bem vultoso, dado o desempenho abaixo do esperado. Ela odeia a oferta — é ofensiva, diz — e fica com raiva. Você fica com raiva também, porque não consegue acreditar que ela está com raiva. Você acha que ela deveria se sentir grata por ter sido aturado tanto tempo! Num piscar de olhos, Gail passa do choque para a raiva, até chegar à amargura, quando pega suas coisas e vai embora.

Pode não ser a última vez que você terá notícias dela. Pense na última oportunidade em que deixou de contratar alguém promissor ou perdeu um cliente em potencial. Essas pessoas poderiam estar conversando com Gail, que agora se tornou uma "embaixadora" da sua empresa.

Cada funcionário que sai passa a representar sua empresa. Pelos próximos cinco, dez ou vinte anos, ele pode falar mal ou elogiar a instituição. Nos casos mais extremos, as pessoas demitidas manifestam publicamente sua raiva, e algumas se tornam os assim chamados denunciantes. Digo "assim chamados" porque vi muitas empresas serem "expostas" — equivocadamente — por pessoas que simplesmente estavam em busca de vingança depois de uma demissão conduzida por um gerente que deveria e poderia ter agido melhor.

E, agora, o terceiro erro. Ocorre quando uma demissão acontece muito lentamente, provocando uma espécie de efeito "morto-vivo". Todo mundo sabe que a pessoa está prestes a ser demitida, incluindo ela própria, mas o chefe espera demais para levar aquilo a cabo. O resultado é um enorme constrangimento no escritório, que pode gerar uma certa paralisia.

Já testemunhei o efeito morto-vivo mais vezes do que consigo me lembrar. Lembro-me de uma reunião de equipe na sede, quando eu era vice-presidente de uma divisão. Cerca de dez pessoas estavam presentes, incluindo um dos meus colegas, "Steve", que vinha apresentando resultados ruins regularmente. Antes do início da reunião, todos já haviam percebido que Steve era um caso perdido. No entanto, assim que a conversa começou, o desconforto piorou. O chefe do grupo detonou minuciosamente os resultados trimestrais de Steve, sem permitir que ele abrisse a boca para se defender. Meu colega não fazia o que quer que

> Cada funcionário que sai passa a representar sua empresa. Ele pode falar mal ou elogiar a instituição.

fosse direito. Na pausa para o cafezinho, todo mundo ficou de um lado para o outro, tentando evitar Steve. Ninguém conseguia olhá-lo nos olhos.

Infelizmente, levou cerca de um ano para Steve ser demitido. A cada reunião de equipe, assistíamos em agonia a toda sua autoconfiança sendo drenada.

> Infelizmente, levou cerca de um ano para Steve ser demitido. A cada reunião de equipe, assistíamos em agonia a toda sua autoconfiança sendo drenada.

autoconfiança sendo drenada. Era visível que as pessoas do seu setor estavam devastadas, porque sem dúvida viam a mesma coisa, apenas esperavam para saber quem seria o substituto dele.

A pergunta, claro, é por que os chefes permitem que ocorra o efeito morto-vivo? Um dos motivos é que demitir é tão difícil que ninguém gosta de fazê-lo, e, portanto, esse momento costuma ser protelado. Mas, no efeito morto-vivo, existe algo mais sutil em cena. Muitos chefes fazem com que um funcionário seja detonado pouco a pouco porque querem que os colegas da vítima vejam com os próprios olhos — e, num certo sentido, "assinem embaixo" — a necessidade da demissão. Isso é sem dúvida cruel, mas a maioria dos comandantes prefere agir com cautela do que com precipitação.

Richard, Gail e Steve são exemplos de demissão da maneira errada. Como, então, é o jeito certo?

PRIMEIRO, NADA DE SURPRESAS

Você pode eliminar o fator surpresa das demissões motivadas por razões econômicas, oferecendo muitas informações sobre os aspectos financeiros. Mas como eliminar a surpresa das demissões por baixo desempenho em zonas menos objetivas?

Na verdade, já lidamos com essa questão nos capítulos anteriores — naqueles que discutem franqueza, diferenciação e boas práticas de gerenciamento de pessoas. A resposta, em particular, está no uso de um rigoroso sistema de avaliação, e com revisões formais e informais regulares. Um bom processo de avaliação de desempenho é a maneira mais clara e honesta que eu conheço de manter as pessoas informadas e preparadas.

Se os indivíduos sabem de fato onde estão, demissões não costumam ocorrer. Em vez disso, quando as coisas não estão dando certo, o que se dá é um entendimento mútuo de que está na hora de seguir outro caminho.

Nesse tipo de ambiente, em que o funcionário está indo só bem, mas não entrega exatamente o que você espera, pode levar alguns anos até ficar claro para todos que a partida chegou ao fim. Durante esse tempo, haverá muitas conversas sinceras sobre desempenho e objetivos de carreira. A hipótese de trilhar outro rumo será levantada e discutida abertamente.

Em uma situação ideal, a última conversa será assim:

CHEFE: Bem, acho que você já sabe do que se trata esta reunião.

FUNCIONÁRIO: Sim, acho que sei. Então, o que você já pensou sobre quando fazer o anúncio e qual será o acordo?

Além disso, como resultado desse processo, às vezes você tem sorte e é o funcionário que lhe procura:

FUNCIONÁRIO: Tenho uma ótima oferta de emprego e acho que vou aceitar. O que você acha?

CHEFE: Seria um passo sensacional para a sua carreira. Acho que você deveria aceitar.

Esse tipo de despedida raramente é amarga, e a última coisa que qualquer um sente é surpresa.

Casos como Richard, Gail e Steve talvez nunca sejam totalmente eliminados, mas, com processos de avaliação sinceros e consistentes, podem ir se tornando cada vez menos comuns.

SEGUNDO, REDUZA O SENTIMENTO DE HUMILHAÇÃO

Para que não haja constrangimentos durante uma demissão, primeiro você precisa entender o desenrolar dessa experiência em termos emocionais.

Para o chefe, tudo começa muito antes do momento do anúncio. Ao se preparar para isso, você experimenta nervosismo, frustração e angústia. A menos que você seja um completo idiota, terá pavor de todo o processo, sobretudo da conversa em si. Você perde o sono por semanas, ensaiando o anúncio. Você fala com seu cônjuge ou com seu melhor amigo sobre a situação, para que isso lhe ajude a manter a cabeça no lugar.

Enquanto isso, seu funcionário está assustado, mas, pela minha experiência, geralmente otimista até o fim. A emoção no comando é a negação. A maior parte das pessoas chega a reuniões de demissão agarradas à esperança de que ainda não é o dia delas, um sentimento que vem normalmente acompanhado de um medo devastador.

Então, por fim, a hora chega.

Você dá as más notícias e, de repente, sente-se aliviado; toda a sua ansiedade vai embora. Acabou, você pensa. Eu fiz tudo de maneira gentil, eu disse coisas legais. A proposta de indenização é justa. Ufa. Finalmente posso passar para outra tarefa, inclusive a de contratar um ótimo profissional para preencher o lugar que está prestes a ficar vago. Você volta para casa com a sensação de que um peso enorme saiu de vez de cima dos seus ombros. Há tempos você não tinha um jantar tão bom quanto naquela noite.

Já o funcionário está em outro "fuso horário emocional", para dizer o mínimo.

Ainda que tenha sido preparado, graças à franqueza das avaliações, está arrasado — a autoestima dele está no pé. Se você fez tudo certo, ele não terá sido surpreendido, mas, mesmo assim, pode estar se sentindo extremamente triste e magoado.

No dia seguinte, é hora de começar a agir contra o seu instinto. Sim, o funcionário fez um péssimo trabalho e já gastou uma quantidade desproporcional do seu tempo e da sua energia. Mas,

> Sim, o funcionário fez um péssimo trabalho. Mas, até que ele não atue mais na empresa, é obrigação sua assegurar que ele não se sinta como se estivesse em um leprosário.

até que ele não atue mais na empresa, é obrigação sua assegurar que ele não se sinta como se estivesse em um leprosário.

Alimente a autoconfiança dele. Dê conselhos. Lembre ao funcionário de que existe um bom trabalho para ele em outro lugar, onde suas habilidades serão melhor aproveitadas. Você pode até ajudá-lo a encontrar esse emprego. Seu objetivo é que o funcionário demitido possa fazer um pouso suave, não importa aonde esteja indo.

O anúncio de uma demissão pode levar só uma hora, mas a partida pode se estender por seis meses. Você pode poupar muito sofrimento — e preservar boa parte do orgulho — se não apressá-la.

■

A triste realidade é que demissões fazem parte do mundo dos negócios. Mas isso não significa que precisam ser confusas e repletas de amargura, como costuma acontecer. Se você lidar com a situação da maneira certa, a coisa toda não se tornará agradável, mas, pelo menos, será tolerável para todos os envolvidos.

O legado de uma demissão dura por muito tempo — para você, para sua empresa e, acima de tudo, para a pessoa que foi mandada embora.

Obviamente, se a companhia estiver em colapso, você não poderá lidar com demissões com luvas de pelica. E, se alguém cometer alguma violação grave, precisa ser colocado porta afora bem depressa.

Mas, em todos os outros casos, nas saídas por razões menos objetivas, lembre-se de que toda vez que há uma separação dos caminhos, e você é que está no controle do processo.

Quando for preciso demitir alguém, faça a coisa certa. Sem surpresas. Sem humilhação.

9

Mudança

MOVENDO MONTANHAS

Tenho certeza de que você já reparou o quanto o assunto "mudança" tira o sono de todo mundo por aí. Há mais de uma década, surgiu toda uma indústria voltada exclusivamente a esse tópico, vendendo praticamente a mesma ideia: mudar ou morrer.

Bem... isso é verdade.

Mudança é uma parte absolutamente essencial dos negócios. É preciso, sim, mudar, e de preferência antes de se tornar uma obrigação.

O que você já ouviu sobre a resistência à mudança também é verdade. As pessoas odeiam quando seus chefes anunciam uma "iniciativa de transformação". Elas voltam correndo para suas baias e começam a trocar e-mails desesperados dizendo que aquilo vai estragar tudo.

É verdade que a maioria odeia receber a notícia de que seu café favorito vai fechar. O jornal *Times*, de Londres, mudou para o formato tabloide, e o editor me disse que recebeu uma carta de um leitor perguntando como ele se sentia sendo o responsável pelo fim da civilização ocidental. As pessoas adoram familiaridade e padrões, apegam-se a eles. É um fenômeno tão arraigado que só pode ser atribuído à natureza humana.

Mas atribuir um comportamento à natureza humana não significa que você precise se deixar controlar por isso. Sim, gerenciar mudanças às vezes é como mover montanhas. Mas gerenciá-las também pode ser incrivelmente empolgante e gratificante, principalmente, quando você começa a ver os resultados.

Durante meus anos na GE, estávamos em estado constante de mudança. A maioria das empresas, hoje, funciona assim. É essencial para se manter no jogo, e mais ainda para conseguir vencer.

Dito isso, sei que a mudança não é um consenso. Ao longo dos últimos dois anos, fiquei impressionado com o número de pessoas nos meus eventos que me perguntaram: "Minha organização precisa mudar. Como posso convencer as pessoas disso se todo mundo quer que as coisas permaneçam iguais?" A pergunta geralmente é feita com um certo grau de desespero.

Minha primeira resposta é sempre outra pergunta. "Você é realmente a *única* pessoa que enxerga a necessidade de mudança? Se é, mas não tem autoridade, defenda seu ponto de vista, e, se isso não der resultado, aprenda a conviver com a situação ou saia."

Mas se a situação não é tão extrema — ou seja, você tem poder para atuar e tem também alguns apoiadores —, pode fazer alguma coisa acontecer.

Tudo se resume a abraçar quatro práticas:

1.   Associe cada iniciativa de mudança a um objetivo claro. Mudar apenas por mudar é estúpido e estressante.

2.   Contrate e promova apenas pessoas que acreditem de verdade e que saibam acompanhar o ritmo.

3.   Descubra os focos de resistência e livre-se deles, mesmo que o desempenho dessas pessoas seja satisfatório.

4.   Vasculhe os destroços.

Se os líderes de uma empresa implementarem essas práticas com paixão e recompensarem todos os que aderirem a elas, chegará o dia em que todo o barulho em torno das mudanças terá desaparecido. Que a mudança se tornará apenas mais uma coisa — a regra — e, então, será possível, sim, mover montanhas.

Eu já vi isso acontecer, e não é tão sobrenatural quanto parece.

Agora, vejamos essas práticas em mais detalhes.

1. Associe cada iniciativa de mudança a um objetivo claro. Mudar apenas por mudar é estúpido e estressante.

É um desastre quando as empresas abraçam o *hype* em torno da mudança de maneira literal e adotam todos os modismos que surgem no mundo dos negócios. É uma sobrecarga de mudanças! Algumas grandes empresas dão início a dez iniciativas diferentes ao mesmo tempo, e oito delas correm em direções diferentes. Nunca acontece algo de significativo em situações como essas, exceto o fato de que, para a maioria dos funcionários, a rotina de trabalho parece extremamente frenética e desorganizada.

Na verdade, mudar precisa ser um processo relativamente ordenado.

Mas, para tal, as pessoas precisam entender — de corpo e alma — os motivos pelos quais a mudança é necessária e para onde as levará.

É mais fácil, claro, quando os problemas são óbvios — por exemplo, se casa está em chamas. A receita está em queda, um concorrente baixou os preços em 20%, ou surgiu um novo produto que ameaça completamente sua posição no mercado. A mudança se torna ainda mais fácil quando a imprensa começa a falar sobre o fim próximo da sua empresa — talvez o único caso em que a repercussão negativa seja bem-vinda! Muitas das reviravoltas mais notáveis em grandes empresas na década de 1990 contaram com esse fator: GM, IBM e Xerox, para citar três.

Quando o mundo inteiro está ciente do seu problema, o vento sopra a seu favor.

Mas, às vezes, a necessidade de mudança não está sendo anunciada por todo lado.

Existe apenas uma suspeita de ameaças competitivas. Talvez nem sejam reais... mas talvez sejam a morte da sua empresa. Você não tem como saber — mesmo assim, precisa reagir.

Nesses casos, ter muitos dados e estabelecer uma comunicação implacável sobre a logística da mudança são as melhores armas de que você dispõe.

Veja o caso do departamento de eletrodomésticos da GE no fim dos anos 1970. Naqueles tempos, os departamentos de eletrodomésticos e de iluminação eram os pilares da empresa — vários presidentes e vice-presidentes eram oriundos destes departamentos. Na ótica de todo mundo envolvido no negócio, a GE era líder no ramo de eletrodomésticos, e assim seria para todo o sempre.

Em 1978, quando fui promovido a diretor do grupo de produtos de consumo, eu me deparei com uma empresa do setor cuja participação de mercado vinha diminuindo havia alguns anos e cujas margens estavam caindo ainda mais drasticamente. Para alguém de fora, como eu, a situação parecia assustadoramente similar à dos negócios de aparelhos de TV e de equipamentos automotivos, em que as indústrias japonesas estavam fazendo avanços incríveis com produtos de melhor qualidade e menor custo, enquanto empresas norte-americanas estavam paradas, sem fazer nada.

Defendi o meu ponto de vista aos gerentes na própria sede do departamento de eletrodomésticos, em Louisville, Kentucky. O lugar estava cheio de "antigos figurões", sem falar na tonelada de despesas gerais e no excesso de burocracia. Apresentei uma sequência de gráficos que demonstravam como o departamento estava caminhando para a perda de liderança no setor. E, no entanto, a adesão foi risível, para dizer o mínimo. No começo, tive que empurrar o programa de redução de custos goela abaixo.

Quase que imediatamente, ouvi de volta os dois chavões mais comuns quando se trata de programas de redução de custos:

"Nós já cortamos a gordura. Você está nos pedindo para cortar no osso." E: "Os concorrentes estão malucos. Estão dando o produto de graça. Não vão sustentar isso por muito tempo."

Por sorte, um diretor — um "antigo figurão" chamado Dick Donegan, com quem eu não contava a princípio — enxergou a lógica no caso, veio em meu auxílio e começou a defender mudanças no departamento de eletrodomésticos. A liderança dele foi vital para consertar as coisas. Donegan tinha feito toda a sua carreira no departamento, por isso conhecia bem os jogadores. Reuniu uma equipe de apoiadores e se livrou dos detratores — eram centenas — num período de dois anos.

No fim das contas, o negócio de eletrodomésticos passou por mudanças drásticas porque precisava. Esse fato não era claro como água em 1978, quando teve início o processo de transformação, e levou alguns anos para se tornar. A verdade é que os japoneses nunca conseguiram vender grandes eletrodomésticos no mercado norte-americano. Apenas recentemente chineses e sul-coreanos fizeram algumas tentativas.

A competição no âmbito doméstico foi forte o bastante para fazer com que as mudanças fossem necessárias. Basta olhar para o preço de uma geladeira hoje. É por isso que o negócio de eletrodomésticos continua a cortar custos e, mesmo assim, não atinge o osso. É um *business* caracterizado por melhoria contínua na produtividade, algum grau de inovação e uma equipe que entende que a mudança é um modo de vida.

Uma lição da história do departamento de eletrodomésticos é que, ao começar uma iniciativa de mudança, você nem sempre tem todas as informações de que gostaria para defender seu ponto de vista. Apesar disso, precisa tomar a dianteira e começar a falar sobre o que já sabe e o que teme que aconteça.

Abordar o assunto se torna muito mais complicado à medida que a empresa cresce. Uma coisa é ser o proprietário de uma manufatura com duzentos funcionários, chegar um dia na fábrica, convocar uma reunião e dizer: "Olha, pessoal, acabei de voltar de uma viagem de vendas e, adivinhe só, temos uma concorrência brutal de uma nova empresa realmente

> Se a empresa já passou por um certo número de programas de mudança, os funcionários passam a lidar com aquilo como uma cãibra. Se esperar um pouco, passa.

inovadora da Hungria. As coisas vão ter que mudar por aqui." Outra é justificar a mudança a uma empresa com cem mil funcionários em diferentes unidades de negócios espalhadas por vários países.

Em grandes empresas, pedidos de mudança são frequentemente recebidos com falsas boas-vindas. As pessoas balançam a cabeça em aprovação ao assistir à apresentação, e todas concordam amigavelmente que, diante de todos esses dados, está claro que é necessário mudar. Então continuam a fazer tudo como sempre fizeram. Se a empresa já passou por um certo número de programas de mudança, os funcionários passam a lidar com aquilo como uma cãibra. Se esperar um pouco, passa.

Esse ceticismo generalizado é o principal motivo pelo qual todo indivíduo que lidera um processo de transformação deve evitar slogans que não dizem nada e se manter fiel a um plano de negócios sólido e convincente.

Com o tempo, a lógica vencerá.

2. Contrate e promova apenas pessoas que acreditem de verdade e que saibam acompanhar o ritmo.

No mundo dos negócios, todos dizem gostar de mudanças; afirmar o contrário, hoje em dia, seria suicídio profissional. Inclusive, é muito comum ver pessoas se descreverem como "agente de mudança" no currículo.

Isso é ridículo.

Pela minha estimativa, agentes de mudança reais compõem menos de 10% do universo corporativo. São os que acreditam de verdade, que defendem as mudanças, que sabem como fazê-las acontecer e amam cada segundo do processo.

Uma maioria significativa — cerca de 70 a 80% — pode não liderar o processo, mas, uma vez convencidos de que é necessário, dizem: "ok, vamos em frente."

O resto compõe a resistência.

Para que a mudança aconteça, as empresas devem contratar e promover ativamente apenas pessoas que acreditam de verdade e que sabem acompanhar o ritmo. Mas, se todo mundo alega gostar da questão, como saber quem gosta de fato?

> Agentes de mudança reais compõem menos de 10% do universo corporativo. São os corajosos — não temem o desconhecido.

Por sorte, os agentes de mudanças se expõem logo. São tipicamente impetuosos, cheios de energia e mais preocupados que a média em relação ao futuro. Com muita frequência, propõem iniciativas ou pedem para liderá-las. Invariavelmente, são curiosos e têm visão de futuro. Costumam fazer muitas perguntas do tipo "Por que não fazemos tal coisa?".

São os corajosos — não temem o desconhecido. Algo neles faz com que trabalhem sem rede de proteção. Se fracassarem, sabem que podem se levantar, sacudir a poeira e dar a volta por cima. São experientes quando se trata de riscos, o que os permite tomar decisões ousadas, ainda que sem muitos dados.

Essa descrição me faz pensar imediatamente em Denis Nayden, sócio-gerente da Oak Hill Capital Management, que conheço há mais de vinte anos. Denis ingressou na GE Capital em 1977, recém-saído da Universidade de Connecticut, e, em 1989, era o número dois da divisão, tendo colaborado com Gary Wendt para expandir os negócios de algumas centenas de milhões de dólares em receita líquida para mais de cinco bilhões em 2000. O melhor termo para descrever Denis é "intenso", mas "extremamente inteligente" e "fanático por crescimento" funcionam bem. Ele nunca viu uma negociação que não pudesse melhorar; nunca viu uma rotina ou um processo que não pudesse ser pinçado, renovado e melhorado. Inclusive, Denis sempre via o status quo como algo a ser questionado. E, ao fazer isso, levou centenas de negócios da GE Capital a picos de desempenho sem precedentes. E sempre dava às pessoas uma visão além do que elas eram, mostrando o que *poderiam* ser.

No entanto, nem sempre é fácil trabalhar para Denis o que é verdade para a maioria dos agentes de mudança. Ele constantemente faz perguntas, exerce pressão, e não se acomoda jamais. No processo, algumas pessoas podem se sentir ameaçadas ou assustadas. Mas Denis não é o tipo de pessoa que diz "tanto faz", que tenta "dar um jeitinho". Agentes de mudança bem-sucedidos raramente são.

O ponto aqui é que, para colocar a mudança em prática, você precisa de pessoas no topo que acreditam de verdade e de pessoas que acompanham o ritmo no restante dos lugares. Vejamos o caso de Bob Nardelli na The Home Depot.

A The Home Depot, assim como o departamento de eletrodomésticos da GE, era uma empresa onde a ideia de mudança parecia ridícula para a maioria das pessoas. Quando Bob chegou, em dezembro de 2000, tudo parecia perfeito de fora, e por dentro todos estavam empolgadíssimos com o nível de ganhos e de crescimento. Os fundadores da empresa haviam feito um trabalho notável ao construí-la do zero, compartilhando opções de ações com milhares de funcionários ao longo do caminho, o que parecia sensacional à medida que os lucros disparavam nos anos 1990.

Mas duas coisas estavam acontecendo, e ninguém queria enfrentá-las. Os negócios haviam crescido sem a adoção de processos internos — rastreamento cuidadoso, políticas de estoque e diretrizes de compra, para citar três — e estavam tendo problemas para manter a competitividade. A Lowe's, principal concorrente, estava minando a liderança da The Home Depot graças a um melhor serviço e a lojas mais modernas.

Bob estava no comando da empresa havia cerca de um mês quando começou a falar corajosamente sobre esses problemas, usando toneladas de dados. Mas poucas pessoas, independentemente da hierarquia, estavam comprando a história de que a The Home Depot precisava de ajustes. Muitos funcionários "das antigas" falavam abertamente sobre a saudade dos tempos em que os fundadores administravam a empresa e que todo mundo ficava mais rico a cada minuto. Quem poderia culpá-los por essa nostalgia?

Mas as coisas tinham que mudar, e Bob sabia que não podia fazer isso com a equipe que herdara. Bob contratou gente como ele — que acreditava de verdade — e promoveu vários funcionários de longa data que havia identificado como sendo dos que acompanham o ritmo. Juntos, implementaram os processos ausentes na The Home Depot e voltaram a fazer a empresa crescer. O vento não estava soprando a favor de Bob, mas ele tinha as pessoas certas ao seu lado.

3. Descubra os focos de resistência e livre-se deles, mesmo que o desempenho dessas pessoas seja satisfatório.

Quando se trata de transformações, essa é a prática mais difícil de implementar. No capítulo anterior, falei sobre o quão complicado é demitir pessoas, mas é particularmente mais difícil demitir pessoas que não estão propriamente fazendo besteiras e que às vezes até estão se saindo muito bem.

Em qualquer organização, como mostram as histórias do departamento de eletrodomésticos da GE e da The Home Depot, há um núcleo de pessoas que simplesmente não aceitam mudanças, não importa o quão convincentes sejam os argumentos. Às vezes as personalidades simplesmente não lidam bem com aquilo, às vezes elas estão tão arraigadas — emocional, intelectual ou politicamente — ao jeito que as coisas são que não conseguem enxergar um jeito de melhorá-las.

Essas pessoas, normalmente, precisam ir embora.

Talvez isso soe um pouco duro, mas não é benéfico manter focos de resistência em sua organização. Essas pessoas espalham a resistência por todas camadas e reduzem o moral dos que apoiam a mudança. Desperdiçam o próprio tempo em uma empresa cuja visão não compartilham e devem ser estimuladas a procurar outra, onde se encaixem.

Vejamos este extraordinário exemplo. Ele envolve Bill Harrison, ex--CEO do JPMorgan Chase, que pediu a um executivo respeitado e de alto-nível que fosse embora durante o processo de mudança no banco.

Sua ação foi ainda mais impressionante, pois Bill o fez quando seu capital político estava baixo — em meio ao colapso da Enron, quando muitos estavam se perguntando se ele assumiria a responsabilidade pelos empréstimos do banco à Enron e a outras grandes empresas que apresentavam problemas.

Durante esse período, Bill estava instituindo uma iniciativa de treinamento executivo voltado para transformar os recém-fundados JPMorgan e Chase em um banco mais focado no mercado, uma grande mudança para uma instituição que, como é comum em Wall Street, orgulhava-se de sua individualidade. A maior resistência veio do então CEO de um dos principais negócios do JPMorgan Chase, um verdadeiro astro. Ele preferia a cultura do lobo solitário de um banco de investimento e orquestrou uma revolta silenciosa contra a direção apontada por Bill.

Então, Bill pediu que ele fosse embora. Foi preciso uma tremenda dose de coragem, dadas as circunstâncias. Mas ele sabia, e estava certo, que a transformação do JPMorgan Chase não poderia avançar com tamanha resistência — e os seus seguidores — no caminho. A franqueza e a honestidade fizeram com que a partida corresse bem. E o programa de Bill também teve sucesso. Em uma pesquisa com todos os executivos do banco realizada dois anos após o início do programa de liderança, aqueles que participaram da iniciativa tinham uma impressão favorável da direção do banco, vinte pontos mais alta do que aqueles que não haviam participado.

Do ponto de vista gerencial, poucos casos de demissão de resistentes são tão difíceis quanto o que Bill Harrison enfrentou. Mas, mesmo quando uma situação não possui tantas implicações políticas ou não é tão preocupante, tenho visto gerentes costumam manter focos de resistência em nome de um conjunto de habilidades específicas ou porque as pessoas estão na empresa há anos.

Não faça isso!

Os resistentes ficam cada vez mais obstinados, e seus seguidores, mais arraigados, à medida que o tempo passa. São uma barreira para a mudança; dispense-os o quanto antes.

4. Vasculhe os destroços.

A maioria das empresas capitaliza diante de oportunidades óbvias. Quando um concorrente comete um erro, elas avançam para cima dos clientes da concorrência. Quando uma nova tecnologia surge, investem e criam extensões da linha de produtos.

Mas, para haver mudança de verdade dentro da companhia, você também precisa ter a coragem de analisar eventos mais ousados, assustadores e imprevisíveis, além de avaliar e aproveitar ao máximo as oportunidades que esses eventos representam. Essa capacidade exige certa determinação e, às vezes, estômago forte, mas as recompensas podem ser gigantescas.

Vejamos a crise financeira asiática de 1997. Quem operava no mercado de câmbio sem dúvida conseguiu capitalizar em cima desse evento terrível; esses operadores vivem de explorar as mudanças. Mas eles não são os únicos que deviam fazer isso. A GE obteve verdadeiro êxito ao comprar empréstimos de automóveis tailandeses subvalorizados nesse período. Outros prosperaram comprando imóveis a preços de liquidação.

A crise dos bancos japoneses dos anos 1990 deram a inúmeras empresas a chance de adquirir ativos a preços atraentes e a entrar para um mercado que antes lhes era vedado. Nomes como a firma de *buyout* Ripplewood Holdings, a AIG, o Citigroup e a GE, para citar apenas alguns, fizeram grandes apostas em um ambiente que parecia horrível, com todos os especialistas prevendo o desaparecimento do Japão para sempre. Essas

> É desnecessário dizer que nenhum empresário deseja que desastres aconteçam, mas sempre acontecerão.

apostas se revelaram extremamente vencedoras à medida que o Japão se recuperou.

Falências são outra calamidade que oferece todo tipo de oportunidade. São trágicas para os funcionários. Empregos são perdidos, e pensões se desmancham no ar. Mas empregos e futuros também podem ser criados a partir das cinzas. Quando a Enron desmoronou — talvez a mais trágica história do mundo dos negócios —, Warren Buffett adquiriu uma cota do antigo negócio de oleodutos da empresa a preço de banana. E a GE arrematou o negócio de energia eólica a um preço muito bom. O colapso da Vivendi foi um desastre para o CEO Jean-Marie Messier e para muitos funcionários e acionistas da empresa. Mas o quadro de necessidade financeira do conglomerado ofereceu a oportunidade para Edgar Bronfman voltar à indústria musical a um preço atraente e para a GE adquirir ótimos ativos de mídia.

É desnecessário dizer que nenhum empresário deseja que desastres aconteçam, mas sempre acontecerão. Haverá picos no preço do petróleo, edifícios serão destruídos em terremotos, empresas irão falir, e países chegarão bem perto da falência. Existe hoje uma ameaça persistente de ataque terrorista. No entanto, mesmo que o terrorismo seja contido algum dia — algo que infelizmente não parece próximo de acontecer —, haverá sempre eleições e revoluções para mudar o curso da história.

A maior parte das organizações tira proveito de oportunidades óbvias. Mas algumas também têm a capacidade de tirar o máximo de proveito de circunstâncias lamentáveis — como os destroços de um acidente —, e deveriam fazê-lo. Desde o 11 de Setembro, por exemplo, surgiu um tipo totalmente novo de setor de segurança. Obviamente, todo mundo deseja com todas as forças que isso não precisasse existir. Mas essas empresas se beneficiarão por terem percebido que mudar significa aproveitar *todas* as oportunidades, mesmo as criadas pela adversidade.

■

Com todo o barulho lá fora sobre mudanças, é fácil se sentir sobrecarregado e confuso.

Mas apenas quatro práticas são importantes de verdade: exponha uma lógica sólida associada a cada mudança; tenha as pessoas certas ao seu lado; livre-se da resistência; e aproveite todas as oportunidades, mesmo as que surgem do infortúnio. E só.

Não entre em pânico por causa de mudanças. Não é necessário.

10

Gerenciamento de crises

DO *AI, MEU DEUS!* AO *ESTÁ TUDO BEM*

ÃO É DE se admirar que o gerenciamento de crises seja comparado ao combate a incêndios. Assim como um incêndio de grandes proporções, um evento do tipo *Ai, meu Deus!* pode consumir uma organização inteira. Os gerentes fazem reunião após reunião, tentando descobrir que diabos está acontecendo, enquanto os funcionários formam grupinhos pelo escritório inteiro para fofocar. Estão todos ansiosos para saber quais cabeças vão rolar. Ficam obcecados em defender seus empregos, tentando transferir a responsabilidade para todos os lados. Com frequência, o pânico atinge um nível tão alto que o trabalho para.

Parece familiar?

Olha, crises acontecem. Enquanto as empresas forem constituídas por seres humanos, haverá erros, controvérsias e desastres. Haverá acidentes, roubo e fraude. A verdade nua e crua é que é inevitável a presença de algum grau de comportamento indesejado e inaceitável. Se as pessoas sempre seguissem as regras, não haveria forças policiais, tribunais nem prisões.

Para líderes, crises geralmente se destacam como as experiências mais dolorosas e complicadas de suas carreiras. Crises enchem os dias

> Gerentes costumam perder tempo demais no início de uma crise, negando que algo tenha dado errado. Pule essa etapa.

de ansiedade, causam insônia e provocam um aperto na boca do estômago como nenhum outro desafio do ambiente de trabalho.

Para além disso tudo, crises exigem dos líderes um enorme esforço de conciliação. Por um lado, você precisa dedicar todos os esforços para entender e solucionar a crise. Você tem de reunir um volume brutal de tempo e energia, principalmente seus, para apagar as chamas. Ao mesmo tempo, precisa alocar essa atividade em um caixinha e seguir em frente, como se nada estivesse errado. É isso que os líderes geralmente se esquecem de fazer — e depois se arrependem. Porque, quando você se concentra apenas na crise, essa visão pode contaminar toda a organização, sugando-a para dentro de um turbilhão de culpa, medo e paralisia.

Conciliar essas duas atitudes é, indiscutivelmente, uma tarefa dificílima de ser executada em meio a um evento que é como o inferno na terra. No despontar da crise, você nunca tem todas as informações que deseja ou de que precisa, e as soluções geralmente surgem com muito mais lentidão do que você gostaria. O desfecho poucas vezes parece completamente justo ou correto. Bons profissionais às vezes acabam sofrendo, e o único motivo para ficar feliz é o fato de a confusão ter finalmente acabado.

Cada crise é diferente. Algumas são assuntos exclusivamente internos, com soluções rápidas. Outras são noticiadas largamente pela mídia, com todo tipo de desdobramentos legais. A singularidade das crises dificulta a criação de regras para superá-las.

Há, no entanto, cinco suposições que você pode adotar quanto ao desenrolar da crise. Essas suposições se confirmaram em praticamente todas as crises que eu gerenciei, desde o caso de suborno da Aircraft Engines, envolvendo um general da força aérea israelense, passando pela batalha da empresa com o governo sobre a precisão do cartão de ponto, até o escândalo do banco Kidder Peabody, quando um funcionário fraudou ganhos de milhões dólares. Essas suposições não são uma fórmula para gerenciar crises, mas esperamos que forneçam orientação conforme você passe do *Ai, meu Deus!* ao *está tudo bem* de novo.

Primeiro, presuma que o problema é pior do que parece. Gerentes costumam perder tempo demais no início de uma crise negando que algo tenha dado errado. Não deixe que isso aconteça com você. Pule essa etapa de negação e adote a mentalidade de que o problema vai ficar maior, mais complexo e mais assustador do que você é capaz de imaginar.

Segundo, presuma que não existem segredos no mundo e que todos vão acabar descobrindo tudo. Uma das tendências mais comuns dentro do vórtice da crise é a contenção, quando os gerentes tentam a todo custo estancar o fluxo de informações. É muito melhor se antecipar ao problema, expondo a dimensão da crise antes que outros façam isso por você.

Terceiro, presuma que você e seu gabinete de crise serão retratados da pior forma possível. Não é tarefa da imprensa fazer com que você ou sua empresa fiquem bem na fita em meio a uma crise, e isso não vai acontecer. Portanto, não dê atenção para a imprensa. Sua própria empresa será um público nada fácil de agradar em tempos conturbados. Para ambos os casos, a implicação é a mesma: marque sua posição o mais cedo possível, sempre.

Quarto, presuma que haverá mudanças nos processos e nas pessoas. Quase nenhuma crise termina sem sacrifícios. Crises de verdade simplesmente não desaparecem. Exigem soluções que passam pela revisão de processos existentes ou pela introdução de novos, e, da mesma forma, afetam drasticamente vidas e carreiras.

Quinto, presuma que sua empresa irá sobreviver fortalecida pelo que aconteceu. A cada crise, aprendemos algo que ajudou a organização a se tornar mais inteligente e eficaz. Enxergar a longo prazo pode tornar as coisas um pouco mais suportáveis em meio ao inferno.

BUSCANDO IMUNIDADE

Uma vez, em Amsterdã, conhecemos uma jornalista holandesa que havia se recuperado de uma doença que lhe roubou a memória por dois anos. Ela nos falou do pior aspecto da amnésia, que descreveu como uma falta de imunidade na vida. Toda vez que cometia um erro, como encostar no forno quente ou não levar um guarda-chuva consigo num dia de tempestade, era como se fosse a primeira vez. E nunca aprendia nada com a experiência.

Na época em que nos conhecemos, a jornalista estava cobrindo a crise da varejista de alimentos holandesa Ahold, que havia sido acusada de fraude contábil grave. Na conversa, ela se perguntou o que aconteceria com a empresa se todos os problemas passassem. Tendo encostado no forno quente uma vez, faria isso de novo ou sua contabilidade financeira seria controlada com mais rigidez?

Meu palpite foi de que a Ahold poderia cometer outros erros no futuro, mas era altamente improvável que cometesse um erro contábil semelhante por muito, muito tempo.

As empresas normalmente chegam a extremos depois de uma crise. Constroem fortalezas de regras e procedimentos para combater o inimigo que outrora invadiu. Ou, para usar a metáfora da jornalista holandesa, desenvolvem uma espécie de imunidade à doença que as acometeu — da mesma forma que uma criança não pega catapora duas vezes.

Portanto, há um lado positivo no gerenciamento de crises, pois você raramente precisa passar pelo mesmo desastre duas vezes.

Dito isso, você pode ser proativo na prevenção de determinadas crises.

Há três formas principais de fazer isso, e a maioria das empresas não tem problemas com as duas primeiras.

A primeira se refere a controles rígidos — sistemas financeiros e contábeis disciplinados, com processos severos de auditoria interna e externa. Os gerentes de linha de uma empresa devem ser obrigados a revisar cada auditoria e proceder de acordo com suas conclusões.

> Há um lado positivo no gerenciamento de crises, pois você raramente precisa passar pelo mesmo desastre duas vezes.

A segunda forma de tentar evitar crises é por meio da adoção de bons processos internos, como procedimentos rigorosos de contratação, análises de desempenho francas e programas de treinamento abrangentes que deixem as políticas da empresa claras. Quando se trata de comportamentos, regras e regulamentos aceitáveis, não existe excesso de cuidado.

A terceira forma é menos comum e, com certeza, não é consenso — ter uma cultura de integridade, ou seja, uma cultura de honestidade, transparência, justiça e aderência estrita a regras e regulamentos. Em tais culturas, não pode haver posturas falhas nem se fazer vista grossa. Pessoas que violam as regras não saem da empresa por "razões pessoais" ou para "passar mais tempo com suas famílias". Elas precisam ser expostas, e as razões da saída devem ficar perfeitamente claras para todos.

Pode ser que os advogados aconselhem você a não falar demais. Mas se você está de posse dos fatos, deve se sentir à vontade para apontar quem quebrou as regras, e como. Usar como exemplo pessoas que violaram suas políticas traz grandes benefícios à sua empresa.

Talvez, difamações e punições públicas pareçam duras demais. Mas são a melhor forma de aumentar as chances de que, quando alguém em sua organização riscar um fósforo — ou seja, cometer uma transgressão à integridade —, pelo menos alguma das testemunhas grite imediatamente: "Fogo!"

A prevenção não é de forma alguma uma ciência perfeita, mas é sua primeira linha de defesa contra uma crise. Não espere passar por um momento difícil para aumentar sua imunidade — a menos que seja inevitável.

ANATOMIA DE UMA CRISE

Antes de falar mais sobre cada uma das cinco suposições, vamos dar uma rápida olhada em como as crises costumam surgir e se desenrolar, antes de chegarem ao desfecho.

Na maioria das vezes, crises nos pegam de surpresa. Tudo começa com alguém o parando na copa e perguntando de modo perturbador "Você ficou sabendo quê...?", ou com um e-mail ou carta sobre uma possível "irregularidade", ou com uma ligação que você nunca esperaria receber nem em um milhão de anos.

Um exemplo dessa última aconteceu em 1985, quando o consultor jurídico da GE me telefonou para dizer que havia uma investigação em andamento sobre irregularidades no cartão de ponto em nossa fábrica de Valley Forge, Pensilvânia, que produzia cones de mísseis para o governo.

Eu nunca havia trabalhado em um negócio em que os funcionários distribuíam seu tempo por projeto, muito menos tinha preenchido um cartão de horas de trabalho. Tudo o que eu sabia era que o pessoal de nosso negócio aeroespacial não tinha nada a ganhar com qualquer fraude nesse processo, uma vez que todos os engenheiros envolvidos recebiam salário fixo. Minha reação inicial foi um "Aham, mantenha-me informado".

Ele o fez, e, antes que eu percebesse, a situação do cartão de horas irrompeu numa tempestade de fogo que consumiu muito do tempo e do foco das pessoas durante os meus primeiros dois anos como CEO.

Às vezes, as crises explodem com um único evento, como o vazamento do navio petroleiro *Exxon Valdez*, na costa do Alasca, que despejou milhões de galões de petróleo bruto no oceano, ou quando a Johnson & Johnson descobriu que alguém estava adulterando os frascos de Tylenol.

Mas a maioria das crises não explode como bombas, vão se descortinando aos poucos. Não conheço os detalhes da situação da Merck com o Vioxx, mas aposto que tudo começou anos antes, com incidentes aparentemente aleatórios de problemas cardíacos em pessoas que tomavam o medicamento. Conforme esses problemas foram sendo relatados, alguns cientistas podem ter tido uma vaga suspeita de que havia relação com o Vioxx, e, por fim, foi realizado um estudo mais abrangente. Foi a partir daí, provavelmente, que a situação se transformou no recall completo ocorrido no segundo semestre de 2004.

Na maioria das vezes, é assim que as crises acontecem: se infiltram e se desenrolam em direção à solução. Como uma bola de neve descendo a montanha, vão quicando, ziguezagueando, ganhando peso e velocidade. Nunca dá para saber ao certo onde vão parar.

Dá para ter certeza de que *vão* parar. A jornada até o sopé da montanha provavelmente será desagradável, mas, em algum momento, vai acabar, e a vida normal será retomada.

Quer dizer, pelo menos, até que surja outra crise.

PLANO DE AÇÃO

E agora, as cinco suposições a se ter em mente quando ocorre uma crise.

Suposição 1: o problema é pior do que parece. Não importa o quanto você reze e implore, poucas crises começam pequenas e permanecem nessa magnitude. A grande maioria tem uma dimensão muito maior do que você poderia imaginar ao receber aquela primeira ligação e durarão mais tempo, ficando ainda piores. Mais pessoas do que você imaginava estão envolvidas, mais advogados vão se intrometer no assunto, e nem em seus piores pesadelos você ouviria e leria coisas mais terríveis.

Portanto, prepare o espírito desde o início. Entre em todas as crises presumindo que o que há de pior ocorreu em algum lugar da sua organização e, tão importante quanto, que o problema está nas suas mãos. Em outras palavras, assuma que a sua empresa fez isso e que é você quem precisa consertar as coisas.

Minha reação morna à crise do cartão de ponto é um exemplo sobre a importância do *mindset*, algo que não tive. Com a minha falta de experiência em gerenciamento de crises, presumi que o problema não poderia ser tão grave, já que ninguém conseguiria tirar vantagem da alocação incorreta das horas de trabalho. Talvez alguns funcionários tivessem sido desleixados com seus cartões de ponto, pensei — mas e daí?

O "e daí?" tinha a ver com o momento. Caspar Weinberger havia acabado de ser nomeado Secretário de Defesa e liderava a campanha do presidente Reagan contra "fraude, desperdício e abuso" do governo. Os jornais estavam cheios de histórias sobre

> Ter a mentalidade adequada não significa que você deva se curvar logo de cara. Às vezes, você está absolutamente limpo e mesmo assim precisa lutar.

empresas cobrando do governo quatrocentos dólares por um martelo e mil por um assento de privada. Nossa hora de estrelar as manchetes ia chegar.

O fato, como descobrimos, é que 99,5% dos milhares de cartões de ponto da fábrica da Pensilvânia estavam preenchidos corretamente. Não importava, pois 0,5% não estava, e isso era uma violação. Em vez de olhar para essa questão, todos ficamos apegados às nossas próprias explicações. Que eram mais ou menos assim: "Na maioria dos casos os cartões de ponto estão corretos, os erros são acidentais"; "No fim das contas, tínhamos até cobrado menos do governo"; "Tudo isso é só uma caça às bruxas política".

Com uma mentalidade experiente, eu teria dito: "Estávamos errados. Vamos fazer o que for preciso para corrigir a situação e superá-la."

Ter a mentalidade adequada não significa que você deva se curvar logo de cara. Às vezes, você está absolutamente certo e mesmo assim precisa lutar. Em 1992, um ex-funcionário do nosso setor de diamantes que se tornou denunciante alegou que havíamos conspirado com a De Beers para estabelecer os preços no mercado industrial.

Por conhecer bem as pessoas que estavam sendo acusadas, tive certeza de que era apenas um caso de um cara descontente que deveria ter sido demitido com mais sensibilidade. No entanto, abraçamos a investigação como se fôssemos culpados, procurando por qualquer fragmento de evidência que pudesse ser usado contra nós. Não encontramos um fato que fosse. Isso nos permitiu enfrentar o governo com todas as forças, e saímos vitoriosos quando um juiz federal rejeitou o caso, em 1994.

A mesma mentalidade de "está nas nossas mãos" nos levou a ter sucesso em outra crise. No fim dos anos 1980, as pessoas à frente do departamento de eletrodomésticos em Louisville, Kentucky, começaram a ouvir rumores de que um número incomum de compressores de geladeira estava precisando de reparos cerca de um ano ou dois depois de fabricados. O maior volume de avarias vinha de estados com clima mais quente. Após alguns meses, o problema se espalhou para o resto do país, e fui tragado pela questão.

Reunimos imediatamente um "esquadrão de elite" de especialistas de todas as áreas da empresa — metalúrgicos e estatísticos do setor de pesquisa e desenvolvimento; engenheiros do setor aeronáutico, com experiência em peças rotativas; profissionais de marketing que haviam estudado o impacto de outros recalls de produtos nacionais nos consumidores.

A equipe se reuniu toda semana por um mês e falava ao telefone diariamente para revisar novos dados e avaliar alternativas. Em três meses, ficou claro que a única atitude possível era um recall nacional. Tivemos que incluir uma baixa de quinhentos milhões de dólares em nosso balanço, e o *The Wall Street Journal* fez uma cobertura desagradável sobre nossas capacidades técnicas. No entanto, compreender o escopo do problema desde o início e assumir a postura de que o problema estava em nossas mãos resultou em muito boa vontade por parte dos consumidores.

Em suma: ao primeiro de vislumbre de crise, não vacile. Conte com a pior das hipóteses e comece a investigação.

Presuma que você tem um grande problema nas mãos, e que a responsabilidade de resolvê-lo é sua.

Suposição 2: não existem segredos no mundo, e todos vão acabar descobrindo tudo. No capítulo sobre gestão de pessoas, ao discutir o efeito corrosivo do excesso de camadas, dei o exemplo da brincadeira do telefone sem fio. Nela, a primeira pessoa em um círculo sussurra um segredo para a segunda, que passa para uma terceira, e assim por diante, até a última anunciar a mensagem que recebeu. Não é surpresa que a versão final nunca se pareça com a original.

O telefone sem fio também entra em cena durante as crises.

As informações que você tentar abafar acabarão sendo divulgadas e, à medida que circulam, é certo que irão se transformar, sendo distorcidas e ficando cada vez mais sombrias.

A única forma de evitar isso é expor o problema você mesmo. Caso contrário, pode ter certeza de que alguém fará isso no seu lugar, e você não será bem visto.

Eu sei o que você está pensando: "O departamento jurídico não vai deixar." E você está certo. Durante uma crise, os advogados dirão

> Durante uma crise, os advogados dirão para falar menos, não mais. Esse conselho não é de todo errado. Mas não o tome como sagrado.

para falar menos, não mais. Vão alertá-lo para não comprometer Fulano ou Beltrana, porque o envolvimento deles ainda não é claro.

Esse conselho não é de todo errado. Mas não o tome como sagrado. Pressione os advogados para que você possa dizer o máximo possível. Certifique-se apenas de que o que você diz seja a verdade completa, sem áreas cinzentas.

Não faltam casos de transparência total em crises, mas a Johnson & Johnson provavelmente estabeleceu o padrão de excelência ao lidar com a crise do Tylenol, na década de 1980. Realizava coletivas de imprensa diariamente, às vezes mais de uma por dia, para descrever a situação e sua abrangência. Abriu suas fábricas de embalagens para que fossem analisadas e manteve o público informado sobre a investigação interna do problema e os esforços de recuperação.

Outro ótimo exemplo de completa transparência vem da indústria jornalística. Em 1980, o *The Washington Post* publicou uma série detalhada de reportagens descrevendo como uma de suas próprias jornalistas, Janet Cooke, conseguiu enganar seus editores, o público e o júri do prêmio Pulitzer e fazê-los acreditar em uma história terrível sobre um menino de 8 anos viciado em heroína.

Ou pegue o *The New York Times* e a cobertura do caso Jayson Blair, repórter do jornal que publicou várias matérias falsas. O diário colocou seus melhores repórteres investigativos na apuração, e as matérias não deixaram parte alguma da história intocada. As próprias práticas do jornal e seus líderes foram desafiados de forma tão profunda e pessoal que a cobertura parecia um filme de família não editado.

No entanto, no fim das contas, foi a transparência do *The New York Times* durante a crise que salvou sua credibilidade. Quanto mais o editorial falava sobre as falsificações de Jayson Blair, mais as pessoas confiavam no veículo de comunicação — e não o contrário. Quanto mais se revelava a dinâmica interna que abriu espaço para as mentiras de Blair, mais as pessoas sabiam que o jornal estava dedicado a encontrar uma solução para os problemas subjacentes que permitiram tal violação.

O mesmo é verdade para qualquer crise. Quanto mais abertamente você falar sobre o problema, suas causas e soluções, mais confiança irá ganhar de todos que estiverem assistindo, tanto de dentro quanto de fora da empresa.

E, durante uma crise, confiança é o que você mais precisa a cada etapa.

Suposição 3: você e seu gabinete de crise serão retratados da pior forma possível. Em algumas indústrias, o valor das empresas é medido pela fatia de mercado que detêm. Em outras, é medido pelo crescimento da receita, pelo número de novas franquias abertas em um ano ou pelo grau de satisfação dos clientes.

Na indústria jornalística, a medida é o número de impérios derrubados e de imperadores despidos. A vocação do jornalista, por assim dizer, é questionar a autoridade em todas as suas formas.

Eu falo, claro, por experiência própria! Durante meu divórcio público, em 2002, surgiu uma controvérsia em torno das vantagens que compunham o pacote de aposentadoria que a empresa me ofereceu, e a mídia pôde deitar e rolar. Mas essa não foi a primeira vez que a imprensa esteve no meu encalço. Pouco tempo depois que eu me tornei CEO, durante um período de demissões em larga escala, fui apelidado de "Neutron Jack", em referência à bomba que deixa os edifícios em pé, mas mata as pessoas. Um ano depois, fui eleito um dos chefes mais durões dos Estados Unidos, e, acredite, isso não era um elogio. Durante a crise do banco Kidder Peabody, em 1994, apareci na capa da revista *Fortune* sob a manchete "O pesadelo de Jack em Wall Street". O artigo incluía uma tese sobre o colapso da cultura interna do Kidder Peabody, provocado pela pressão de aumento dos ganhos exercida pela GE.

Esse calvário público é terrível — você fica indignado e possesso. Mas não importa quão inocente seja, ou o quanto acredite que sua organização está lidando de forma exemplar com os problemas, não muda um fio da questão. O trabalho de um repórter não é contar o seu lado da história. É contar a história como ele a enxerga.

> **Sua omissão será vista como uma confissão de culpa, e é o mesmo que nós pensamos quando alguém não se posiciona em defesa própria.**

É assim que o negócio funciona e, em períodos normais, geralmente, ficamos feliz com a boa visão que os jornalistas têm das coisas. No meu caso, ao longo da minha carreira, recebi uma bela cota de cobertura positiva da mídia.

Mas, durante uma crise, tudo se torna imprevisível. Você e sua empresa serão retratados de maneira tão negativa que não reconhecerão a si mesmos.

Não se curve.

Ainda que surja o ímpeto, você não pode se dar a esse luxo. Além de falar abertamente sobre a extensão do problema, como discutimos na suposição anterior, você precisa se levantar e marcar posição antes que outra pessoa o faça. Caso contrário, sua omissão será vista como uma confissão de culpa, e é o mesmo que nós (com exceção dos advogados!) pensamos quando alguém não se posiciona em defesa própria.

No entanto, nem todas as crises organizacionais são públicas. Às vezes, um gerente de nível médio sai e leva a equipe inteira. A reorganização de uma empresa ou da unidade causa enormes transtornos e turbulências. Um grande cliente migra para outro fornecedor diante de uma insatisfação com o seu serviço. Um funcionário demitido faz acusações raivosas de discriminação por parte da gerência.

Mesmo que a mídia não tenha interesse nesses eventos, o seu pessoal terá.

Portanto, os mesmos princípios se aplicam.

Fale abertamente sobre a situação. Marque a sua posição. Explique por que o problema ocorreu e como está lidando com ele.

> **Em meio à crise, não se esqueça que você ainda tem um negócio para administrar.**

E, em meio à crise, não se esqueça que você ainda tem um negócio para administrar. Certifique-se de que está fazendo o seu trabalho.

Suposição 4: haverá mudanças nos processos e nas pessoas. Quase nenhuma crise termina sem sacrifícios. A maioria das crises termina oficialmente com algum tipo de acordo — financeiro, legal ou de outro esfera.

Depois vem a limpeza, e limpezas significam mudança. Geralmente, os processos são os primeiros a serem revistos.

Com a situação do cartão de ponto, por exemplo, instituímos a Diretriz 20.11, que formalizou todas as negociações com o governo. A política era exaustivamente detalhada e exigia que colocássemos todos os pingos nos "is". Não sou fã de burocracia, mas aquela situação pedia justamente esse tipo de ajuste.

Às vezes, no entanto, corrigir processos não basta. Tínhamos uma política sobre pagamentos indevidos em nossos manuais havia mais de trinta anos — a Diretriz 20.4, para ser mais exato — que deveria impedir o suborno. Mas isso não serviu em 1990, quando um gerente regional de vendas da Aircraft Engines conspirou com um general da Força Aérea de Israel para desviar dinheiro dos nossos principais contratos de fornecimento de motores para os caças F-16 israelenses.

Não foi uma operação qualquer. Os dois haviam aberto uma conta conjunta num banco na Suíça e uma empresa fantasma em Nova Jersey para encobrir os rastros. A cobertura da imprensa do mundo inteiro perdurou por dezenove meses, passando por audiências no Congresso e pelo julgamento do funcionário da GE, Herbert Steindler, pelos crimes cometidos. Ao final, ele foi preso, e pagamos ao governo uma multa de 69 milhões de dólares.

Nesse caso, o problema não era o processo, mas o fato de as pessoas não zelarem por uma política já existente. Ninguém na empresa sabia o que Steindler estava tramando, e ninguém ganhou um único centavo com o esquema. Mas alguns ignoraram os sinais de alerta de que havia algo errado. Onze pessoas tiveram que renunciar, seis foram rebaixadas, e quatro, repreendidas.

Crises exigem mudanças. Em certas ocasiões, corrigir um processo basta. Em outras, não. Isso ocorre porque as pessoas afetadas pela crise, ou então apenas as que estavam assistindo, exigem que *alguém* seja responsabilizado.

Isso soa terrível, mas uma crise raramente termina sem sacrifícios. O que não é fácil nem agradável. Infelizmente, porém, muitas vezes é necessário para que a empresa possa voltar a caminhar.

Suposição 5: sua empresa vai sobreviver, em última instância, fortalecida pelo que aconteceu. É possível tirar uma lição de todas as crises, ainda que você as odeie.

Desde a crise do cartão de ponto, aprendemos que, quando você lida com o governo, não pode haver brecha nos regulamentos, mesmo que isso signifique implementar dezenas de procedimentos burocráticos detalhados. É esse o preço que se paga por fazer negócios com órgãos públicos.

Na situação dos compressores, aprendemos a aceitar o pior e encarar logo o recall de produtos. Fazer isso reduz as perdas, e você é recompensado com boa vontade do consumidor.

Com o Kidder Peabody, aprendemos a nunca adquirir uma empresa com uma cultura que não combine com a nossa.

No caso do suborno, aprendemos que políticas envelhecem e podem até morrer, caso os gerentes não trabalhem constantemente para mantê-las vivas.

Depois que uma crise termina, é forte o desejo de querer trancá-la em uma gaveta.

Não faça isso. Aproveite tudo o que essas crises puderem trazer de bom. Repasse as lições aprendidas sempre que tiver oportunidade.

Com isso, você ajuda a fortalecer a imunidade.

■

Sempre haverá crises.

E, quando uma surge, é terrível! A sensação é mesmo de que a casa está em chamas e você não tem como fugir.

Porém, por mais difícil que pareça, tente lembrar, no calor dos acontecimentos, que as chamas uma hora vão se apagar. E vai ser graças às suas ações. Você vai estar ciente da dimensão do problema e com a solução em mãos, ao mesmo tempo em que continua a administrar os negócios com o futuro em vista.

Então, um dia, você perceberá que o futuro chegou. A fumaça se dissipou, e as partes danificadas da estrutura serão reparadas ou substituídas.

Você nunca ficará feliz pelo que aconteceu, mas, olhando com distanciamento, verá algo capaz de surpreendê-lo — que o lugar, como um todo, parece melhor do que jamais esteve.

SUA COMPETIÇÃO

11. ESTRATÉGIA

O segredo está no molho   **169**

12. ORÇAMENTO

Reinventando o ritual   **191**

13. CRESCIMENTO ORGÂNICO

Então você quer começar algo novo?   **207**

14. FUSÕES E AQUISIÇÕES

A "pressão do acordo" e outros pecados mortais   **219**

15. SIX SIGMA

Melhor do que ir ao dentista   **243**

II

Estratégia

O SEGREDO ESTÁ NO MOLHO

COM ALGUMA FREQUÊNCIA, nos últimos anos, participei de um ciclo de palestras ou de uma conferência de negócios com algum grande guru da estratégia entre os convidados. E, com a mesma frequência, assisti às apresentações com ceticismo.

Não que eu não compreenda as teorias deles sobre vantagem competitiva, competências essenciais, comércio virtual, economia da cadeia de fornecimento, inovação disruptiva e assim por diante. O problema é que a forma como esses especialistas costumam falar sobre estratégia — como se fosse algum tipo da metodologia científica de altíssimo grau intelectual — soa extremamente desinteressante para mim.

Sei que estratégia é como um *jogo*: é estimulante, respira e é completamente dinâmico.

É divertido e é rápido. E vivo.

Esqueça todo o papo chato e intelectualizado sobre números e dados que esses gurus dizem que você precisa analisar para entender de estratégia. Esqueça o planejamento de cenário, os estudos que levam mais de um ano para serem feitos e os relatórios com mais de cem páginas. São demorados e caros, e você não precisa disso.

Quando se trata de estratégia, pense menos e faça mais.

Na vida real, estratégia é algo muito simples. Você escolhe uma direção e segue toda velocidade.

Sim, teorias podem ser interessantes, tabelas e gráficos podem ser bonitos e sequência intermináveis de slides de PowerPoint podem fazer você achar que fez o seu trabalho. Mas você não deve complicar demais quando se trata de estratégia. Quanto mais você pensa a respeito, e quanto mais esmiúça dados e se apega a detalhes, mais se enrola na hora de decidir o que fazer.

Isso não é estratégia, é tortura.

Veja bem, eu não quero desmerecer os gurus especialistas. Alguns dos conceitos têm seu mérito.

Mas discordo da abordagem científica que eles propagam. Essa visão é ensinada em muitas escolas de administração, vendida por inúmeras firmas de consultoria e praticada em muitas empresas.

Isso é muito contraproducente! Se você quer vencer, quando se trata de estratégia, pense menos e faça mais.

Sei que não sou o único com esse ponto de vista. Tendo falado para milhares de empresários no mundo todo, posso contar nos dedos o número de perguntas sobre estratégia que já ouvi. Praticamente todos os outros temas — desde como gerenciar um funcionário temperamental até o efeito do dólar nas transações comerciais — despertam maior interesse, por ordem de magnitude.

Claro, todo mundo se *importa* com estratégia. É imprescindível. Mas a maioria dos gerentes que conheço a vê as coisas da mesma forma que eu: uma rota aproximada de ação que você revisita e redefine de vez em quando, de acordo com as mudanças nas condições do mercado. É algo que se faz por meio de tentativa e erro; não é um processo altamente teórico, nem uma questão de vida ou morte, como muitos acreditam.

Diante dessa minha visão, você pode estar se perguntando o que eu tenho a dizer neste capítulo.

A resposta é: nada relacionado à estabilidade!

Em vez disso, vou descrever como elaborar uma estratégia em três etapas. Ao longo da minha carreira, essa abordagem funcionou incrivelmente bem em diferentes negócios e indústrias, em altos e baixos, e em situações competitivas, desde o México até o Japão. Não sei o motivo — talvez a simplicidade tenha sido parte de seu sucesso.

As etapas são:

Crie um grande diferencial para os seus negócios — uma maneira inteligente, realista e relativamente rápida de obter vantagem competitiva de forma sustentável. Não conheço melhor forma de conceber esse diferencial do que responder a uma série de perguntas que há muito tempo chamo de Cinco Slides, porque cada série ocupa aproximadamente uma página. Com um grupo de profissionais bem-preparados, esse processo demora algo em torno de alguns dias a até um mês.

Coloque as pessoas certas nos cargos certos para impulsionar o diferencial. Isso pode soar um pouco genérico, mas não é. Para impulsionar seu diferencial, você precisa colocar determinado tipo de profissional nos negócios de commodities e outro tipo completamente diferente para cuidar de negócios de alto valor agregado. Não gosto de rótulos, mas o fato é que os investimentos dão muito mais resultado quando a estratégia e as habilidades particulares estão em sintonia.

Procure incansavelmente as melhores práticas para atingir seu diferencial, seja dentro ou fora da empresa, então adapte-as e ajuste-as continuamente. A estratégia entra em ação pra valer quando você tem uma empresa capaz de aprender, na qual as pessoas têm sede de fazer tudo melhor todos os dias. Elas se pautam pelas melhores práticas, não importa de onde venham, e aumentam os seus níveis de eficácia. Você pode ter o melhor dos diferenciais do mundo, mas, sem essa cultura de aprendizado, nenhuma vantagem competitiva sustentável vai durar muito.

Estratégia, portanto, é simplesmente encontrar o grande diferencial, definir um norte mais genérico, colocar as pessoas certas para guiar a empresa nesta direção, e, por fim, colocá-la em prática visando a melhoria constante.

Nem se eu quisesse eu conseguiria complicar algo tão simples.

AFINAL, O QUE É ESTRATÉGIA?

Antes de analisarmos cada uma das três etapas em detalhes, algumas reflexões sobre estratégia, de modo geral.

Na época em que me aposentei da GE, a empresa tinha mais de trezentos mil funcionários espalhados por cerca de quinze grandes negócios, que iam desde turbinas a gás até cartões de crédito. Era uma empresa complexa, de amplo espectro, mas eu sempre disse que queria que funcionasse com a velocidade, a informalidade, e a comunicação de uma lojinha de rua.

Lojas de rua costumam entender de estratégia. Com seus recursos limitados, precisam ter o foco muito bem ajustado para fazer uma única coisa muito bem.

No bairro onde moramos em Boston, por exemplo, a uma quadra de distância uma da outra, há dois estabelecimentos pequenos cujas caixas registradoras não param de trabalhar e cujos clientes não param de entrar e sair, satisfeitos. Uma delas é a Upper Crust Pizzeria. Seu espaço é apertado, barulhento e sem decoração, com pratos de papelão e uma seleção limitada de refrigerantes. Os clientes podem comer em pé ou sentados a uma grande mesa comunitária. A equipe não chega a ser rude, mas não é comprometida. Não é raro que o seu pedido — feito diretamente no caixa — seja recebido com um "ok" sem empolgação.

Mas a pizza é incrível; sou capaz de desmaiar apenas descrevendo o sabor do molho, e a massa crocante leva qualquer um às alturas. Investidores, artistas e policiais começam a fazer fila às onze da manhã para saber qual será o sabor do dia, e, durante o almoço e o jantar, essa fila pode chegar a vinte pessoas. Uma frota de entregadores trabalha sem parar até a hora de fechar.

Na Upper Crust, a estratégia é cuidar do produto.

A outra loja é a Gary Drug, que tem cerca da metade do tamanho de um vagão de metrô — dos pequenos. Uma filial da famosa rede de farmácias 24 horas CVS fica a uma curta caminhada de distância. Não importa. A Gary Drug, com apenas um estreito corredor e prateleiras abarrotadas até o teto, está sempre cheia. Sua seleção varia de remédios para resfriados a despertadores, em meio a pinças e apontadores de lápis. Há um farmacêutico gentil escondido nos fundos e uma ampla seleção de revistas de moda europeias logo na entrada. Tudo o que a loja vende corresponde ao peculiar mix de moradores do bairro. Os atendentes conhecem os clientes pelo nome e têm o maior prazer em dar conselhos sobre tudo, de vitaminas a massageadores de pés. O estabelecimento oferece entrega em domicílio, e o cliente pode abrir uma conta para pagar tudo apenas uma vez por mês.

Na Gary Drug, a estratégia é cuidar do serviço.

Ou seja, o que é estratégia, senão alocação de recursos? Quando você tira todo o blá-blá-blá, é a isso que a questão se resume. Estratégia significa fazer escolhas bastante claras sobre como competir. Você não pode ser tudo para todo mundo, não importa o tamanho da sua empresa ou o volume dos seus recursos.

As lojas de rua aprenderam que a sobrevivência depende de encontrar uma posição estratégica onde ninguém seja capaz de derrotá-las. Grandes empresas têm o mesmo desafio diante de si.

Quando me tornei CEO, em 1981, lançamos uma iniciativa interna que foi amplamente divulgada: "Ser o primeiro ou segundo lugar em todos os mercados que atuamos, e é preciso consertar, vender ou encerrar um negócio para atingir esse objetivo." Essa não era nossa *estratégia*, embora eu tenha ouvido ser descrito dessa maneira. Era um mantra para descrever de maneira concisa a forma como faríamos negócios dali por diante. Não haveria mais a necessidade de manter empresas não competitivas em nome dos velhos tempos. Mais do que qualquer coisa, a iniciativa de ser primeiro ou segundo lugar foi uma ferramenta de comunicação para enxugar nosso portfólio, e de fato funcionou.

Nossa estratégia dizia respeito muito mais aos rumos. A GE iria se afastar dos negócios que envolviam commodities e se dedicar à fabricação de produtos de tecnologia de alto valor e à venda de serviços, em vez de objetos.

> Estratégia significa fazer escolhas bastante claras sobre como competir. Você não pode ser tudo para todo mundo, não importa o tamanho da sua empresa ou o volume dos seus recursos.

Como parte desse movimento, faríamos um investimento maciço em recursos humanos — o nosso pessoal —, com foco incansável em treinamento e desenvolvimento.

Optamos por essa estratégia depois de sermos duramente golpeados pelos japoneses, na década de 1970. Num curto intervalo, eles transformaram em commodities negócios nos quais tínhamos margens razoáveis, como os de aparelhos de TV e de ar-condicionado. Acabamos ficando na defensiva em um jogo já perdido. Nossa qualidade, nosso custo e nosso serviço — as armas de um negócio de commodities — não eram bons o suficiente diante da inovação e da queda de preços impostas por eles. Cada dia no trabalho era uma espécie de agonia prolongada. Apesar da melhoria na produtividade e da crescente inovação, as nossas margens de lucro estavam despencando, pois concorrentes como Toshiba, Hitachi e Matsushita eram incansáveis.

Enquanto isso, como supervisor da GE Capital no final dos anos 1970, fiquei chocado (e satisfeito) ao ver como era fácil ganhar dinheiro com serviços financeiros, particularmente com o balanço patrimonial da GE. Não havia fábricas sindicalizadas nem concorrência estrangeira, e abundavam formas interessantes e criativas de oferecer aos clientes produtos e serviços diferenciados. Eu me lembro do entusiasmo que havia naqueles tempos, ao ver o nosso pessoal desenvolver programas de cartão de crédito para outras instituições e encontrar um nicho atrás do outro no mercado intermediário de financiamento industrial. Havia vastas margens de lucro, quase como se estivesse dando dinheiro em árvore.

Quando fui promovido a CEO, eu sabia que a GE tinha que se afastar o máximo possível de qualquer negócio que cheirasse a commodity e se aproximar o máximo possível do lado oposto do espectro. Foi por isso que nos livramos de negócios como os de televisores, pequenos eletrodomésticos, aparelhos de ar-condicionado e de uma enorme empresa do ramo do carvão, a Utah International. Foi também por isso que investimos tanto na GE Capital; compramos a RCA, que incluía a NBC; e colocamos

> Estratégias, se apontam na direção certa e são amplas o suficiente, não precisam mudar com muita frequência.

recursos no desenvolvimento de produtos de alta tecnologia nos setores de energia, medicina, motores aeronáuticos e locomotivas.

Em tempos de constantes mudanças, como e por que a GE seguiu uma única estratégia ao longo de vinte anos? A resposta é que estratégias, se apontam na direção certa e são amplas o suficiente, não precisam mudar com muita frequência, sobretudo se forem sempre complementadas com novas iniciativas. Para tal, ao longo dos anos, lançamos quatro programas para reforçar nossa estratégia: globalização, complementos de serviço, Six Sigma e e-business.

Mais do que tudo, porém, nossa estratégia durou porque era baseada em dois poderosos princípios subjacentes: *commodities são ruins* e *pessoas são tudo*.

Praticamente todas as decisões quanto a alocação de recursos que tomamos foram baseadas nessas crenças.

Sim, algumas empresas podem vencer no setor de commodities — Dell e Wal-Mart são ótimos exemplos que ajustaram variáveis como custo, qualidade e serviço para obter sucesso em mercados extremamente competitivos. Mas isso é bastante difícil. Não se pode cometer erro algum.

Meu conselho, portanto, é: quando pensar em estratégia, não pense em commodities. Procure desesperadamente oferecer produtos e serviços diferenciados, e os clientes serão fiéis como nunca. Pense em inovação, tecnologia, processos internos, complementos de serviço — qualquer coisa que seja única. Fazer isso da maneira correta significa que você pode até cometer alguns erros, mas mesmo assim ter sucesso.

E basta de teoria!

A ESTRATÉGIA NA PRÁTICA

O primeiro passo para aplicar a estratégia na prática é descobrir o grande diferencial para obter vantagem competitiva sustentável — em outras palavras, uma visão significativa sobre como vencer. Para isso, você precisa debater, enfrentar, se dedicar e, finalmente, responder a cinco séries de perguntas.

Ao dar início a este exercício, vou presumir que você já tenha alguma estratégia, seja escrita em algum lugar ou na sua cabeça.

Dito isso, ter uma estratégia não significa que ela esteja funcionando.

Os Cinco Slides que apresento aqui são uma forma de testar sua estratégia, para ver se está lhe levando aonde você quer ir e, caso não esteja, para descobrir como corrigi-la, mesmo que para isso seja preciso mudar totalmente o plano.

Acredito que esse processo de questionamento não deve ser um evento de baixo para cima, em larga escala. Ainda que alguns discordem, para mim a estratégia é de responsabilidade do CEO ou do líder da unidade, junto com seus subordinados diretos. Se houver uma cultura saudável, o líder será capaz de enxergar a organização em todas as suas várias partes interdependentes. Ele conhece o pessoal, a fonte de ideias e de inovação e pode determinar melhor onde estão as melhores oportunidades. Além disso, é ele que vai decidir, em última instância, onde aplicar os recursos que a estratégia requer. O líder receberá os louros, se a estratégia for bem-sucedida, e terá de arcar com as consequências, se ela falhar.

Se você tem uma boa equipe — franca, perspicaz, apaixonada pelo negócio e disposta a discordar —, concluir este exercício deve ser divertido e estimulante. Com intensidade, deve demorar entre alguns dias a um mês. Depois disso, é hora de agir.

SLIDE UM

Qual é o cenário neste momento

- Quem são os concorrentes neste negócio, grandes e pequenos, novos e antigos?

- Quem tem qual participação, em termos globais e em cada mercado? Onde nos encaixamos?

- Quais são as características deste negócio? É uma commodity, um produto de alto valor agregado ou algo intermediário? É de ciclo longo ou curto? Em que ponto está, na curva de crescimento? O que impulsiona a lucratividade?

- **Quais são os pontos fortes e fracos de cada concorrente? Quão bons são os produtos deles? Quanto cada um gasta em pesquisa e desenvolvimento? Qual é o tamanho de cada equipe de vendas? Quão orientada para o desempenho é cada cultura?**

- **Quem são os principais clientes desta empresa e como eles compram?**

Ao longo dos anos, fiquei impressionado com a quantidade de debates que esse simples exercício teórico é capaz de gerar. Inclusive, não é raro que pessoas que compartilham o mesmo escritório tenham visões muito diferentes em relação ao ambiente competitivo em que habitam.

Muitas pessoas relutam em admitir que seus negócios são de fato uma commodity. Por mais que insistíssemos, foi quase impossível fazer com que o pessoal do setor de motores, por exemplo, aceitasse essa realidade. E participei de inúmeras reuniões em que essa série de questões fez emergir esse desconforto e gerou um debate acalorado sobre o volume de recursos a serem alocados em pesquisa e desenvolvimento e marketing, na tentativa de tornar o produto mais exclusivo.

Outra das muitas questões importantes que esse slide levanta é a da fatia de mercado. As pessoas gostam de se ver como líderes de mercado e acabam limitando o escopo de seu campo de atuação para que isso aconteça. No nosso caso, o mantra do "primeiro ou segundo lugar" provocou esse efeito, inadvertidamente. Depois de mais de uma década, percebemos que as empresas estavam estreitando sua definição geral de mercado para que suas fatias parecessem enormes.

Corrigimos isso determinando que as organizações tinham de definir seu mercado de forma que sua participação não pudesse ser superior a 10%. Com essa restrição, as pessoas foram forçadas a adotar uma nova mentalidade, e subitamente surgiram oportunidades de crescimento de todos os cantos.

Em turnê, nos eventos de perguntas e respostas, é assim que eu explico a dinâmica da definição de mercado: como geralmente estou sentado em uma cadeira, peço aos membros da plateia que imaginem que são fabricantes de cadeiras. Eles podem definir seu mercado como o do tipo de cadeira em que eu geralmente estou — com braços de metal, tecido azul e rodinhas. Ou podem defini-lo como o mercado de cadeiras em geral. Melhor ainda, podem definir seu mercado como o de móveis. Imagine o quanto as fatias seriam diferentes em cada caso, e quais não seriam as implicações disso para a estratégia!

Esse tipo de debate é o motivo pelo qual é preciso mergulhar fundo nesse slide. Uma conversa rica e abrangente põe todo mundo em sintonia — justamente o que é preciso para encontrar o grande diferencial.

SLIDE DOIS

――――

O que a concorrência tem feito

- **O que cada concorrente fez no ano anterior para mudar o cenário?**

- **Alguém lançou produtos inovadores, novas tecnologias ou um novo canal de distribuição?**

- **Existem novos participantes? O que fizeram no ano anterior?**

Essa série de perguntas dá vida aos jogadores em campo. O concorrente A está roubando seus principais vendedores. O concorrente B lançou dois produtos. Os concorrentes C e D se fundiram e estão tendo todo tipo de dificuldades de integração.

Algumas dessas informações podem ter vindo à tona durante a imersão, na primeira série de perguntas, mas chegou a hora de se aprofundar no comportamento da concorrência.

Vá fundo — descubra o máximo possível sobre cada concorrente.

SLIDE TRÊS

O que você tem feito?

- **O que você fez no ano passado para mudar o cenário competitivo?**

- **Você fez alguma aquisição, lançou um produto, roubou o principal vendedor de um concorrente ou comprou os direitos de uma nova tecnologia desenvolvida por uma startup?**

- **Você perdeu vantagens competitivas — um grande vendedor, um produto especial, uma tecnologia exclusiva?**

A melhor coisa sobre esse slide é que ele dá um choque de realidade, caso você esteja sendo atacado. Em suma, a comparação dos slides dois e três informa se você é líder de mercado ou se está só correndo atrás.

Às vezes, esses dois slides acabam demonstrando que seus concorrentes estão fazendo muito mais do que você. É bom descobrir por quê.

Outras vezes, a comparação mostra uma imagem vívida da dinâmica competitiva da sua empresa.

O caso em questão é o que aconteceu em nosso setor de negócios médicos, em 1976. A empresa britânica EMI inventou o tomógrafo no início dos anos 1970, forçando os fabricantes tradicionais de raios-x — Siemens, Philips, Picker e nós — a travar uma verdadeira guerra de equipamentos. Em pouco tempo, todos estávamos lançando máquinas de um milhão de dólares a cada seis meses, alegando que a nova era trinta segundos mais rápida no tempo de varredura do que a anterior. Ninguém estava feliz com esta situação. A indústria dos equipamentos de tomografia estava numa briga feroz, e nossos clientes — os hospitais — estavam frustrados por terem que desembolsar um grande volume de capital em tecnologias que talvez ficassem desatualizadas em menos de um ano.

Vendo essa dinâmica, Walt Robb, o chefe de nosso setor de negócios médicos, teve uma ideia inovadora junto com sua equipe. A GE alocaria seus recursos para projetar tomógrafos que pudessem ser atualizados continuamente, por meio de peças ou de novos programas que custassem menos de cem mil dólares por ano. Venderíamos nossas máquinas dizendo: "Compre um tomógrafo da nossa série Continuum, e as atualizações não deixarão que o aparelho se torne obsoleto por uma fração do preço de um equipamento novo."

O conceito do Continuum mudou o cenário. Ele nos garantiu a liderança de mercado e nos mantém nesse patamar há décadas.

O principal ponto aqui é que os slides dois e três funcionam em dupla. Removem qualquer elemento estático da estratégia e preparam você para as perguntas que virão a seguir.

SLIDE QUATRO

O que está por vir?

- **O que mais o assusta, pensando no ano que está por vir? O que um concorrente poderia fazer para atingir sua empresa?**

- **Quais tecnologias ou produtos podem ser lançados pelos concorrentes e transformariam o cenário?**

- **Quais as fusões ou aquisições levariam sua empresa a nocaute?**

Essa série de perguntas é, sem dúvida, o que a maioria das pessoas costuma negligenciar.

Simplesmente não dão a atenção que esses questionamentos merecem.

A maioria das pessoas que responde a essa série de perguntas subestima o poder e a capacidade de seus concorrentes. Com frequência, fazem a suposição de que sempre serão do mesmo jeito do slide um, que não mudarão nunca.

Veja o caso da Aircraft Engines na década de 1990, quando nossos engenheiros acreditavam que haviam projetado o motor perfeito para o Boeing 777 — o GE90. Gastamos mais de um bilhão de dólares para obter mais de quarenta mil quilos de empuxo graças a um design novinho em folha, com base no pressuposto de que a Pratt & Whitney não podia se dar ao luxo de lançar um novo mecanismo e que seria incapaz de levar os motores que já fabricavam a esse mesmo nível.

Estávamos errados.

A Pratt & Whitney, com um investimento de apenas duzentos milhões de dólares, conseguiu desenvolver os mesmos quarenta mil quilos de empuxo para os motores existentes. Como os custos foram menores, tivemos que vender o GE90 a preços mais baixos do que o planejado. Tínhamos subestimado a concorrência porque julgávamos saber todas as respostas técnicas.

Esta história teve um final feliz. Vários anos depois, a Boeing desenvolveu uma versão de longo alcance do 777. Exigia mais de cinquenta mil quilos de empuxo, que o GE90 poderia suprir, graças ao novo design, que permitia expansão. Acabamos escolhidos como único fornecedor, mas, devido ao erro de cálculo inicial, vivemos alguns anos dolorosos e menos lucrativos.

Definir a estratégia certa significa presumir que seus concorrentes são muito bons ou, no mínimo, tão bons quanto você, e que estão agindo com igual ou maior rapidez.

Quando se trata de olhar para o futuro, paranoia nunca é demais.

SLIDE CINCO

Qual é a sua jogada vencedora?

- **O que você pode fazer para mudar o cenário — uma aquisição, um novo produto, entrar no mercado global?**

- **O que você pode fazer para que os clientes sejam mais fiéis a você do que nunca e mais do que a qualquer outra pessoa?**

Este é o momento de passar da análise para a ação. Você decide lançar um produto, fazer uma aquisição, duplicar a equipe de vendas ou investir em uma nova capacidade importante. Foi isso, por exemplo, que Walt Robb e sua equipe realizaram ao tomar a decisão de alocar grandes recursos na serie Continuum, a jogada estratégica que manteria os clientes médicos da GE "grudados" na empresa por décadas.

Ao terminar de responder a essa série de perguntas, a eficácia da sua estratégia deverá estar bem clara. Ou seu diferencial está vencendo, ou precisa mudar. Mesmo se você não tivesse estratégia antes, esse processo deve ajudá-lo a definir uma.

De um jeito ou de outro, isso é só o começo.

AS PESSOAS CERTAS

Eis uma cena comum. Gerentes se reúnem por meses a fio, em sessões intensas para debater a situação da empresa e os rumos que estão sendo tomados. Comitês e subcomitês são formados. Pesquisas são realizadas. Às vezes, contrata-se consultores. E, finalmente, com grande alarde, os líderes da empresa anunciam uma nova estratégia.

Mas nada muda.

Qualquer estratégia, por mais perspicaz que seja, estará fadada ao fracasso caso a empresa não dê vida a ela através das pessoas — e das pessoas *certas*.

Esqueça os discursos. São vazios. A organização sabe quais são as pessoas importantes. E uma nova estratégia só pode dar certo se essas pessoas forem designadas para liderar a mudança.

Vejamos, por exemplo, o que aconteceu na Power Systems, quando foi anunciado pela primeira vez que nosso foco passaria a ser direcionado aos serviços. Na mesma hora, todos os engenheiros quiseram saber que raios estava acontecendo. Afinal, tinham entrado na GE porque queriam desenvolver as maiores turbinas, mais sustentáveis e de maior potência. Subitamente, foram informados de que as pessoas que prestavam os serviços relacionados às suas "obras-primas" passariam a ser as estrelas do show.

"O pessoal do serviço não serve só pra carregar latão de óleo?", pensaram.

Apesar de os engenheiros terem prestado atenção ao anúncio, não o levaram a sério — o que para eles foi natural, pois a parte de serviços era quase invisível naquela conjuntura.

O que nós fizemos? Pegamos Ric Artigas, um PhD, líder do departamento de engenharia no negócio de locomotivas, e o colocamos a cargo de um novo setor de produção dedicado exclusivamente à parte de serviços da Power Systems. Foi uma mensagem concreta — Ric era um jogador respeitado. Em sua nova atribuição, não teve problemas para recrutar os melhores engenheiros da empresa, necessários para projetar pacotes de software sofisticados para atualizações de turbinas.

Assim, a estratégia de foco no serviço entrou em funcionamento. Em 2005, o lucro operacional de Ric, de quase 2,5 bilhões de dólares, era equivalente ao valor da receita total de 1997, quando ele assumiu o cargo.

Definir a estratégia significa também colocar as pessoas certas nos cargos certos — uma correspondência que, geralmente, depende do ponto em que a empresa se encontra no continuum das commodities.

Não é preciso dizer que você não pode se valer de rótulos. Bons profissionais são multifacetados. Dito isso, eu mesmo assim argumentaria que, devido às suas habilidades e personalidades, algumas pessoas trabalham mais efetivamente com commodities, enquanto outras são melhores em produtos ou serviços altamente diferenciados.

Vejamos o negócio de motores, por exemplo. É o mais comoditizado possível. Várias boas empresas fabricam o produto, e todas têm bons serviços, boa qualidade e bom custo.

As pessoas certas para esse negócio são motivadas, meticulosas e detalhistas. Não são sonhadoras, e sim soldados em batalha.

Lloyd Trotter é o exemplo perfeito. Lloyd ingressou na GE, em 1970, como engenheiro de serviço de campo no departamento de lâmpadas de quartzo de alta intensidade, e, trinta anos depois, sua trajetória era fábrica, fábrica e mais fábrica. Ele tinha sido superintendente, gerente de produção e supervisor de fábricas dos setores de iluminação, de eletrodomésticos e de praticamente todos os negócios de distribuição

> Estratégia significa também colocar as pessoas certas nos cargos certos – uma correspondência que, geralmente, depende do ponto em que a empresa se encontra no continuum das commodities.

e controle de aparelhos elétricos (ED&C) que tínhamos. Quando Lloyd assumiu o cargo de CEO do departamento de ED&C, em 1992, só de chegar no estacionamento já sabia se uma fábrica estava funcionando a contento. Dois passos mais, e ele sabia dizer o que poderia ser melhorado.

Obviamente, Lloyd gostava de pensar em estratégias, mas gostava mais ainda de implementá-las. Ele se sentia em casa cercado de pessoas que esmiuçavam todos os dados daquela mesma forma, discutindo estratégias para aumentar a eficiência em cada processo. Era um mestre da disciplina. E foi justamente isso que fez dele o tipo certo de líder para impulsionar nossos negócios de commodities.

No outro extremo do espectro, geralmente é um tipo diferente de pessoa que prospera. Não melhor nem pior, apenas diferente.

Os motores a jato, por exemplo. Cada um é único, um milagre de engenharia de alta tecnologia, que requer cerca de um bilhão de dólares em investimentos para ser desenvolvido. O ciclo de vida do produto é medido em anos. E os clientes são complicados — as companhias aéreas, quase sempre no vermelho, e as poderosas fabricantes, Boeing e Airbus.

Por muitos anos, este negócio teve uma cultura corporativa própria, mais romântica. As pessoas que faziam parte dele eram diferentes das outras, estavam apaixonadas pela ideia de voar e pela maravilha das aeronaves.

Brian Rowe era a pessoa perfeita para um ambiente como esse.

Ele começou sua carreira como aprendiz na companhia inglesa DeHavilland Engines, antes de ingressar na GE como engenheiro de chão de fábrica, em 1957. Depois de atuar em praticamente todos os projetos possíveis, foi nomeado diretor do departamento de motores de aeronaves da GE, em 1979.

Brian era um cara imenso e gregário — franco, visionário e cheio de opiniões. Amava tanto aviões que usaria uma balaclava para trabalhar, se pudesse.

Ao contrário de Lloyd, Brian odiava todos os detalhes do dia a dia administrativo, e discussões sobre margens operacionais e fluxo de caixa o aborreciam. Mas, indiscutivelmente, tinha coragem e visão para fazer grandes apostas, depositando um bilhão de dólares em um único investimento que levaria anos para dar retorno. Da mesma forma, sua personalidade fez dele um grande vendedor na visão dos clientes, que compartilhavam de seu entusiasmo por cada novo avanço tecnológico.

Tanto Lloyd quanto Brian eram casos de combinações perfeitas — pessoas ideais para seus cargos, ideais para a situação comercial, ideais para a estratégia. Nem sempre damos essa sorte, e a estratégia pode ser implementada mesmo sem uma combinação ideal.

Mas tudo fica muito melhor quando ela existe.

ALÉM DAS BOAS PRÁTICAS

Já ouvi dizer que boas práticas não são uma vantagem competitiva sustentável, porque são muito fáceis de serem copiadas. Isso não faz sentido.

É verdade que, quando uma boa prática é posta em ação, qualquer um pode imitá-la, mas as empresas vencedoras fazem duas coisas imitam *e* melhoram essas práticas.

Imitar já é bastante complicado. Eu me lembro de ouvir um executivo de uma empresa de software lamentar, em uma sessão de perguntas e respostas: "Meu pessoal não sabe copiar muito bem. Simplesmente não querem, gostam das coisas do jeito que fazem." Essa relutância em imitar é um fenômeno comum. Talvez seja apenas a natureza humana.

Mas, para tornar sua estratégia bem-sucedida, você precisa corrigir essa mentalidade — e ainda ir muito além.

A terceira etapa para definir a estratégia é descobrir as melhores práticas, adaptá-las e *melhorá-las continuamente*. Quando você faz isso da maneira correta, não deixa de ser uma inovação. Novas ideias de produtos e serviços, novos processos e novas oportunidades de crescimento começam a surgir em todos os cantos e, no fim das contas, tornam-se a norma.

Em paralelo a ter as pessoas certas nos cargos certos, as boas práticas ajudam a implementar o seu diferencial no máximo potencial e, para mim, são a parte mais divertida.

Divertida porque as empresas que priorizam as boas práticas são organizações que prosperam, que tem sede de mais e que são capazes de aprender. São aquelas que acreditam que todos devem sempre procurar um caminho melhor. São repletas de energia, curiosidade e de uma mentalidade positiva.

Quem teria coragem de dizer que isso não é uma vantagem competitiva?

Nos velhos tempos — após a Segunda Guerra Mundial e antes da concorrência global —, a maioria das empresas industriais, incluindo a GE, estava aferrada à mentalidade do "não inventado aqui" (NIH, na sigla em inglês). O foco estava em seus próprios inventores, e o reconhecimento e o bônus iam para as pessoas que criavam e implementavam ideias originais.

Quando os anos 1980 chegaram, não tínhamos escolha a não ser ampliar radicalmente a mentalidade do NIH, e fizemos isso dando reconhecimento às pessoas que não apenas inventavam coisas, mas também às que descobriam ótimas ideias em *qualquer lugar* e as compartilharam com *todo mundo* de dentro da empresa. Batizamos esse comportamento de "sem fronteiras". Esse termo descrevia uma obsessão em encontrar uma forma melhor — ou uma ideia melhor —, não importava se sua fonte fosse um colega, outro negócio da própria GE, a empresa do outro lado da rua ou uma do outro lado do mundo. O impacto do comportamento "sem fronteiras" na implementação da estratégia foi gigantesco. Eis aqui apenas um exemplo:

A GE estava sempre tentando melhorar o uso de capital de giro; usávamos muito, e aumentar a rotatividade do estoque ajudaria. Mas, por mais que tentássemos todos os tipos de programas e ajustes, parecia impossível passar de quatro rotações anuais.

Em setembro de 1994, Manny Kampouris faria um discurso em um jantar para os trinta principais líderes de nossa empresa. Na época, ele era presidente e CEO da American Standard, a empresa global de suprimentos de encanamento e ar-condicionado, e um dos maiores clientes dos nossos motores.

Era impossível não notar que Manny usava um alfinete de lapela com o número "15" gravado. E, logo, logo, todos nós descobriríamos o porquê.

Durante a maior parte de sua fala naquela noite, Manny nos encantou com histórias sobre como haviam melhorado drasticamente o giro do estoque na American Standard, uma empresa que produzia um amplo e variado catálogo de vasos sanitários e pias de porcelana em fábricas espalhadas por todos os cantos do mundo. Manny e a American Standard eram obcecados pela renovação de estoque. O motivo era simples: pouco tempo antes, a empresa havia feito um *leveraged buyout*, ou seja, uma aquisição de outra companhia por meio de empréstimo, e o fluxo de caixa era sagrado.

Nossa equipe ficou impressionada. Dava para ouvir as pessoas pensando: se a American Standard pode melhorar o giro do estoque com o mix de produtos e os complicados processos de fabricação de seu pessoal, por que nós não podemos? Antes de Manny terminar sua fala, nossos líderes começaram a enchê-lo de perguntas.

Mas aquilo foi só o começo.

O que se seguiu foi uma avalanche de pessoas da GE visitando as instalações da American Standard, reunindo-se com supervisores e com gerentes de fábrica — todos usando alfinetes de lapela como os de Manny. Havia uma ovelha negra ou outra com um "10", e muitos outros usavam alfinetes com "20" ou "25". Visitamos todas as fábricas e sugamos suas ideias.

Eles ficaram felizes em ajudar. Uma coisa que aprendi ao longo dos anos com o "sem fronteiras" é que as empresas e seus funcionários — se não forem concorrentes diretos, claro — adoram compartilhar histórias de sucesso. Basta perguntar.

Nosso pessoal que visitou a American Standard pôs em prática em seus próprios negócios as lições aprendidas. Ao longo dos anos seguin-

> **As empresas e seus funcionários adoram compartilhar histórias de sucesso. Basta perguntar.**

tes, estes negócios adaptaram muitos dos processos da American Standard para a realidade da GE, e continuamente inovaram e compartilharam ideias uns com os outros. Deu certo. Em 2000, o giro do estoque da GE mais que dobrara, liberando bilhões de dólares em dinheiro.

Ao longo dos anos, a GE pegou emprestado grandes ideias por meio de visitas ao Wal-Mart, à Toyota e a dezenas de outras empresas. Também pegamos emprestadas ideias entre nossos próprios negócios. Em nossa reunião trimestral de líderes, pedimos aos participantes que apresentassem práticas que pudessem ser aplicadas a outros negócios. Se um líder tentasse apresentar uma prática que não fosse aplicável a outros negócios, perdia a vez.

Foi dessa forma que o programa de recrutamento de oficiais militares juniores, que começou na divisão de transportes e se espalhou por todos os cantos da empresa, e que as técnicas de venda on-line, que ajudaram a divisão de plásticos a alcançar seus clientes, chegaram à divisão de sistemas médicos e além. A lista dessas transferências de práticas é interminável.

E isso não é exclusividade da GE. A Yum! Brands é um exemplo disso. Ela é derivada da PepsiCo desde 1997 e composta por cinco cadeias de fast-food — KFC, Taco Bell, Pizza Hut, Long John Silver's e A&W All American Food —, com mais de 33 mil pontos de venda. O CEO da Yum!, David Novak, acredita fervorosamente na transferência de boas práticas entre empresas e considera cada estabelecimento um laboratório individual de ideias. Há pouco tempo, ele me disse que achava que a maior vantagem de "encorpar" — ou seja, de aumentar o número de cadeias e de pontos de venda — é poder compartilhar o aprendizado. Do contrário, segundo ele, crescer é só um fardo.

Eis um exemplo do que ele quis dizer. Alguns anos atrás, a Taco Bell era décima quinta colocada no quesito serviço entre os restaurantes que oferecem drive-thru, com tempo de atendimento de 240 segundos, ou quatro minutos, por pedido. A cadeia introduziu um novo processo, e, em dois anos, conseguiu reduzir esse número para 148 segundos, subindo ao segundo lugar do ranking. Imediatamente, a prática Taco Bell foi repassada para o KFC, e, no ano passado, o tempo de serviço da rede saiu da décima posição para a oitava — de 211 para 180 segundos meio minuto mais rápido.

Eu poderia contar muitas outras histórias de como os "laboratórios" da Yum! deram origem a novos processos, que foram espalhados para melhorar todos os negócios da marca. No entanto, para resumir, vou apresentar os resultados. Mesmo com a economia indo mal, nos sete anos após sua derivação, a capitalização de mercado da Yum! saltou de 4,2 bilhões de dólares para 13,5 bilhões. Isso se deveu, principalmente, às ideias compartilhadas e ampliadas!

Foco nas boas práticas pode não soar como uma estratégia, mas tente implementar uma estratégia sem isso, e vai ver a dificuldade.

As boas práticas não são essenciais apenas para fazer a estratégia acontecer; são uma vantagem competitiva sustentável se você as estiver sempre melhorando, e *se* é a palavra-chave aqui.

Não se trata apenas de uma mentalidade. É como uma religião.

■

Numa noite, estávamos comendo no Torch, um maravilhoso restaurantezinho ao lado da Upper Crust Pizzeria, e, de nossa mesa próxima à janela, podíamos ver o pessoal da entrega em bicicletas, carros e a pé entrando e saindo do estabelecimento sem parar.

Começamos a nos distrair fazendo uma análise do negócio, usando números aproximados, mas, mesmo com as estimativas mais conservadoras, nossa única conclusão foi de que a Upper Crust era muito lucrativa.

É de se imaginar que as pessoas que administram a Upper Crust jamais realizaram uma sessão de revisão de estratégia e que muito menos aplicaram os Cinco Slides para alcançar um diferencial.

O diferencial deles está no molho.

Veja bem, não quero simplificar demais a estratégia. Mas você não precisa entrar em pânico por causa disso. Encontre o diferencial certo e defina a direção, coloque as pessoas certas nos lugares certos e trabalhe feito louco para ter um desempenho melhor do que os concorrentes. Ache as boas práticas e as aprimore a cada dia.

Você pode não ser o dono de uma lojinha de rua, mas, quando estiver definindo a estratégia, aja como se fosse.

12

Orçamento

REINVENTANDO O RITUAL

SEM QUERER CHOVER no molhado, mas o processo orçamentário da maioria das empresas deve ser a prática mais ineficaz em termos de gerenciamento.

Suga energia, tempo, bom humor e os grandes sonhos de uma organização. Enterra oportunidades e atrapalha o crescimento. Faz emergir os comportamentos mais improdutivos de uma empresa, incluindo sabotagem e falta de iniciativa.

De fato, quando essas empresas vencem, na maioria dos casos, isso se dá *apesar* dos orçamentos, não *por causa* deles.

Entretanto, assim como na definição da estratégia, as companhias dedicam inúmeras horas na preparação de orçamentos. Que desperdício!

Não estou dizendo que planejamento financeiro é ruim. Sem dúvida, você precisa acompanhar os números de alguma forma — mas não como geralmente é feito.

Neste capítulo, vou falar sobre uma abordagem totalmente diferente do orçamento, que alinha os funcionários aos acionistas, acrescenta crescimento, energia e diversão no planejamento financeiro e inspira as pessoas a darem o seu máximo. Essa abordagem é tão diferente do pro-

> O processo correto de elaboração de orçamento pode mudar a forma como uma empresa funciona — e essa reinvenção torna tão mais fácil vencer que você não pode se dar ao luxo de não tentar.

cesso típico de orçamento que, quando começamos a usá-la na GE, paramos até de usar a palavra *orçamento*.

Falarei mais sobre isso adiante.

A boa notícia é que o processo que recomendo não é muito difícil de pôr em prática. Pelo menos, não mais difícil do que o processo árduo e entorpecedor que costuma vigorar.

Mas esse novo sistema só pode ser posto em prática se a empresa tiver confiança e franqueza correndo em suas veias. Como já disse mais de uma vez ao longo deste livro, isso é raro. Talvez, orçamentos que realmente inspiram criatividade e crescimento ajudem esse cenário a mudar.

A maioria das empresas usa o orçamento como a espinha dorsal de seus sistemas de gerenciamento. De maneira que o processo correto de elaboração de orçamento pode mudar a forma como uma empresa funciona — e essa reinvenção torna tão mais fácil vencer que você não pode se dar ao luxo de não tentar.

ORÇAMENTO: COMO NÃO FAZER

Antes de descrever como elaborar um orçamento da maneira correta, vejamos as duas dinâmicas nocivas que são a regra hoje em dia. Eu chamo essas abordagens de **Acordo Negociado** e **Sorriso Falso**.

Essas dinâmicas, aliás, não fazem parte do repertório apenas das grandes burocracias corporativas. Não importa o tamanho da empresa em que você trabalha, uma dessas duas abordagens, talvez ambas, provavelmente, serão muito familiares. Nas minhas sessões de perguntas e respostas em todo o mundo, ouvi falar sobre essas praticamente em todos os países, em organizações com poucas centenas de funcionários e até em startups. Um orçamento ruim é traiçoeiro vai se espalhando sorrateiramente e se firma como um procedimento institucionalizado. É incrível quantas vezes ouvi membros da plateia reclamando de sistemas engessados, para, logo em sequência, concluírem, esgotados: "Mas é assim que as coisas são."

Não precisa ser. Para isso, você primeiro tem de desmontar as dinâmicas nocivas que acabei de citar.

O MEIO-TERMO

Destas dinâmicas, o **Acordo Negociado** é o mais comum.

Esse processo começa quando a tinta do plano estratégico ainda está fresca. É quando as empresas do grupo dão início à longa tarefa de construir, de baixo para cima, os detalhados planos financeiros do ano seguinte, que serão apresentados dali a vários meses na grande reunião de orçamento na sede. Os números cobrem tudo — desde custos até estimativas de preço.

Em todas essas estimativas, as pessoas estão operando com um objetivo simples em mente, ainda que não declarado: minimizar o risco e maximizar o bônus. Em outras palavras, a missão consolidada por trás dessa tarefa é estabelecer metas que eles julgam capazes de atingir sem dúvida alguma.

Por quê? Porque, na maioria das empresas, as pessoas são recompensadas por cumprir o orçamento. Estourar o orçamento deixa você numa situação complicada. Portanto, é claro que as pessoas querem manter os números o mais baixo possível. Não é de se admirar que esses orçamentos estejam repletos de camadas e mais camadas de conservadorismo.

Enquanto isso, de volta à sede, os gerentes seniores também estão se preparando para a grande reunião. O interesse deles, no entanto, situa-se no extremo oposto do espectro. Eles são recompensados pelo aumento nos ganhos

> As pessoas estão operando com um objetivo simples em mente, ainda que não declarado: minimizar o risco e maximizar o bônus.

e, portanto, o que esperam da revisão do orçamento de cada empresa é um crescimento significativo nas vendas e nos lucros.

Agora, avancemos até o dia da grande reunião de orçamento.

Os dois lados se reúnem em uma sala sem janelas, o dia inteiro reservado para aquilo que, todos sabem, será uma batalha desagradável.

As empresas fazem suas apresentações com longas sequências de slides do PowerPoint, e a história é invariavelmente terrível. Apesar dos relatos de que a economia vai muito bem, há razões para acreditar que aquele ambiente de negócios, especificamente, será muito duro. "A concorrência acaba de divulgar a abertura de uma nova fábrica, e, com o excesso de oferta, haverá uma enorme pressão sob os preços", talvez afirme alguém. Dali a algum tempo, você escuta: "O custo das matérias-primas e a pressão da inflação serão impiedosos. Para enfrentar esses desafios, precisamos de novos programas de redução de custos que exijam dez milhões de dólares em recursos adicionais."

O pronunciamento final dos gerentes de cada negócio costumar ser mais ou menos assim: "Sendo otimista — *muito* otimista —, os ganhos devem crescer apenas 6%."

A sede, nem precisa dizer, tem sua visão particular da situação e, decididamente, não é catastrófica. A economia vai bem. Estima-se que o PIB irá aumentar de forma constante o ano inteiro. Não param de chegar encomendas. O principal concorrente está encarando uma enorme ação judicial devido ao uso de amianto que vai distrair a gerência. Os negócios podem obter reduções de custo investindo apenas cinco milhões em novos programas, e os ganhos devem crescer 12%.

Você sabe o que acontece durante essa maratona — o choro e a lamentação, pesquisas e dados sendo desfiados, em um vai e vem interminável. Às vezes, o clima acaba ficando tenso, principalmente se alguém da sede já atuou em algum dos negócios no início da carreira. A pessoa vai contar histórias sobre como fazia aquilo nos velhos tempos e acusar o gerente de jogar os números para baixo de propósito. "Eu sei que você está tentando se esconder. Eu sei bem como se faz isso", insistirá. "Portanto, chega desse papo."

A luta termina — final e inevitavelmente — quando os dois lados chegam a um meio-termo. Os gerentes recebem 7,5 milhões de dólares em recursos, e um orçamento com meta de 9% de crescimento nos ganhos.

Antes de os gerentes deixarem a sala, todos apertam as mãos sombriamente. O clima é de resignação. Para cada um dos envolvidos, a atmosfera implícita na sala é: não conseguimos o que queríamos, nem o que era o certo.

O clima de velório dura até o momento em que os gerentes deixam o prédio. Aí, então, eles começam a comemorar.

"Esses canalhas queriam que entregássemos doze por cento, e vamos ter que entregar só nove!", exclamam os gerentes. "Graças a Deus conseguimos evitar essa maluquice!"

A equipe da sede também está muito orgulhosa do trabalho que fez. "Esses acomodados só queriam nos dar 6%", reclamam. "Vocês viram onde estavam escondendo os ganhos? Conseguimos impor 9%. Eles vão entregar isso, talvez até mais, mas com esses 9% e o que temos dos outros negócios, já é suficiente."

Pouco depois, o Acordo Negociado é oficialmente aprovado, e o gerentes e a sede fazem as pazes quanto às metas. Dizem uns ao outros: "Bem, os números deste ano são razoáveis. Parecem ok."

Quando o ano chega ao fim, esse terrível ritual se encerra. Na maioria das vezes, os gerentes atingem ou superam as metas e recebem seus bônus, e, é claro, a sede lhes dá os parabéns. Belo trabalho!

Todo mundo fica feliz, mas não deveria. Neste exercício de minimização, houve pouca ou nenhuma discussão sobre o que de fato poderia ter sido feito.

TODOS FINGEM CONCORDAR

A segunda dinâmica orçamentária que acaba com o valor é o **Sorriso Falso**.

Mais uma vez, os gerentes de negócios passam algumas semanas elaborando um plano de orçamento detalhado. Comparado à abordagem do Acordo Negociado, a parte mais triste dessa dinâmica é que, frequentemente, os planos do Sorriso Falso são preenchidos com boas ideias e oportunidades interessantes. Os gerentes têm sonhos ousados sobre o que podem fazer — uma aquisição, por exemplo, ou o desenvolvimento de novos produtos — com o volume certo de investimento. Estão ansiosos para expandir os horizontes de seus negócios, mas precisam da ajuda da nave-mãe.

Para justificar esses planos, os gerentes preparam as apresentações de slides de sempre. Desde que me aposentei na GE, já vi apresentações dessas com até 150 slides! Cada ângulo competitivo é abordado, geralmente, além do necessário. Essas apresentações são a prova de que foi feito um trabalho árduo, minuciosamente elaborado, fruto de longas noites montando planilhas cuja precisão vai até o último centavo. É provável que ninguém sinta prazer em preparar essas sequências de slides, mas, quando estão prontos, junto da exaustão da equipe vem também — compreensivamente — uma enorme sensação de orgulho e de estar no controle das coisas.

No tão esperado dia, a equipe, encabeçada por uma líder que vamos chamar de Sara, desloca-se até a sede. E lá, mais uma vez em uma sala sem janelas, apresentam seus argumentos, slide por slide, à diretoria.

Quando o show acaba, as luzes se acendem, e, por alguns minutos, os gerentes e a sede travam uma conversa bastante agradável. É mais ou menos assim:

"Vimos que vocês esperam que a Acme S.A. construa outra fábrica. Isso é muito interessante. Eles quase faliram em 1988", um dos diretores reúne energia para dizer.

"Bem, foram comprados há dois anos e estão voltando com força", responde Sara, de bate-pronto.

"Muito interessante. Muito interessante", é a resposta vaga de um figurão da sede.

"E vimos que vocês esperam que o custo do gás natural se mantenha estável nos primeiros seis meses", é provável que diga outro membro da sede, para mostrar que estava prestando atenção.

"Sem dúvida!", responde Sara. "Não esperamos alteração alguma nos preços".

"Hmmm… Interessante… Sim, interessante."

Por fim, depois de mais algumas interações superficiais, a reunião acaba. A equipe da sede sorri de orelha a orelha e diz: "Belo trabalho!

Obrigado por virem! Façam uma boa viagem de volta!" Convencidos de que fizeram um bom trabalho, os gerentes retribuem o sorriso e vão embora.

E aí acontece a reunião pós-reunião.

É quando a sede discute o quanto vão ganhar *de verdade* com aquele negócio. A realidade é que já sabem como vão alocar a verba de investimento da empresa, e já sabem com precisão quanto esperam de receita e de lucro em cada negócio. Acreditam que essas decisões cabem à sede, de onde a diretoria pode ver a situação como um todo, elencar prioridades e dividir o capital adequadamente.

Alguns dias depois, Sara recebe uma ligação de um funcionário qualquer, dizendo que seus negócios receberão cerca de 50% do que foi solicitado na reunião do Sorriso Falso e que a expectativa de lucro será 20% maior do que o valor da planilha que foi apresentada.

Que chute no estômago! Sara fica possessa, e por uma série de motivos: a sede simplesmente não ouviu uma palavra sequer! Tanto trabalho à toa! Ninguém dá satisfação! E, o pior de tudo, não haverá dinheiro suficiente para todas as coisas que deveriam estar fazendo.

No dia seguinte, Sara convoca seu pessoal para fazer a reunião pós--reunião *deles*. Juntos, todos se revoltam contra a injustiça e a falta de explicação das imposições da sede.

E então, sem querer, Sara piora a situação. Para acalmar os ânimos da equipe, recebe a verba da sede, agora muito menor do que a solicitada, e a distribui uniformemente, um pouco para a produção, um pouco para o marketing, um pouco para as vendas, e assim por diante. É claro que seria mais esperto se ela apostasse as fichas em um ou dois programas, mas isso raramente acontece. As pessoas que caem nas armadilhas da dinâmica orçamentária do Sorriso Falso ficam amarguradas. Com frequência, perdem o senso de compromisso com a empresa e se esquecem do quanto estavam empolgadas com as propostas originais. E simplesmente pegam a verba e distribuem um pouco para cada lado.

Minha questão aqui não é com o fato de a sede decidir como alocar os recursos. Esse é o trabalho deles, porque têm uma compreensão maior e mais detalhada do que cada negócio pode dar de retorno de modo realista. O problema surge quando a sede faz segredo sobre esse processo, quando não explica a lógica por trás de suas decisões.

Mas, assim como na dinâmica do Acordo Negociado, a do Sorriso Falso geralmente termina com todo mundo dando de ombros depois de todo o estresse — é assim que os negócios funcionam, não é? E, no ano seguinte, tudo recomeça da mesma forma.

UMA DINÂMICA MELHOR

Agora, você deve estar se perguntando: "Se as empresas conseguem bater metas e pagar bônus tanto com a abordagem orçamentária do Acordo Negociado quanto com a do Sorriso Falso — por maiores que sejam os defeitos das duas —, por que mudar? Pelo menos, algum resultado esses métodos dão."

O problema é que geralmente dão apenas uma fração do resultado que poderiam dar, e acabam com todo o prazer que existe em estabelecer metas financeiras. Sim, este evento anual pode, e deve, ser prazeroso.

Imagine um sistema de elaboração de orçamentos em que os gerentes de negócios e a sede compartilhem do mesmo objetivo: aproveitar o processo de orçamento para descobrir todas as oportunidades possíveis de crescimento, identificar obstáculos reais no ambiente e conceber um plano que permita sonhar cada vez mais alto. Imagine um sistema de elaboração de orçamentos que não olhe só para dentro e que não se baseie em cumprir metas forjadas, mas que abra as janelas e mire o mundo lá fora.

Esse sistema está intimamente ligado ao processo de planejamento estratégico descrito no capítulo anterior, na medida em que está assentado em duas perguntas:

- **Como podemos superar o desempenho do ano passado?**

- **O que os concorrentes estão fazendo, e como podemos superá-los?**

Se você se concentrar nessas duas perguntas, a elaboração do orçamento será um diálogo abrangente, aberto, entre os gerentes e a sede, sobre as oportunidades e os obstáculos do mundo real. Por meio desse debate, os dois lados serão capazes de determinar, em conjunto, um cenário de crescimento que não é um meio-termo nem uma imposição e que não poderia nem mesmo ser chamado de orçamento. É um *plano operacional* para o ano seguinte, inspirador, contendo essencialmente orientações, e pautado por números que ambas as partes aceitam como metas, ou, em outras palavras, números que poderiam ser chamados de "o melhor que podemos dar".

Ao contrário de um orçamento convencional, em que os valores determinados são rígidos, um plano operacional pode mudar à medida que as condições mudam. Uma divisão ou empresa pode ter dois ou três planos operacionais ao longo de um ano, ajustados conforme necessário por meio de um diálogo realista sobre os desafios dos negócios. Essa flexibilidade libera a organização das amarras de um documento orçamentário que se tornou obsoleto — ou completamente morto — devido às mudanças nas circunstâncias do mercado.

Nesse ponto, você deve estar pensando: "Sim, sim, essa abordagem parece ótima... mas e o meu bônus?"

Essa é uma ótima pergunta. É a pergunta-chave, na verdade. E a resposta é que esse processo do plano operacional só pode ocorrer sob uma única condição:

> *As recompensas para os indivíduos e para cada negócio* não *estão ligadas ao desempenho em relação ao orçamento. Estão ligadas, principalmente, ao desempenho em relação ao ano anterior e à concorrência e levam em consideração oportunidades e obstáculos reais.*

Para muitas empresas, essa postura exigiria uma mudança radical. As pessoas vêm sendo treinadas há anos para cumprir os números determinados no orçamento, não importa o que aconteça, e os gerentes recompensam aquelas que cumprem e punem as que não cumprem, sem flexibilidade alguma.

> **Nesse ponto, você deve estar pensando: "Sim, sim, essa abordagem parece ótima... mas e o meu bônus?"**

Assim era a empresa em que eu trabalhei por vinte anos e, em grande parte, a empresa que herdei quando me tornei CEO. Ao longo dos anos, estive muitas vezes do lado da mesa que recebia o Sorriso Falso e participei de dezenas, se não centenas, de reuniões do Acordo Negociado, em ambos os lados da mesa.

Porém, à medida que a franqueza foi sendo inserida na cultura da GE, foi possível transformar, de verdade, o processo de elaboração de orçamentos. Por fim, conseguimos deixar de lado as metas engessadas e caminhar em direção a planos operacionais com objetivos muito mais flexíveis.

Essa transformação levou tempo — muitos anos. Ao longo do caminho, defendi a mudança sempre que pude.

Em 1995, por exemplo, o departamento de eletrodomésticos estava enfrentando uma situação dificílima. Os concorrentes fabricavam produtos de alta qualidade a preços muito baixos, e nossa equipe estava lutando desesperadamente para alcançá-los. Estávamos inovando, com o lançamento de uma série de novos produtos, e melhorando os processos de fabricação, para tornar a operação mais produtiva. Mesmo assim, no fim do ano, o lucro do departamento ficou 10% abaixo das expectativas internas e praticamente estagnado em relação ao ano anterior.

Ao mesmo tempo, a divisão de plásticos estava tendo um ótimo ano. Seu mercado decolou, e a escassez de material se alastrou rapidamente, favorecendo os vendedores na questão dos preços. Os ganhos aumentaram 25%, cerca de dez pontos a mais do que o estipulado no plano operacional.

Nos velhos tempos, a divisão de plásticos receberia um bônus polpudo, e a de eletrodomésticos ficaria com uma migalha. Mas, com a nova abordagem, ambas as empresas receberam quase o mesmo valor de bônus, e maiores que os do ano anterior.

No encontro anual de gerentes naquele ano, que reuniu cerca de quinhentos funcionários dos cargos mais altos da empresa, esforcei-me para que essa história fosse amplamente divulgada. Fiz questão, inclusive, de contá-la em meu discurso de abertura.

Sim, eu disse, os ganhos da divisão de eletrodomésticos estavam abaixo do planejado e não mostraram aumento em relação ao ano anterior. Mas o desempenho do negócio naquele ambiente inóspito foi realmente impressionante em comparação com os concorrentes mais próximos, como a Whirlpool e a Maytag, que ficaram atrás da gente.

Quanto à divisão de plásticos, sim, os ganhos haviam superado a meta, mas as circunstâncias ajudaram. O importante, mesmo, era o fato de um dos concorrentes ter tido um crescimento de 30% nos lucros, e outro, de 35%. Poderíamos ter feito mais, e não o fizemos. De fato, não fomos agressivos o suficiente em relação ao preço — um erro, puro e simples.

Você deve estar pensando que as pessoas na área de plásticos se ressentiram do bônus pago à divisão de eletrodomésticos, ou que esperassem mais da sede em reconhecimento aos seus resultados. Mas, naquela época, a abordagem reinventada do orçamento já havia permeado a organização. As pessoas entendiam como a coisa funcionava e como nos ajudava a melhorar, olhando para fora da empresa para avaliar o nosso desempenho. Afinal, de que adianta bater metas definidas em uma sala sem janelas? O mundo lá fora tem seus próprios números, e são esses que importam.

COLOCANDO EM PRÁTICA

Como eu disse, levou anos para que essa abordagem do planejamento financeiro fosse adotada de vez na GE, mas conheço um caso em que começou a funcionar em apenas dois anos — e isso na China, onde as técnicas mais modernas de gerenciamento estão só começando a chegar.

Aconteceu na 3M, o conglomerado industrial, que faz negócios no país há mais de vinte anos.

Para quem vê de fora, o histórico da 3M na China sempre foi sólido. De fato, quando Jim McNerney se tornou CEO, em janeiro de 2001, os negócios chineses da empresa registravam um crescimento anual de 15%, cerca de três vezes a média da empresa. Ano após ano, na hora

De que adianta bater metas definidas em uma sala sem janelas?

de elaborar o orçamento, a equipe recebia os parabéns por esse nível de desempenho.

Mas devido à vasta experiência com o impacto de metas flexíveis e de planos operacionais na GE — onde seu último cargo foi como CEO da divisão de motores aéreos —, Jim decidiu transformar o orçamento na 3M, inclusive das operações no exterior.

Seu primeiro passo, no entanto, *não foi* implementar a abordagem mais flexível. "Não dá para sair flexibilizando logo de cara", disse, há alguns anos. "É preciso primeiro criar uma cultura de responsabilidade." Em outras palavras, as pessoas precisam dizer o que pensam, cumprir seus compromissos operacionais e estratégicos e assumir a responsabilidade, caso isso não ocorra.

No passado, a 3M tinha algo da abordagem do Acordo Negociado para o orçamento, mas com um toque extra de negligência benigna. A empresa chamava os orçamentos de "planos de melhoria", que, como Jim observa, "exigiam pouco comprometimento". A sede e cada unidade de negócios chegavam a um meio-termo quanto aos números durante o ritual de orçamento, despediam-se amigavelmente, e ficava cada um no seu canto até o evento se repetir no ano seguinte. Enquanto isso, as metas quase sempre não eram alcançadas, e a sede podia até ficar irritada, mas não tomava nenhuma atitude.

Ao longo dos anos, quando Jim e sua equipe mudaram a cultura da 3M, a abordagem do "plano de melhoria" para o orçamento praticamente desapareceu. Havia uma nova cultura de franqueza e confiança — e responsabilidade — por toda a organização. Inclusive, Jim achou que já era possível apresentar a abordagem da flexibilidade.

Uma das primeiras pessoas que acreditou na ideia foi Kenneth Yu, diretor da 3M China e funcionário há mais de trinta anos, primeiro em Hong Kong e em Taiwan, depois em Xangai. Com cinquenta e poucos anos e veterano de bons resultados no antigo sistema orçamentário, Kenneth era um candidato improvável a adotar uma mudança tão importante. Mas ele teve, nas palavras de Jim, "um novo despertar" em relação a como os negócios poderiam ser feitos.

"Depois que Kenneth percebeu que a abordagem da flexibilidade podia ser aplicada com segurança, abraçou a ideia. Mesmo sem tê-la experimentado, viu que aquilo poderia ser muito melhor do que as velhas práticas", lembra Jim.

Em vez de apresentar o habitual plano de crescimento conservador para depois superá-lo facilmente, Kenneth apresentou um plano operacional para catapultar a operação chinesa a um crescimento anual de 40%. Isso envolvia um pensamento ousado e diversificado sobre as perspectivas. Para o ano seguinte, ele propôs aumentar o investimento em pesquisa e desenvolvimento da 3M China a fim de inserir muitas adaptações locais de produtos e promover o investimento em novas fábricas, para dar suporte ao rápido crescimento.

Em três anos, os negócios da 3M na Grande China aumentaram de 520 milhões de dólares para 1,3 bilhão, com planos ambiciosos para o futuro.

Isso não significa, claro, que a flexibilização se firmou totalmente na 3M. Jim diz que as pessoas ainda demoraram a se acostumar com a mudança, mas, definitivamente, viram que a empresa celebrava e recompensava aqueles que pensavam grande. Hoje, orçar na 3M não significa entregar planos bons e superá-los. Significa ter coragem e responsabilidade para correr atrás de tudo o que pode ser feito.

Isso não parece muito mais divertido do que orçar? E funciona melhor, também.

UMA PALAVRA DE CAUTELA

Antes de concluir este capítulo, quero me assegurar de que não estou fazendo essa mudança parecer muito fácil. A experiência me mostrou que, embora a maioria das pessoas abrace a reinvenção do orçamento com entusiasmo, há sempre aqueles que a rejeitam, e que, com suas atitudes, tentam sabotá-la. Geralmente, essas pessoas estão mergulhadas demais na tradição para deixar de lado a velha associação entre metas e bônus.

> **Embora a maioria das pessoas abrace a reinvenção do orçamento com entusiasmo, há sempre aqueles que tentam sabotá-la.**

Às vezes, são só idiotas. Mas, seja qual for o motivo, eu seria uma Pollyanna se não admitisse que gerentes desse tipo assombram todas as empresas que adotam a abordagem flexível. Na GE, não conseguimos encontrar nem converter todos, mas nunca desistimos.

O *modus operandi* desses tipos é assim: no começo do ciclo de planejamento financeiro, parecem profundamente interessados no novo programa e pedem ao seu pessoal que busquem metas bastante ousadas. Depois, sem admitir abertamente, pegam a meta expandida da equipe e a aplicam como se fosse um número definitivo — uma meta orçamentária antiquada. Quando chega o fim do ano, esses gerentes tiram proveito de seu pessoal de uma forma terrível. Mostram o número expandido como se fosse a meta e repreendem a equipe por não tê-la atingido.

Esse comportamento é desprezível e atrasa todo o processo, pois sinaliza às pessoas na linha de frente que não podem confiar nele. Da próxima vez que pedirem a elas para sonhar, pode ter certeza de que os sonhos serão bastante contidos.

Parte do processo de uma empresa que almeja a transformação do orçamento é encontrar os gestores que usam essa armadilha. Confronte-os quanto a isso e tome as medidas necessárias para garantir que não se repita.

■

Quando falo com o público empresarial sobre a maneira certa de fazer um orçamento, independentemente do setor ou do país, costumo ouvir a mesma pergunta: "O processo de elaboração de orçamento da minha empresa já está enraizado demais para implementarmos uma mudança como a que você descreveu. O que eu posso fazer?"

Minha resposta é: não desista. Isso é muito importante.

Pode ser estranho no começo, mas a mudança aparece quando você começa a falar, e uma conversa leva a outra e mais outra. Todo mundo conhece as dinâmicas do Acordo Negociado e do Sorriso Falso, já trabalhou com base nelas e sabe que sugam a energia do orçamento e o afasta da realidade. Portanto, quando abordar esse assunto, as pessoas podem não saber como lidar, mas não vão poder simplesmente fugir.

O assunto vai repercutir.

O fato é que existe uma abordagem que acaba com o que havia antes e coloca algo muito melhor no lugar. É um sistema que pode pegar um negócio industrial chinês com crescimento anual modesto e transformá-lo em uma empresa que cresce mais de 40% ao ano. Que pode inspirar as pessoas a inovarem continuamente e serem mais produtivas dia após dia, mesmo quando a concorrência global parece insuperável. Pode pegar pessoas que antes estavam sentadas do *outro lado* da mesa nas reuniões em que se falava sobre nada menos que os rumos e o futuro da empresa, e trazê-las para o *mesmo* lado que o seu.

Em suma, o processo de orçamento certo pode mudar a forma como as empresas competem.

As pessoas costumam chiar quando ouvem falar em orçamento — é um mal necessário.

Não precisa ser assim. Não deveria ser. Mas a mudança para uma maneira melhor precisa começar de algum lugar — por que não com você?

13

Crescimento orgânico

ENTÃO VOCÊ QUER COMEÇAR ALGO NOVO?

UMA DAS COISAS mais estimulantes sobre os negócios é começar algo novo a partir de algo antigo — lançar uma linha de produtos ou serviço, por exemplo, ou adentrar um novo mercado global. Não apenas é incrível, como é um dos caminhos mais gratificantes para o crescimento.

Outra rota para o crescimento, claro, é por meio de fusões e aquisições, que iremos abordar no próximo capítulo. Aqui vamos falar sobre empresas que crescem organicamente.

Começar algo novo a partir de uma empresa já estabelecida é muito mais fácil de ser dito do que executado, e há uma boa razão para isso.

É porque exige que os gerentes ajam contra a maioria de seus instintos, que lhes parecem perfeitamente razoáveis.

Poucos gerentes corporativos típicos têm o desejo de designar seus melhores funcionários para abrir uma fábrica do outro lado do mundo ou de investir a verba de pesquisa e desenvolvimento em uma nova tecnologia arriscada. Muitos também não têm vontade de dar muita liberdade de ação a novos empreendimentos, seja em casa ou no exterior.

Mas, para oferecer a qualquer novo empreendimento uma chance de lutar por sucesso, você *tem* que dar (alguma) liberdade e *precisa* investir mais dinheiro e torcer ainda mais pelo negócio, mais do que possa parecer confortável.

Gerenciar uma nova linha de produtos de cinquenta mil dólares no primeiro ano é mais difícil do que gerenciar um negócio de quinhentos milhões no vigésimo. E tornar-se uma empresa global é igualmente desafiador. Novos negócios e novos empreendimentos globais têm poucos clientes ou rotinas. Nenhum deles tem um roteiro realmente útil para atingir a lucratividade. É por isso que precisam de tratamento especial.

O que, na maioria das vezes, não recebem.

Ao longo dos anos, vi inúmeros novos negócios sendo lançados na GE e muitos se expandindo globalmente. Estive envolvido com várias empresas em suas batalhas pelo crescimento, e, durante as sessões de perguntas e respostas, ouvi pessoas listarem as dificuldades em dar início a novos empreendimentos.

Aparentemente, existem três erros comuns que as empresas cometem ao lançar algo novo.

Primeiro, não suprem as startups com o volume de recursos adequado, principalmente no que tange à contratação de pessoal.

Segundo, fazem muito pouco alarde sobre o quanto o novo empreendimento é importante e promissor. Na verdade, em vez de exaltar o seu potencial, tendem a escondê-lo debaixo do tapete.

Terceiro, limitam a autonomia do novo empreendimento.

> As empresas têm o hábito de designar pessoas dispensáveis para administrar novos empreendimentos. Isso é loucura. Para que um novo negócio seja bem-sucedido, é preciso ter as melhores pessoas à frente, não as que estão mais disponíveis.

Todos esses erros são completamente compreensíveis. Começar algo novo, seja um dispositivo de VoIP ou um call center na Índia, significa fazer uma aposta. A maioria das pessoas instintivamente tenta se proteger dos riscos, ainda que não deixem de fazer as apostas. A ironia é que essa proteção pode levar um novo empreendimento ao fracasso. Ao lançar algo, você precisa entrar de cabeça — "jogar para não perder" não pode ser uma opção.

Eis aqui três diretrizes para fazer do crescimento orgânico uma proposta vencedora. Como é de se esperar, são antídotos para os erros listados acima.

> **DIRETRIZ UM: invista muito logo de início e nomeie os melhores, mais ambiciosos e mais apaixonados para os cargos de liderança.**

As empresas tendem a calibrar seus investimentos em novos empreendimentos de acordo com o tamanho das receitas ou dos lucros iniciais. Essa é uma visão limitada, para ser educado. Os investimentos em pesquisa, desenvolvimento e marketing devem ser calibrados como se o empreendimento já fosse um grande vencedor. E a seleção de pessoas deve seguir a mesma mentalidade.

Falando nisso, as empresas têm o hábito de designar pessoas dispensáveis para administrar novos empreendimentos: o coroa do setor de produção cujos filhos estão crescidos e que está em busca de uma última aventura nos dois anos antes da aposentadoria é enviado para outro país para abrir uma nova fábrica. Um gerente bom, mas sem nada de especial, que administra silenciosamente um dos negócios, recebe a tarefa de lançar um produto.

Isso é loucura. Para que um novo negócio seja bem-sucedido, é preciso ter as melhores pessoas à frente, não as que estão mais disponíveis.

Na verdade, os líderes de novas empreitadas precisam ter algo de "empreendedores de garagem" dentro de si. Precisam ter todos os quatro Es e muita P, como explicado no capítulo 6.

Uma coisa é certa: novos negócios com recursos limitados e pessoas "que dão pro gasto" não crescem.

Posso citar dois casos em que quase matamos novos empreendimentos na GE por investir pouco em recursos e pessoas.

A tomografia por emissão de pósitrons (PET, na sigla em inglês) é uma tecnologia de imagem para detecção de câncer que vendia cerca de dez milhões de dólares em equipamentos em 1990, como parte do nosso enorme negócio de serviços médicos.

Em 1992, tínhamos um negócio de cinquenta milhões de dólares de fabricação de pequenos motores a jato. Era praticamente invisível, se comparado ao negócio multibilionário que tínhamos no setor de grandes motores comerciais.

Nem o PET nem os pequenos motores a jato receberam muito em termos de tempo, atenção ou investimento de suas divisões ou sedes, e definharam. Os pequenos motores a jato tiveram a sorte de ter um vice-presidente chamado Dennis Williams, que acreditava no negócio e, de alguma forma, conseguiu mantê-lo vivo. Mas só dávamos atenção ao PET quando tentávamos nos desfazer do projeto — e ninguém queria comprar.

As condições do mercado acabaram nos fazendo recuperar o bom-senso, e só então começamos a investir pesadamente nos dois negócios. Até hoje, estão indo bem. O PET é um negócio de quatrocentos milhões de dólares. Os pequenos motores a jato receberam um enorme impulso com o crescimento das companhias aéreas regionais. Suas vendas giram em torno de 1,4 bilhão de dólares, e é o setor que mais cresce entre os negócios de motores comerciais da GE.

Passamos a alocar recursos muito mais próximo do ideal com a experiência na China. No início dos anos 1990, a Ásia para a GE se resumia praticamente ao Japão, onde tínhamos uma receita de cerca de dois bilhões de dólares. Mas sabíamos que a Ásia era muito mais que isso, e que precisávamos entrar na China.

Então, pegamos um de nossos melhores líderes e o colocamos no comando desse projeto. Tratava-se de Jim McNerney, que eu mencionei no capítulo anterior, sobre orçamentos.

Naquela época, Jim era o CEO do negócio de sistemas industriais da GE em Plainville, Connecticut, avaliado em quatro bilhões de dólares. Ele era, sob todos os aspectos, um grande rebatedor. Vinte e cinco mil pessoas se reportavam a ele em um de nossos negócios mais importantes, e Jim tinha uma sala confortável e uma equipe bem-treinada escolhida a dedo. A maioria das pessoas na empresa acreditava que Jim

– 210 –

tinha um futuro muito promissor na GE e que seu próximo passo seria se tornar vice-presidente, para dizer o mínimo.

Em vez disso, o colocamos em um escritório em Hong Kong com um assistente e alguns poucos funcionários.

O impacto foi imediato. Jim era como o Flautista de Hamelin. Assim que a sede estabeleceu metas mais altas e enviou para China uma pessoa vista por todos como um astro, todas as nossas empresas também começaram a enviar seus melhores funcionários.

Jim e sua equipe transformaram os negócios da GE no país em uma operação de quatro bilhões de dólares, atualizados para os valores de hoje. Ele fez um ótimo trabalho como CEO da 3M.

DIRETRIZ DOIS: não poupe palavras ao descrever o potencial e a importância do novo empreendimento.

Quando mandamos Jim McNerney para a Ásia, não publicamos uma simples nota de imprensa e deixamos as notícias correrem sozinhas. Em vez disso, fizemos uma barulheira sobre o evento. Eu discursava e louvava a nomeação de Jim em todas as reuniões da diretoria, e, quando estava em viagem, visitando empresas, certificava-me de que todos recebessem a mensagem de que a GE estava entrando agressivamente no mercado chinês e que tínhamos que mandar os melhores. Jim era o modelo perfeito para a mensagem que eu queria passar.

Da mesma forma, quando a NBC lançou os canais a cabo MSNBC e CNBC, dediquei o máximo de atenção possível a eles em todos os eventos públicos de que participei. Nas análises de negócios da NBC, por exemplo, eu me concentrei muito mais nas apresentações dos canais a cabo do que na promoção dos novos programas de comédia da NBC na TV aberta. Não fiquei perguntando sobre que celebridades iam aparecer no futuro grande sucesso da rede. Em vez disso, para demonstrar meu apoio, eu perguntava aos executivos da MSNBC e da CNBC — nenhum deles tendo ainda receitas a apresentar — sobre o crescimento do número de assinantes e conteúdo.

Novos empreendimentos precisam de torcedores fazendo barulho sem parar.

Torcer, no entanto, não se resume apenas à diretoria fazer barulho. Tem a ver também com dar apoio. Isso pode significar quebrar antigas normas burocráticas, por exemplo, mas, no caso de uma nova empreitada, visibilidade dentro da organização é essencial. Novos empreendimentos devem se reportar, pelo menos, a dois níveis hierárquicos acima do que as vendas justificariam. Se possível, devem se reportar diretamente ao CEO. No mínimo, devem ter sempre um lugar especial na lista de prioridades do CEO.

Mas, claro, há um grande porém em fazer uma cena enorme sobre um novo empreendimento.

Se der errado, você vai parecer um idiota.

Você pode acabar parecendo muito idiota. Isso faz parte da aposta, e não vou minimizar os riscos. Foi amplamente divulgado o enorme apoio que eu dava à XFL, uma nova liga de futebol americano que a NBC lançou em 2000. Enquanto oportunidade de negócio, eu não conseguia ver defeito algum, e disse isso várias vezes! Quando a XFL fracassou, após uma dolorosa temporada de doze semanas, causando um prejuízo de sessenta milhões à empresa, a imprensa se divertiu bastante, fazendo de mim e de Dick Ebersol, o outro entusiasta da XFL, alvos de muitas piadas. Felizmente, a diversão não se estendeu por muito tempo.

Então, qual é a moral da história?

Mesmo com o risco, siga em frente e faça barulho sobre os novos empreendimentos — bastante barulho. Eles estarão fadados ao fracasso se você não fizer. E, se fracassarem apesar disso, assuma a responsabilidade. Não culpe os outros. Você acreditou, mas não deu certo.

Se o empreendimento vencer, saboreie o sucesso da equipe. Vai ser ótimo.

> Novos empreendimentos devem se reportar, pelo menos, a dois níveis hierárquicos acima do que as vendas justificariam. Se possível, devem se reportar diretamente ao CEO.

DIRETRIZ TRÊS: caminhe de mãos dadas com a liberdade; dê espaço ao novo empreendimento.

Essa é uma diretriz que não é realmente uma diretriz, porque, quando se trata do grau de autonomia a ser dado a uma nova empreitada, não há fórmula, apenas um processo de tentativa e erro. O mais importante a lembrar é: ao longo desse processo, dê mais liberdade do que gostaria, não menos.

Encontrar o equilíbrio certo entre apoio, monitoramento e excesso de zelo com um novo empreendimento não é diferente de quando seu filho vai para a faculdade. Agora que ele está sozinho, tudo o que você quer é que ele assuma total responsabilidade pela própria vida. Você também não quer que ele seja reprovado, nem que beba demais. E, assim, começa um jogo de dar e receber. No começo, as visitas e os telefonemas são frequentes. Você está sempre perguntando sobre as provas, as novas amizades e as atividades do fim de semana.

Quando tudo parece estar correndo bem, você afrouxa a corda.

Na primeira nota abaixo da média, aperta de volta. Quando sai um boletim, e é cheio de notas altas, você afrouxa a corda.

Quando recebe uma ligação da polícia do campus por causa de um episódio infeliz de bebedeira, aperta de novo, e com força.

É assim que funciona com novos empreendimentos, com a exceção de que você não pode substituir seu filho. Você pode — e deve — substituir os líderes de um novo empreendimento, se a sua atuação estiver sendo sempre necessária.

Por fim, você deseja que esse processo de tentativa dê origem a um novo empreendimento com cada vez mais autonomia.

Todos sabemos que, em grandes empresas, empreitadas novinhas em folha não têm os resultados nem o capital político para tomar decisões sozinhos. Nas pequenas empresas, é muito mais fácil incluir um novo negócio na rotina administrativa já existente.

Mas a autonomia proporciona orgulho e sensação de controle às pessoas. Em situações ideais, todos os novos empreendimentos com líderes fortes devem ter seus próprios recursos, como equipes de pesquisa e desenvolvimento, de vendas e de marketing. Devem poder fazer suas próprias apostas audaciosas sobre contratações e estratégias.

Meu compromisso com autonomia tem suas raízes nos meus primeiros dias como gerente de empreendimentos da Noryl, com o novo tipo de plástico que tinha proporções iguais para o potencial e para o fracasso quando começamos a testá-lo, em 1964. Mas, assim que a equipe conseguiu que a composição química do Noryl funcionasse e eliminou suas falhas técnicas, batalhei para ter minha operação própria.

Os superiores achavam que eu deveria usar a força de vendas da corporação e deixar o Noryl ser vendido no mesmo catálogo dos outros plásticos da GE. Mas eu acreditava que vendedor algum do mundo daria a devida atenção ao Noryl, que estava recebendo pedidos de quinhentos dólares naquela época, quando havia o Lexan, que era vendido em lotes de cinquenta mil dólares para a Boeing ou a IBM. Até onde eu entendia, dava para vender o Lexan sentado na poltrona de casa — o Noryl precisava de vendedores desesperados indo para todo lado! Defendi essa opinião com tanto fervor e persistência — ou, em outras palavras, com obstinação — que, depois de alguns anos, meus chefes cederam.

Quando o Noryl finalmente ganhou liberdade, decolou — todos nós sentíamos e agíamos como empreendedores iniciantes, ainda que houvesse bastante dinheiro por trás. Nos dois anos seguintes, o Noryl cresceu aos trancos e barrancos. Em 1969, quando passei a administrar toda a divisão de plásticos, mantive o projeto como uma empresa à parte porque, mesmo com seu lançamento bem-sucedido e seu rápido crescimento, eu acreditava que ainda se beneficiaria da autonomia. De fato, o Noryl (agora um negócio de bilhões de dólares) só foi incluído na operação de marketing e vendas da divisão plásticos quinze anos mais tarde.

SE VOCÊ ESTÁ CUIDANDO DO EMPREENDIMENTO...

As diretrizes que acabei de listar são direcionadas de várias maneiras aos executivos que dão suporte a um novo empreendimento. Mas têm implicações importantes para os verdadeiros líderes — as pessoas que estão comandando o espetáculo.

Vejamos a primeira diretriz, sobre gastos com recursos e pessoal. Com muita frequência, você vai descobrir que não está recebendo dinheiro suficiente da nave-mãe, nem recebendo os melhores profissionais. O que fazer?

> Você vai descobrir que não está recebendo dinheiro suficiente da nave-mãe, nem recebendo os melhores profissionais. Lute desesperadamente — abra caminho à força.

Lute desesperadamente. Fale com a diretoria e defenda a sua causa. E corra você mesmo atrás do pessoal adequado. Procure bons candidatos, dentro e fora da empresa, e fale diretamente com eles. Busque as melhores pessoas, mesmo que você abra caminho à força.

Sobre o barulho, você precisa estar ciente de que é uma faca de dois gumes.

Você precisa fazer barulho para que as instâncias superiores se comprometam com o seu empreendimento. Mas, quando consegue esse compromisso, é certo que vai chamar a atenção dos seus colegas. Empresas estabelecidas, com grandes lucros, odeiam quando as iniciantes e ainda não lucrativas conquistam uma quantidade desproporcional de recursos e atenção da sede. Elas têm certeza de que precisam de mais recursos e de que os empregariam com mais sabedoria do que um empreendimento pequeno e arriscado.

A atitude deles pode incomodar, mas a última coisa de que você precisa é ter alguém na empresa torcendo para que você fracasse. Aceite que o ressentimento em relação a novos empreendimentos é natural. Mantenha a boca fechada, mesmo que isso o incomode. A humildade será de grande valia para com os seus colegas; algum dia, em breve, você vai precisar do apoio deles.

Finalmente, sobre autonomia. O fato é que você sempre vai querer mais do que recebe.

O melhor a fazer é conquistá-la. Se seguir as regras, em breve

> Você sempre vai querer mais autonomia do que recebe. O melhor a fazer é conquistá-la.

terá liberdade. Todos os holofotes estão em você. Não estrague tudo fazendo um escândalo, se achar que as primeiras restrições impostas ao seu negócio são sufocantes. São apenas parte do processo de seus "pais" deixarem você "sair de casa".

A TEMPESTADE PERFEITA

Você raramente verá as três diretrizes em ação ao mesmo tempo, mas, quando as vir, cuidado. Será uma "tempestade perfeita", como no caso da Fox News.

A Fox News foi lançada em 1996 por Rupert Murdoch, empreendedor por natureza, apesar de ser o proprietário e CEO da News Corporation, um conglomerado multibilionário. Rupert queria entrar no negócio de canais de notícias e estava disposto a gastar o que fosse necessário.

Para ter sucesso com um canal a cabo, você precisa de duas coisas. Primeiro, conseguir espectadores por meio dos serviços de assinatura. Segundo, produzir um conteúdo atraente, para que um número suficiente de assinantes assista ao seu canal — a chave para fechar contratos de publicidade.

O primeiro passo de Rupert foi contratar alguém para administrar o novo empreendimento. Ele encontrou o par perfeito para o negócio na figura de Roger Ailes. Depois de comandar várias campanhas políticas bem-sucedidas, Roger trabalhou na NBC por três anos, colocando o canal a cabo CNBC no mapa. Ele acabara de lançar um outro canal a cabo para a GE, o America's Talking. Mas ficou maluco quando usamos os ativos do America's Talking como contribuição para criar a MSNBC, uma joint venture 50/50 com a Microsoft, que entrou com o capital.

Roger deixou a NBC frustrado, mas Rupert foi atrás dele pouco depois. Acreditava que o outro era o gerente perfeito para novos empreendimentos, repleto de ideias, de energia e paixão, que se somava ao desejo ardente de derrotar a empresa que havia levado seu "bebê" embora.

Com o líder certo, Rupert começou a trabalhar para conseguir assinantes. Pagou bem acima das taxas de mercado para conseguir o número de assinantes de que o canal precisava. Enquanto isso, Roger estava contratando os melhores talentos — Brit Hume, da ABC, Neil Cavuto e muitos outros da CNBC, assim como o comentarista altamente cotado Bill O'Reilly.

Ao mesmo tempo, Rupert alardeava continuamente o novo empreendimento dentro da empresa, tornando inequívoco que ele apoiava a Fox News com todas as forças. Do lado de fora, Rupert e Roger fizeram isso de tal forma que era impossível abrir um jornal ou ligar a TV sem ouvir, de alguma forma, falar no avanço implacável da Fox.

A Fox News é um exemplo de quando tudo dá certo em um novo empreendimento: alto grau de excelência da equipe, fartos recursos para gastar e muito barulho sobre o que estava acontecendo. Os resultados falam por si só. A Fox News venceu a MSNBC e acabou por superar a CNN, líder de longa data entre os canais de notícias na TV a cabo.

■

Empresários lendários como Henry Ford, Dave Packard e Bill Gates são exemplos indiscutíveis da emoção e da glória de começar algo do zero e vê-lo crescer até atingir proporções assustadoras.

Mas, em toda empresa, há oportunidades de todos os tipos e tamanhos à espera.

Agarre essas oportunidades. Escolha pessoas motivadas e apaixonadas para liderá-las, ofereça todos os recursos que tiver e dê oxigênio para elas respirarem.

Crescer é maravilhoso, e, nos negócios, nem sempre é preciso começar em uma garagem. Nada se compara à diversão e à emoção genuína de começar algo novo — ainda mais partindo de algo antigo.

14

Fusões e Aquisições

A "PRESSÃO DO ACORDO" E OUTROS PECADOS MORTAIS

Você já viu o tamanho da festa quando duas empresas anunciam uma fusão. Há uma coletiva de imprensa pela manhã no canal de notícias, com conversas e burburinho, um vigoroso aperto de mãos, as luzes dos televisores brilhando ao fundo, uma faixa reluzente com o nome da nova empresa... Está tudo lá, falta só o confete.

Tem também as estrelas do espetáculo — os CEOS das duas empresas, com largos sorrisos, dando tapinhas nas costas um do outro e falando sobre um admirável mundo novo de sinergias, corte de custos e aumento de valor para os acionistas. Em anúncios de fusão particularmente informais, os CEOS se abraçam com força, como Steve Case e Jerry Levin, naquele dia fatídico do acordo entre a AOL e a Time Warner.

Junto com a empolgação vem também a exaustão, e, às vezes, não é preciso se esforçar muito para vê-la nos rostos dos CEOS no centro do palco. Estão trabalhando sem parar há semanas, senão meses, brigando até pelo último centavo, sem falar na disputa por quem vai administrar o quê.

Mas, geralmente, tudo o que se vê nesses anúncios de fusão é alegria e alívio. A batalha acabou, e é hora de colher os frutos do acordo.

Na verdade, como qualquer um que já atravessou uma fusão pode atestar, a batalha está apenas começando, e as recompensas do acordo não virão sem o derramamento de muito sangue, suor e lágrimas.

Se o primeiro dia da fusão é uma grande festa, no segundo a limpeza começa. Para as pessoas do lado adquirente do negócio, há uma pilha de trabalho à espera, e, embora possam ser otimistas, sempre há uma corrente de nervosismo no ambiente. Todo acordo promete cortes de custos, e, mesmo que você tenha feito parte da equipe que o concebeu, trabalhando noite e dia para chegar aos números que mostrassem que valia a pena, uma pequena parte fica se perguntando se os cortes que você articulou não vão acabar significando a sua própria demissão, a do seu chefe, a do seu melhor amigo no final do corredor ou a do funcionário que você vem orientando há um ano.

Para os adquiridos, o nervosismo na sala não é uma marola, mas um tsunami. Todo mundo está apavorado com medo das demissões. E, ainda que você acredite que está seguro no seu cargo, a vida se tornou muito complexa. Uma fusão pode parecer a morte. Tudo pelo qual você trabalhou, todo relacionamento que construiu... de uma hora para outra ficam nulos, não têm valor algum. A impressão é de que nada nunca mais será como antes.

Para coroar tudo isso, a cobertura da imprensa sobre o segundo dia é repleta de jornalistas da área de negócios e de analistas financeiros questionando a lógica do acordo e lembrando a todos que muitas fusões dão errado.

Fusões dão errado, é verdade. Em particular, o caminho é mais difícil para aquelas arquitetadas visando essencialmente à captura ou de benefícios convergentes de um setor ou de sinergias de receita. É mais fácil obter sucesso quando a fusão se baseia em reduções de custos graças à união, com qualquer vantagem advinda das sinergias de receita vistas apenas como um bônus. Mas, de qualquer forma, o sucesso nunca vem fácil.

> Uma fusão pode parecer a morte. Tudo pelo qual você trabalhou, todo relacionamento que construiu... de uma hora para outra ficam nulos, não têm valor algum.

E, apesar dos pesares, as empresas continuam a se fundir — e estão certas.

No capítulo anterior, vimos as maravilhas do crescimento orgânico. Toda empresa deve ter paciência para se concentrar e investir constantemente na inovação que impulsione esse crescimento.

Mas fusões e aquisições oferecem a você um caminho mais rápido para um crescimento lucrativo. Adicionam rapidamente escopo geográfico e tecnológico e incorporam novos produtos e clientes. Tão importante quanto, fusões permitem que uma empresa melhore instantaneamente a qualidade seus jogadores — de uma hora para outra, há o dobro de pessoas lutando por um lugar na equipe principal.

Em suma, fusões bem-sucedidas criam uma dinâmica em que $1 + 1 = 3$, catapultando a competitividade de uma empresa da noite para o dia.

Basta fazer tudo do jeito certo.

Este capítulo trata desse processo e se destina a todos os envolvidos, desde as pessoas que preparam o acordo até aquelas afetadas por ele em diferentes graus. Ao longo da minha carreira na GE, participei de mais de mil aquisições e fusões e prestei consultoria para gerentes durante muitas outras.

É óbvio: nem todo acordo do qual participei foi um sucesso. Mas a maioria, sim, e, com o tempo, minha média de acertos melhorou à medida que aprendi com os erros em situações que deram errado.

No fim das contas, aprendi que realizar uma fusão de forma bem-sucedida vai além de escolher a empresa certa para se ajustar à sua estratégia, definir quais fábricas serão fechadas e quais linhas de produtos serão unificadas, ou quão bonitos são seus cálculos da taxa de desconto ou da taxa interna de retorno.

Realizar uma fusão corretamente é, em última análise, evitar sete armadilhas, ou seja, equívocos ou erros de julgamento. Pode ser que haja outras por aí, mas, de acordo com a minha experiência, essas sete são as mais comuns. Às vezes podem destruir uma fusão, mas, com mais frequência, reduzem significativamente sua velocidade ou seu valor — ou ambos.

Aqui vão, em resumo. Seis estão relacionadas à empresa adquirente, e apenas uma à empresa adquirida.

- A primeira armadilha é acreditar que é possível realizar uma fusão entre iguais. Apesar de serem nobres as intenções daqueles que tentam fazer isso, a grande maioria das fusões entre iguais se autodestrói por causa da própria premissa.

- A segunda armadilha é se concentrar com muita intensidade no ajuste estratégico e esquecer de tratar do ajuste da cultura, que é tão importante para o sucesso de uma fusão, se não mais.

- A terceira armadilha é entrar em uma "situação de reféns inversa", na qual o adquirente acaba fazendo tantas concessões durante as negociações que o adquirido termina por dar todas as cartas, no fim das contas.

- A quarta armadilha é fazer a integração de maneira tímida demais. Com boa liderança, uma fusão deve estar concluída dentro de noventa dias.

- A quinta armadilha é a síndrome do conquistador, na qual a empresa adquirente chega e aloca seus próprios gerentes em todos os cantos, minando uma das principais razões para fazer fusão — obter um influxo de novos talentos com os quais se pode contar.

- A sexta armadilha é pagar caro demais. Não 5% ou 10% a mais, mas tanto que o valor jamais poderá ser recuperado com a integração.

- A sétima armadilha acomete os funcionários da empresa adquirida de cima a baixo: resistência. Em uma fusão, os novos proprietários preferem sempre pessoas que acreditam de verdade, em detrimento dos resistentes — por mais talentosos que sejam. Se você quer sobreviver, supere a angústia e aprenda a amar o negócio tanto quanto eles.

CUIDADO COM A "PRESSÃO DO ACORDO"

Antes de examinar as armadilhas em detalhes, vale a pena abordar um assunto. Muitas ocorrem por um mesmo motivo: a "pressão do acordo".

Estou certo de que não preciso descrever esse fenômeno em seus terríveis detalhes; isso pode ser visto toda vez que uma empresa tem fome de comprar e as opções no mercado são relativamente limitadas. Em tais situações, uma vez identificado uma candidata à aquisição, os principais funcionários do adquirente e seus respectivos investidores salivantes se juntam em um rompante de pânico, excesso de esforço e paranoia, que vai ficando pior conforme novos possíveis compradores entram em cena.

A pressão do acordo é um sentimento perfeitamente humano, e até as pessoas mais experientes sofrem com isso. Mas seus impactos negativos durante o processo de fusão e aquisição podem, pelo menos, ser abrandados caso você mantenha essas sete armadilhas mais comuns em mente.

A primeira armadilha é acreditar que é possível realizar uma fusão entre iguais. Apesar de serem nobres as intenções daqueles que tentam fazer isso, a grande maioria das fusões entre iguais se autodestrói por causa da própria premissa.

Toda vez que escuto falar que será feita uma suposta fusão entre iguais, tenho calafrios só de pensar no desperdício, na confusão e na frustração que de repente brotam diante de ambas as empresas, as quais, provavelmente, fizeram o acordo com a melhor das intenções.

Sim, uma fusão entre iguais faz sentido *na teoria*. Algumas empresas são iguais em tamanho

> A pressão do acordo é um sentimento perfeitamente humano, e até as pessoas mais experientes sofrem com isso.

e força e, sim, devem se fundir nestes termos. Além disso, durante negociações acaloradas — e quase todas as negociações o são, em algum aspecto — o conceito de fusão entre iguais acalma os ânimos. Ambos os lados podem se dizer vencedores.

Mas algo acontece com o conceito de fusão entre iguais na prática: as pessoas o rejeitam.

Elas o rejeitam *por causa* do conceito de igualdade em si. Em ambos os lados, as pessoas pensam que, se somos tão iguais, por que não devemos fazer as coisas do *nosso* jeito? O jeito *deles* sem dúvida não é o melhor.

O resultado, em última instância, é que ninguém faz nada — nem de um jeito, nem de outro.

Eu sei que nem todo mundo compartilha dessa minha ótica negativa sobre as fusões entre iguais. Meu amigo Bill Harrison, CEO do JP-Morgan Chase, durante sua fusão com o Bank One, diria que, no setor financeiro, onde os ativos são os cérebros de operadores orgulhosos e cheios de si, fusões entre iguais são uma necessidade, "caso contrário todo mundo abandonaria o barco".

Ele pode muito bem estar certo sobre essa exceção; a fusão que supervisionou juntamente com Jamie Dimon — que se tornou CEO da empresa resultante em 2006 — foi muito bem. E a experiência de Bill com fusões também dá suporte ao seu argumento, começando com sua fusão entre iguais envolvendo o Chemical Bank e a Manufacturers Hanover, seguida pela do Chase Manhattan com JP Morgan & Co.

Apesar destes êxitos, estou convencido de que, no mundo industrial, ou seja, em qualquer outro setor que não o bancário e de consultoria, fusões entre iguais estão condenadas ao fracasso.

A DaimlerChrysler é o exemplo mais flagrante em que consigo pensar. Você se lembra do quanto as empresas se vangloriaram, lá em 1998, sobre o quanto eram indiscutivelmente equivalentes em todos os aspectos? Só precisavam uma da outra para se tornarem globais. Não, não, proclamavam as companhias, não se tratava de um fabricante alemão sofisticado e diversificado adquirindo uma empresa americana de automóveis de baixo custo — de jeito nenhum! Eram dois titãs da indústria concretizando um casamento perfeito.

Em parte, essa postura foi adotada, sem dúvida, para ajudar a fusão a obter as aprovações regulatórias. Mas, em outra parte, também tinha a ver com ego. Os membros do conselho da Chrysler certamente não queriam admitir que haviam sido comprados por uma empresa estrangeira, e seus colegas alemães, provavelmente, não ficariam muito empolgados com a perspectiva de serem dominados por um bando de americanos.

E, portanto, tentaram executar uma fusão entre iguais. Que catástrofe! Por dois anos torturantes, a nova empresa transportava hordas de pessoas de avião entre Detroit e Stuttgart duas vezes por semana, na tentativa de estabelecer processos operacionais satisfatórios para ambas as partes, em tópicos que envolviam desde a cultura da nova empresa até os sistemas financeiros, as fábricas e a equipe de liderança. Enquanto isso, a "fusão" se arrastava, caótica, os gerentes aguardavam uma direção e os acionistas esperavam a concretização de todas as oportunidades globais, as sinergias e os cortes de custos prometidos.

A conclusão da história, é claro, se deu em 2002, quando os jornais noticiaram aquilo que muitas pessoas já suspeitavam há tempos: a suposta fusão entre iguais era, de fato, uma aquisição pura e simples. Com a verdade enfim exposta, a Daimler pôde começar a dirigir o espetáculo da forma como sempre quis. Implementou um sistema único de gerenciamento, cultura e estratégia únicas, e o desempenho da empresa voltou a dar sinais positivos, depois da queda vivida no momento da "fusão entre iguais".

O objetivo desta história não é fazer mais críticas à DaimlerChrysler — críticas já foram feitas à exaustão, nos últimos anos. A história serve para ilustrar que é quase impossível duas companhias, com dois líderes, realizarem uma fusão perfeita e se tornarem uma organização única, mas com tudo em dobro.

Esqueça. Pessoas em empresas iguais são provavelmente as menos aptas para encarar uma fusão. Podem tentar dizer, em meio à pressão do acordo, que estão formando uma união perfeita e equilibrada, mas, quando a integração ocorre, é preciso definir rapidamente quem está no controle. Alguém tem que liderar e alguém tem que ser liderado, caso contrário ambas as empresas acabarão paralisadas.

> **A segunda armadilha é se concentrar com muita intensidade no ajuste estratégico e esquecer de tratar do ajuste da cultura, que é igualmente importante para o sucesso de uma fusão, se não mais.**

Mais uma vez, a pressão do acordo está por trás de um equívoco que permeia muitas fusões: a ausência de análise prévia e criteriosa do ajuste cultural.

Na maioria das empresas, a avaliação do ajuste *estratégico* é uma experiência relativamente simples. A maioria dos gerentes (e seus consultores ou operadores) possui as ferramentas e a experiência necessárias para determinar se as organizações completam uma à outra de forma significativa em termos de presença geográfica, produtos, clientes ou tecnologias (ou em todos esses aspectos) e, se combinadas, dão origem a uma nova empresa que, mesmo com algum grau inevitável de redundância, é mais forte e mais competitiva.

Mas o ajuste *cultural* é mais traiçoeiro. Mesmo de cabeça fria, ajustar a compatibilidade de dois sistemas de valores distintos é uma tarefa difícil. Isso porque muitas empresas afirmam ter o mesmo DNA — acreditam no atendimento ao cliente, na tomada de decisões analíticas, no aprendizado e na transparência. Valorizam a qualidade e a integridade etc. Suas culturas são de alto desempenho, com foco nos resultados, preocupam-se com o tempo em família, e assim por diante.

Na prática, claro, as empresas têm maneiras únicas e, às vezes bastante distintas de fazer negócios. Mas, em meio à pressão do acordo, as pessoas acabam achando que toda empresa é sempre compatível. A compatibilidade cultural é óbvia, e a fusão avança.

Foi esse o caso quando a GE comprou o Kidder Peabody, um desastre que mencionei no capítulo sobre gerenciamento de crises e sobre o qual escrevi em detalhes no meu livro anterior. Para resumir: uma empresa com os principais valores da GE, como ausência de fronteiras, trabalho em equipe e franqueza, não poderia jamais se fundir a um banco de investimento com outros três valores bem particulares: bônus, bônus e bônus.

Para mim, a falta de ajuste cultural nunca ficou tão clara quanto o dia em que a completa magnitude do problema — por falta de eufemismo melhor — estava sendo jogada aos baldes no ventilador. Era uma tarde de domingo de abril de 1994, e uma equipe de executivos da GE e do Kidder Peabody trabalhava sem parar desde a noite de sexta-feira para descobrir por que tínhamos um déficit de trezentos milhões de dólares nos ganhos reportados. Já estava bastante claro que um *trader* do Kidder, Joe Jett, lançara operações fantasmas, mas o que precisávamos entender era como e por que esse comportamento escapara aos mecanismos de controle do banco e, o que era tão importante quanto, à cultura que a empresa alegava possuir.

Naquele dia, eu me juntei à equipe para ver o relatório e, durante as horas seguintes, começamos a entender a situação e a compreender suas consequências para a empresa. O que me impressionou foi que, por três vezes durante aquela tarde e aquela noite, sendo duas no corredor e a outra no banheiro, passei pela mesma situação: um gerente do Kidder Peabody que integrava a equipe se aproximou de mim e, com um olhar preocupado, deu um jeito de me perguntar: "Que impacto isso vai ter no nosso bônus este ano?"

Isso ainda me deixa com raiva, mesmo tantos anos depois.

No fim das contas, com a venda do Kidder Peabody para o Paine Webber e, depois, para o UBS, o acordo acabou sendo bom para os nossos acionistas. Mas a verdade é que nunca deveríamos ter submetido a GE ao trauma daquela fusão. Quando tudo acabou, jurei que nunca mais compraria outra empresa cujos valores não correspondessem ou não pudessem ser facilmente incorporados aos da GE.

Abri mão de alguns acordos na Costa Oeste, nos anos 1990, preocupado com o ajuste cultural. Eu não conseguia me obrigar a trilhar de novo aquele caminho de desajuste de valores. As empresas de tecnologia em expansão na Califórnia tinham suas próprias culturas — cheias de batidas orgulhosas no peito, bravatas e salários exorbitantes.

Em contraste, nossas operações de software em lugares como Cincinnati e Milwaukee eram formadas por engenheiros realistas e

– 227 –

trabalhadores, a maioria formada em universidades estaduais do Centro-Oeste. Esses engenheiros eram tão bons quanto os astros da Costa Oeste, além de muito bem pagos, mas sem extravagâncias.

Sinceramente, eu não queria poluir a cultura saudável que tínhamos.

Todo negócio afeta a cultura da empresa adquirente de alguma forma, e é preciso refletir sobre isso. A cultura da empresa adquirida pode se mesclar muito bem à sua. Esse é o melhor caso. Às vezes, alguns dos maus comportamentos da empresa adquirida vêm à tona e maculam aquilo que você construiu. Isso já é ruim o suficiente, mas, na pior das hipóteses, há o risco de a cultura da empresa adquirida ir de encontro à sua e postergar o retorno do negócio indefinidamente.

Por isso, se deseja que uma fusão dê certo, não olhe apenas para o ajuste estratégico. O ajuste cultural também é muito importante.

> **A terceira armadilha é entrar em uma "situação de reféns inversa", na qual o adquirente acaba fazendo tantas concessões durante as negociações que o adquirido termina por dar todas as cartas, no fim das contas.**

Às vezes, você quer tanto comprar uma empresa que acaba aceitando que ela seja sua dona!

Essa dinâmica é um efeito colateral da pressão do acordo, e é tão corriqueira que assusta. Toda vez que falo sobre fusões com um negociador experiente, essa pressão é mencionada.

Deixei isso acontecer pela primeira vez (mas, infelizmente, não pela última) em 1977, alguns anos antes de me tornar CEO. Naquela época, eu já era veterano, já atravessara dezenas de fusões, então deveria ter prestado mais atenção, mas queria tanto adquirir uma empresa de semicondutores da Califórnia, a Intersil, que não consegui dizer não às demandas que fizeram. O CEO estava convencido de que sua empresa funcionava sem problemas e deixou perfeitamente claro que, embora gostasse do dinheiro da GE, não precisava dos conselhos da marca.

Sem que eu percebesse, acabei beijando os pés desse cara de todas as formas possíveis. Ele queria um esquema de compensação especial (excessivo) para si mesmo e para o seu pessoal, porque era assim que acontecia em seu setor. Eu concordei. Ele disse que não poderíamos ter pessoas da GE em suas reuniões de planejamento. Eu concordei. Ele disse que não tínhamos permissão para pedir ao pessoal de finanças que mudasse o sistema de relatórios para se ajustar ao nosso. Eu concordei.

Daquele jeito, seria impossível que os trezentos milhões de dólares se pagassem na velocidade esperada. O que eu estava pensando?

Bem, obviamente, eu não estava pensando. É assim que funciona a pressão do acordo.

Por vários anos, fomos tropeçando em frente, "fundidos" com a Intersil. Era comum, quando fazíamos alguma sugestão sobre como o CEO poderia melhorar seus sistemas operacionais — do setor de RH, por exemplo — sermos ignorados. "Você não entende esse setor", dizia o dono. "Só nos deixe em paz, que vai ter seus ganhos ao final do trimestre."

Era desagradável, para dizer o mínimo, e bem longe de ser produtivo. Descobri que, se ligasse para a sede em busca de informações, teria que fazer as perguntas *exatamente* do jeito certo, ou não ouviria nada além de mentiras. Os gerentes da GE pararam de visitar a sede porque sempre eram recebidos com frieza. Tecnicamente, éramos os donos, mas, para todos os efeitos, era a empresa que estava comandando o espetáculo.

Vendemos a Intersil assim que recuperamos o investimento. A única coisa que levamos do negócio foi uma lição importante: jamais compre uma empresa que o transforme em refém.

O fato é que eu estava atrapalhado com a Intersil. Não tínhamos conhecimento suficiente de semicondutores nem um gerente sênior com cacife e experiência suficientes no setor para substituir o CEO, sem falar na equipe de gerentes.

Quando compramos a RCA, dez anos depois, uma situação

> Tecnicamente, éramos os donos, mas, para todos os efeitos, era a empresa que estava comandando o espetáculo.

semelhante se desenhou, mas estávamos preparados. Durante as negociações, fomos informados de que o diretor da NBC, Grant Tinker, estava pensando em sair. Era fato que não tínhamos experiência direta no gerenciamento de redes de TV, mas eu tinha Bob Wright, CEO da GE Capital na época, no banco de reservas se precisasse colocar um líder no lugar de Grant, caso ele fosse embora de repente. Tentei muito manter Grant, mas não consegui, e, quando ele saiu, Bob entrou. Anos depois Bob ainda estava na NBC.

Após um tempo, surgiu uma potencial situação de reféns na divisão de notícias, a NBC News. Os líderes questionaram abertamente — talvez o correto seria dizer descaradamente — a capacidade da GE de gerenciar uma empresa jornalística e começaram a instalar os "firewalls" de informação bem típicos dessa dinâmica de reféns. O gerente da divisão, Larry Grossman, liderou a resistência e não estava disposto a elaborar um orçamento razoável — ou seja, um orçamento que previsse lucro. Nós o demitimos e, no lugar dele, colocamos Michael Gartner, que possuía experiência significativa em jornalismo e negócios. Gartner enfrentou muitas barreiras para dar início ao processo de eliminar a arrogância da mentalidade da NBC News e fez um belo trabalho, mas, infelizmente, teve que sair por causa de uma crise que ocorreu em sua gestão. (Um programa da NBC News, *Dateline*, explodiu um carro da General Motors em uma reportagem sobre segurança automotiva; pedimos desculpas publicamente pelo incidente.) Em seguida, fomos atrás de um produtor executivo da CBS repleto de credenciais na área jornalística, Andy Lack. E foi Andy quem transformou a NBC News no negócio de alta integridade e lucratividade que é hoje.

Uma palavra final sobre a situação de reféns inversa. Nos momentos finais da pressão do acordo, as empresas costumam elaborar um pacote de compensação para o fundador ou o CEO da empresa adquirida, esperando receber em troca sua permanência e um ótimo desempenho por parte de um jogador tão importante.

Tudo o que costumam receber em troca é confusão.

Isso porque, com frequência, pacotes de compensação motivam aqueles que os recebem a deixar tudo como está. Vão querer que você os deixe administrar os negócios da forma como sempre fizeram —

é assim que sabem como alcançar os resultados. Sempre que puderem, vão travar as mudanças de pessoal, a consolidação dos sistemas de contabilidade e os planos de compensação — e o que mais você puder imaginar.

E a integração jamais será concretizada se houver alguém travando cada mudança, sobretudo se essa pessoa costumava ser o chefe.

O que você pode fazer? Bem, se deseja manter o antigo CEO ou o fundador por motivos de desempenho ou continuidade, reduza as perdas e esqueça o pacote de compensação. Em vez disso, ofereça um contrato de permanência de valor fixo — uma quantia específica durante um período específico. Isso lhe proporciona a liberdade de ação que você quer e precisa para criar uma nova empresa.

Compensações são apenas um dos aspectos da armadilha da situação de reféns inversa. Sim, às vezes você precisa fazer concessões para adquirir uma empresa que deseja muito.

Mas não faça tantas a ponto de, quando o negócio for fechado, sua nova aquisição exercer o controle sobre você — com meios que você mesmo forneceu.

A quarta armadilha é fazer a integração de maneira tímida demais. Com boa liderança, uma fusão deve estar concluída dentro de noventa dias.

Voltemos por um segundo às coletivas de imprensa que acompanham a maioria dos anúncios de fusão. Mesmo em situações de aquisição pura e simples, os CEOs prometem uma nova parceria pela frente. As duas empresas vão cooperar, chegar a um consenso se integrar de maneira tranquila.

Infelizmente, se a parceria não for elaborada da maneira correta, isso poderá gerar paralisia. Os dois lados falam sem parar sobre cultura, estratégia, operações, títulos, papel-timbrado e tudo mais — enquanto a integração fica lá esperando.

> **É a incerteza que leva as empresas a mergulharem em medo e inércia. A meta é que a integração esteja totalmente concluída em até noventa dias após o fechamento do negócio.**

Excepcionalmente, a pressão do acordo não é a culpada por trás dessa armadilha. Em vez disso, é algo mais admirável — uma certa cortesia e consideração pelos sentimentos do outro lado. Ninguém quer ser um mau vencedor, promovendo mudanças sem nenhuma possibilidade de discussão ou debate. De fato, muitos adquirentes desejam preservar toda as vibrações positivas possíveis que havia ao final das negociações e acreditam que ir devagar, com cuidado, irá ajudar.

Não estou dizendo que os adquirentes não devam se envolver em debates sobre como as duas empresas vão combinar suas formas de fazer negócio, pois devem, sim. Sem dúvida, os melhores compradores são ótimos ouvintes. Fazem muitas perguntas e absorvem todas as informações e opiniões, e geralmente há muitas para absorver.

Mas, depois, é necessário agir. É preciso tomar decisões sobre estrutura organizacional, pessoal, cultura e direção, e é importante falar incansavelmente sobre essas decisões.

É a incerteza que leva as empresas a mergulharem em medo e inércia. O único antídoto para isso é um processo de integração claro e progressivo, transparente para todos. Pode ser liderado pelo CEO ou por um gerente de integração — um executivo de alto nível respeitado pela adquirente — investido com o poder do CEO. O processo deve ter um cronograma rigoroso, com objetivos e pessoas responsáveis por manter tudo no prazo.

A meta é que a integração esteja totalmente concluída em até noventa dias após o fechamento do negócio.

Cada dia além disso é um desperdício.

Um caso clássico de agir com excesso de cautela — e pagar o preço por isso — é a aquisição da Case Corporation pela New Holland em novembro de 1999.

A New Holland, uma companhia holandesa com sede em Londres, divisão da gigante montadora italiana Fiat, era a terceira colocada no setor de equipamentos agrícolas e de construção. Estrategicamente, os gerentes estavam certos ao pensar que a compra da Case, com sede em Wisconsin, um sólido segundo colocado, permitiria finalmente ultrapassar o líder de longa data da indústria, a John Deere. Seis bilhões de dólares depois, o acordo estava fechado.

Dada a sobreposição de produtos e mercados, seria de se pensar que a integração das duas empresas seria rápida, ainda mais com as reduções de custos que eram óbvias. Mas a New Holland era uma empresa de matriz europeia, e seus líderes foram cautelosos quando assumiram uma empresa norte-americana em seu próprio território. Além disso, a Fiat pagou uma cifra enorme pela Case. Isso redobrou a apreensão da New Holland. Meu velho amigo Paolo Fresco, ex-vice-presidente da GE e, na época do acordo, presidente da Fiat, relembra o impacto que o valor teve: "Não queríamos balançar o barco nem afundá-lo fazendo mudanças demais — pagamos muito caro pela empresa para permitir que isso acontecesse."

A Fiat fez do ceo da Case o chefe da nova empresa. Além disso, a maioria dos cargos na nova organização foi preenchida por gerentes da Case, incluindo os coo e cfo.

Não é preciso dizer que a integração foi difícil. A equipe de integração conseguiu tomar uma decisão importante — manter duas marcas e dois sistemas de distribuição. Mas quase todo o resto foi deixado no ar.

Quando o mercado de equipamentos agrícolas afundou, em 2000, e com a integração estagnada, a nova empresa resultante da fusão afundou junto. No modo de crise, a Fiat enviou um novo ceo, Paolo Monferino, para os Estados Unidos, e pôs em prática a integração da forma como deveria ter sido feita desde o primeiro dia — de maneira rápida e decisiva. O então ceo da Case, Jean-Pierre Rosso, foi nomeado presidente. Ironicamente, a Fiat tinha medo de fazer essa mudança, mas, uma vez que aconteceu, os gerentes logo perceberam que Jean-Pierre tinha o perfil ideal para o cargo e que estava feliz em desempenhar aquele papel. Ele era forte com os clientes e um excelente porta-voz do setor. Toda aquela hesitação tinha sido à toa!

Em 2002, quando o Congresso aprovou a Farm Bill, uma medida de incentivos fiscais ao setor agrícola, a então totalmente integrada CNH Global N.V. (como a empresa foi renomeada) estava a postos para aproveitar a retomada do mercado. Mas, como Paolo Fresco observa: "Perdemos pelo menos um ano, talvez mais, por causa dessa hesitação cultural."

A história da Case New Holland não é a única.

Em 2000, a GE tentou comprar a Honeywell — um acordo, como alguns talvez se lembrem, que não recebeu autorização da União Europeia. Mas, nos sete meses em que ficamos aguardando a aprovação regulatória, equipes de ambos os lados trabalharam duro para fundir as duas empresas.

Parte desse processo significava examinar atentamente o progresso da fusão da Honeywell com a AlliedSignal, em 1999. As duas empresas estavam juntas havia um ano, então esperávamos observar um progresso notável.

Em vez disso, ficamos chocados ao descobrir que os gerentes da AlliedSignal e da Honeywell ainda estavam "em discussões" sobre os valores e comportamentos da empresa resultante da fusão, e ambos os lados estavam saudosos do modo como costumavam fazer as coisas. O pessoal da AlliedSignal tinha uma cultura agressiva, focada em números. Os gerentes da Honeywell, no entanto, preferiam que a empresa tivesse uma abordagem mais consensual. O CEO da empresa, Mike Bonsignore, preferia evitar fazer uma escolha entre as duas maneiras de trabalhar. E assim, muito tempo depois da assinatura do acordo, ainda havia duas empresas distintas operando lado a lado, com pouca integração.

Integrar na velocidade certa e com o nível certo de força vai sempre exigir concessões. Mas, quando se trata dessa armadilha, pelo menos é possível saber se você está se desviando do caminho. Se já se passaram noventa dias do fechamento do negócio e as pessoas ainda estão debatendo questões importantes sobre estratégia e cultura, você foi tímido demais. É hora de agir.

A quinta armadilha é a síndrome do conquistador, na qual a empresa adquirente chega e aloca seus próprios gerentes em todos os cantos, minando uma das principais razões para fazer a fusão — obter um influxo de novos talentos com os quais se pode contar.

Se por um lado os adquirentes costumam ser tímidos demais quando se trata de integrar cultura e operações, por outro, costumam, na mesma medida, ser provincianos quando o assunto é seleção de pessoal.

Por provinciano demais, quero dizer que muitos compradores presumem que seus funcionários são os melhores jogadores. Pode até ser o caso, mas também pode não ser. Em uma fusão, você precisa abordar aquela nova situação como se um *headhunter* tivesse acabado de lhe entregar uma lista de novos jogadores para quase todas as posições. Se simplesmente continuar com o mesmo time que já está em campo, pode acabar perdendo jogadores ainda melhores — e por nada.

Ah, claro, existe uma *razão* para esse comportamento, mas não é boa — é simplesmente a familiaridade. Ainda que tenham defeitos, você já conhece o seu pessoal — que também conhece você. Eles entendem o seu negócio e a sua cultura. Sabem como fazer as coisas do *seu* jeito.

Para complicar, é mais difícil demitir amigos do que estranhos. Você conhece as suas famílias. Vocês passaram por bons e maus momentos juntos. Você pode ter dito alguma vez que eles tinham potencial a longo prazo dentro da empresa. Alguns podem até ter trabalhado no acordo.

É difícil dizer: "Você não está mais à altura."

Mas é preciso lembrar que um dos grandes benefícios estratégicos de uma fusão é que permite que os adquirentes montem uma equipe a partir de um grupo maior de talentos. É uma vantagem competitiva que você não pode deixar passar. Apenas seja muito justo no seu acordo de indenização e encare a tarefa, mesmo que isso signifique dizer adeus ao "seu povo".

Sem dúvida, evitar essa armadilha pode ser desafiador.

Perdi a conta do número de vezes que fechamos um acordo e alocamos um gerente da GE em cada posição de liderança. Na maioria das vezes, estávamos alegremente inconscientes do potencial que deixávamos de lado, mas houve uma vez em particular em que não deveria ter sido assim. O preço acabou sendo muito alto.

Foi em 1988, quando a GE comprou da BorgWarner um negócio de plásticos com sede na Virgínia Ocidental. Era o acordo perfeito, ou assim pensávamos. O negócio incluía uma linha de produtos plásticos ABS de uso industrial. Tínhamos nosso próprio negócio de plásticos de uso industrial, mas que utilizava os produtos de ponta Lexan e Noryl. O departamento de plásticos da GE viu uma sinergia de custo imediata. Acharam que tudo o que tinham que fazer era se livrar da equipe de vendas da BorgWarner e empurrar os produtos da BorgWarner pelos canais da GE.

Mas havia um problema nesse plano. Nossa equipe de vendas era um grupo de tipos afiados, sisudos, acostumados a fazer vendas técnicas, convencendo engenheiros a trocar o metal pelo plástico. A equipe de vendas da BorgWarner era de outra estirpe. Eles vendiam um produto próprio, mais barato e mais próximo de uma *commodity*, à moda antiga — "cara a cara" — valendo-se do bom relacionamento e com uma alta despesa associada.

Nosso pessoal não era muito bom nisso.

Foi um desastre. Perdemos 90% da equipe de vendas da BorgWarner devido à mentalidade de conquistador, e a nossa participação no mercado de ABS caiu cerca de quinze pontos. A aquisição tropeçou, sem jamais atingir todo o seu potencial. O ABS acabou se revelando um valioso acréscimo ao catálogo de mercado da GE, mas a um preço muito alto.

Deveríamos ter sido mais espertos. Dois anos antes, tínhamos acertado em cheio no processo de seleção de pessoas quando adquirimos a RCA.

Em todos os aspectos, o acordo foi uma vitória. A aquisição da NBC atingiu um dos nossos objetivos estratégicos, o de entrar na área de serviços, e, ao mesmo tempo, fortaleceu nossa base industrial com a adição de três negócios em que já estávamos presentes: semicondutores, aeroespacial e televisores.

> Lute contra a síndrome do conquistador. Pense na fusão como uma grande colheita de talentos.

Nos três casos industriais, aproveitamos o ótimo conjunto de talentos que a aquisição nos proporcionou, e, assim, escolhemos líderes oriundos da RCA para comandar as organizações que surgiram das fusões.

O negócio de fabricação de televisores da GE, por exemplo, na época do acordo era administrado por um jovem e esperto CEO que havia entrado na empresa por meio da equipe de desenvolvimento de negócios. O sujeito tinha MBA, havia prestado consultorias, e, embora tivesse um pouco de arrogância da qual precisava se libertar, seus resultados foram bons, e vimos nele um potencial de longo prazo como líder, o que expressamos mais de uma vez.

Os negócios de televisores da RCA também tinham um CEO muito bom — um veterano do setor, com a sabedoria e a experiência que visivelmente faltava ao seu colega do nosso lado. Ele também tinha um bom desempenho e era um forte candidato ao comando do novo negócio de televisores, maior, que surgiria da fusão. Poderíamos ter escolhido qualquer um dos dois.

Mas havia também Rick Miller. Rick era CFO da RCA e um jogador de alta categoria — inteligente, rápido, cheio de criatividade e de energia. A GE já tinha um ótimo CFO, portanto tudo levava a crer que Rick seria demitido.

Por mais que quiséssemos ajudar nosso gerente do negócio de televisores oferecendo o cargo simplesmente não fazia sentido. Acabamos por sugerir que os líderes da GE e da RCA encontrassem novos empregos nos meses seguintes e demos a Rick a posição de CEO. Os dois que saíram conseguiram ótimos empregos em outros lugares.

Um último pensamento sobre a escolha de pessoas: nas integrações mais eficazes, começa durante as negociações, antes da assinatura do acordo. Na fusão do JPMorgan Chase com o Bank One, por exemplo, já havia sido feita uma seleção dos 25 principais gerentes quando a negociação foi fechada. Pode ser difícil repetir algo tão extremo em termos de boas práticas, mas vale a pena tentar.

O ponto principal: lute contra a síndrome do conquistador. Pense na fusão como uma grande colheita de talentos — uma oportunidade em termos de pessoal que, de outra forma, levaria anos de pesquisa e centenas de comissões para *headhunters*. Não a desperdice. Tome decisões difíceis e escolha os melhores, não importando de que lado estejam.

> **A sexta armadilha é pagar caro demais. Não 5% ou 10% a mais, mas tanto que o valor jamais poderá ser recuperado com a integração.**

Essa armadilha está aí desde que alguém vendeu alguma coisa pela primeira vez. Pessoas são pessoas; quando querem algo que alguém também quer, a racionalidade pode ir toda embora. Mais uma vez, a culpa é da pressão do acordo. Essa dinâmica poder acontecer tanto numa venda de garagem quanto em Wall Street.

A propósito, não estou falando de pagar alguns pontos percentuais a mais. Esse tipo de excesso pode ser compensado por uma integração bem executada. Inclusive, desembolsar um pouco de dinheiro a mais pode ser útil caso impeça a manutenção de um eventual ressentimento, o que retarda a integração.

Estou falando, em vez disso, de pagar uma quantia exorbitante em excesso que você nunca conseguirá ter um retorno.

Talvez o melhor exemplo dessa dinâmica tenha sido a fusão Time Warner-AOL, na qual um gigante da mídia com ativos e produtos reais gastou bilhões e bilhões de dólares além da conta em um canal de distribuição com benefícios competitivos pouco claros.

Para surpresa geral, na época houve tanta empolgação com o conceito ilusório de "convergência" que quase todo embarcou na onda. Foi só depois que o fracasso do acordo ficou óbvio que Ted Turner, um membro do conselho que ajudou a promovê-lo, reconheceu em rede nacional que nunca havia gostado da ideia. Àquela altura, no entanto, já era tarde para os acionistas da Time Warner.

Obviamente, os anos 2000 foram uma época em que todo mundo estava pagando caro demais por tudo. Na indústria editorial, por exemplo, a gigante de mídia alemã Gruner + Jahr pagou cerca de 550 milhões de dólares por duas revistas, a *Inc.* e a *Fast Company*.

> Se você perder uma fusão por causa de valores, a vida continua. Outros bons negócios virão.

Na época, a compra fez as outras revistas do ramo de negócios temerem por seus futuros. Mas, durante a recessão que se seguiu, foi possível analisar aquela cifra e vê-la pelo que de fato era: — excessiva. Integração alguma no mundo jamais daria tamanho retorno, fato que uma multidão de executivos depostos da Gruner + Jahr provavelmente atestaria.

Não há um truque para evitar pagar além da conta, nem um cálculo que você possa usar como regra geral para saber quando um valor é alto demais.

Apenas saiba que, se você perder uma fusão por causa de valores, a vida continua. Outros bons negócios virão.

Não existe essa história de "último melhor negócio" — é só a pressão do acordo que faz com que você ache isso.

A sétima armadilha acomete os funcionários da empresa adquirida de cima a baixo: resistência. Em uma fusão, os novos proprietários preferem sempre pessoas que acreditam de verdade, em detrimento dos resistentes — por mais talentosos que sejam. Se você quer sobreviver, supere a angústia e aprenda a amar o negócio tanto quanto eles.

Em outubro de 2004, havia um ótimo artigo no *Boston Globe*, um jornal da minha cidade natal, sobre um "próspero sobrevivente" chamado Brian T. Moynihan. Brian começou a carreira na divisão de fusões e aquisições do Fleet Bank, e, ao longo de mais de quinze anos, foi subindo na hierarquia até comandar os negócios de gerenciamento de patrimônio do banco, função que ocupava quando o Fleet foi comprado pelo Bank of America em abril de 2004.

Nos meses após o anúncio da fusão, muitos executivos do nível de Brian foram demitidos — mas ele, não. Brian foi promovido e passou a cuidar de toda a divisão de gerenciamento de investimentos e patrimônio do Bank of America. Inclusive, o banco estava tão comprometido com Moynihan que transferiu cerca de uma centena de gerentes de pa-

> Resistir a um acordo, não importa quão assustado, confuso ou zangado você esteja, pode ser fatal para a sua carreira, sem falar no seu bem-estar emocional.

trimônio da sua sede na Carolina do Norte para Boston para serem liderados por ele.

"Ainda não está claro por que Moynihan despontou enquanto os colegas caíam", afirmava o jornal.

Para mim, sim. Bastava prestar atenção numa frase de Alvaro de Molina, presidente de negócios globais e de investimento do Bank of America, citada no mesmo artigo.

Brian, dizia ele, "se mostrou um parceiro logo de imediato".

O que me leva a uma enorme armadilha que acomete muitas pessoas de empresas adquiridas: a resistência. Resistir a um acordo, não importa quão assustado, confuso ou zangado você esteja, pode ser fatal para a sua carreira, sem falar no seu bem-estar emocional.

Bom, não sei se Brian Moynihan alguma vez se sentiu assustado, confuso ou zangado com a fusão do Fleet com o Bank of America. E, de certa forma, isso não importa, porque ele claramente não demonstrou nenhuma dessas emoções. Em vez disso, demonstrou exatamente o que é preciso demonstrar para sobreviver a uma fusão: entusiasmo, otimismo e apoio sincero.

Por quê? Porque, para um adquirente, não há nada pior do que pagar rios de dinheiro por uma empresa para depois cruzar a porta de entrada e ser recebido por um monte de rostos contrariados e atitudes amarguradas.

De que serve isso?

Sim, alguma resistência à mudança é normal. Mas, se você quiser manter seu emprego em meio a um conjunto de talentos subitamente maior e, francamente, se quiser ter prazer no trabalho, *não faça papel de vítima!* Supere o acordo, pense em maneiras de fazê-lo funcionar e adote a postura mais otimista possível. Diga a si mesmo que os bons e velhos tempos ficaram para trás — e que o melhor está por vir.

Compreendo que nem todo mundo consegue abraçar essa noção, mas há um preço a se pagar caso isso não seja feito.

Bill Harrison se recorda de uma reunião com um gerente muito talentoso do JPMorgan Chase, um dos principais "rostos contrariados" após a fusão.

"Pelo amor de Deus, cara, você é muito bom, queremos muito manter você aqui", Bill disse a ele, "mas, se não for mais positivo e abraçar essa mudança, você não vai sobreviver."

O final inevitável dessa história é que o gerente era, como Bill diz, "como a maioria das pessoas: incapaz de esconder seus sentimentos". E deixou a empresa poucos meses depois.

Em uma fusão, os gerentes vão preferir sempre pessoas que torçam pelo sucesso do negócio, ainda que não sejam tão talentosas ou tão capazes quanto as pessoas que estão fazendo beicinho. Quando há duas pessoas disputando um mesmo cargo, se suas habilidades forem semelhantes, vence o candidato que for otimista, entusiasta da fusão.

Tenho um velho amigo que trabalhou quase toda a sua carreira em uma grande companhia de seguros, alcançando o cargo mais alto no setor de marketing, relações públicas e relações com a comunidade. Esse executivo era muito próximo do CEO da empresa, e esse relacionamento lhe proporcionou todo tipo de entrada no processo de tomada de decisão executiva. Ele era o braço direito, o confessor e a caixa de ressonância do CEO, embora seu título não sugerisse tamanha influência.

Então, alguns anos atrás, a empresa onde meu amigo trabalhava foi adquirida por uma outra, de serviços financeiros, sediada no outro extremo do país, e seu amigo, o CEO, foi "promovido" a presidente, com uma estratégia de saída em dois anos.

Não fiquei propriamente surpreso quando, um mês depois, meu amigo me ligou e pediu para me encontrar para tomar um drinque; o quanto antes, melhor. Quando nos vimos, alguns dias depois, ele estava desolado.

"Não tenho mais valor algum para a empresa. Chutaram meu chefe lá em cima; o tiraram de campo. O novo está longe, lá na sede, e nós dois ainda não sabemos ao certo quem fará o quê. Odeio essa situação."

Resumidamente, aconselhei meu amigo a fazer amizade com o novo chefe e a encontrar o maior número possível de maneiras de tornar a fusão um sucesso. Se ele fosse tão bom em seu trabalho como afirmava, o novo CEO logo perceberia. Enquanto isso, seria uma estupidez acabar sendo demitido por causa de ressentimentos.

Minha principal mensagem foi, de algum modo: "Engula seu orgulho, prove seu valor e comece de novo."

Um ano se passou, e meu amigo nunca esteve tão feliz profissionalmente. Conquistou uma nova posição, na supervisão da integração de três empresas que se sobrepunham, assumiu a responsabilidade de aconselhar o novo chefe de marketing e finalmente encontrou um papel importante, de alto impacto, trabalhando com os novos publicitários em uma campanha de branding.

"Não sei por que foi tão difícil", contou. "Estou sempre falando para as pessoas que mudanças são boas, e aí deixo que uma mudança me assuste. A parte mais difícil foi me convencer a sair do buraco. Na verdade, eu tive que fingir por um tempo, mas um dia eu finalmente superei tudo aquilo e parei de ser um chato."

Esse é um bom conselho para ter em mente, da próxima vez em que quiser reclamar sobre um acordo, sobre os novos chefes e sobre como o destino é trágico. Você e sua péssima postura podem ser substituídos — e serão, caso você não aprenda a amar o negócio da mesma forma que os compradores.

■

Fusões significam mudanças.

Mas mudar não é ruim. E fusões, em geral, são muito boas. Não são apenas uma parte necessária dos negócios, como têm o potencial de proporcionar um crescimento lucrativo e colocá-lo em uma nova e emocionante posição estratégica a uma velocidade que o crescimento orgânico não tem como superar.

Sim, fusões e aquisições têm seus desafios, e diversas pesquisas dizem que mais da metade não agrega valor algum. Mas isso não significa que você precisa ser vítima dessa estatística.

Não se deixe contaminar pela pressão do acordo e evite as sete armadilhas — depois colha os frutos do que acontece quando 1 + 1 = 3.

15

Six Sigma

MELHOR DO QUE IR AO DENTISTA

NOS DOIS CAPÍTULOS anteriores, examinamos um dos aspectos mais empolgantes dos negócios, o crescimento — tanto ao iniciar algo novo quanto por meio de fusões e aquisições.

Neste capítulo, vamos saltar para a outra ponta do espectro para falar (brevemente, prometo) sobre o que pode ser um dos tópicos mais sombrios dos negócios: o Six Sigma.

Eu, particularmente, sou um grande fã do Six Sigma, o programa de melhoria de qualidade da Motorola que a GE adotou em 1995 e que continua a aplicar até hoje.

Nada se compara ao Six Sigma quando se trata de melhorar a eficiência operacional de uma empresa, aumentar a produtividade e reduzir custos. O programa aprimora a engenharia de projetos, permite que os produtos cheguem mais depressa ao mercado, com menos defeitos, e fortalece os laços de fidelidade do cliente. Talvez o maior benefício do Six Sigma, apesar de pouco mencionado, seja a capacidade de desenvolver um quadro de grandes líderes.

Simplificando, o Six Sigma é uma das grandes inovações do gerenciamento do último quarto de século, uma forma extremamente poderosa de

> Se aplicado da maneira certa, o Six Sigma é energizante e extremamente gratificante. Pode até ser divertido.

aumentar a competitividade de uma empresa. Hoje em dia, com o Six Sigma sendo cada vez mais adotado por empresas em todo o mundo, você não pode se dar ao luxo de não conhecê-lo, e menos ainda de não praticá-lo.

E, no entanto, o Six Sigma provoca ansiedade e confusão.

Nos últimos anos, em praticamente todas as sessões de perguntas e respostas que realizei, em dezenas de países, alguém da plateia me fez perguntou sobre o Six Sigma em tom de sofrimento. É visível como o grau de interesse dos presentes despenca e seus olhos perdem o brilho, como se estivessem se preparando para encarar uma longa palestra repleta de termos técnicos, complementada por gráficos e tabelas.

Estou sendo um pouco exagerado, claro, mas é justo dizer que, para muitos, o conceito de Six Sigma parece uma ida ao dentista. Mas a verdade é que o programa é o exato oposto de um tratamento de canal ou qualquer outro procedimento assustador. Se aplicado da maneira certa, o Six Sigma é energizante e extremamente gratificante. Pode até ser divertido.

É preciso apenas entender o que realmente é o Six Sigma.

Não há nada de técnico no que estou prestes a dizer. Se quiser saber mais sobre a premissa estatística por trás do conceito ou aprender os requisitos para se qualificar no Six Sigma, há uma enxurrada de livros, vídeos e programas de treinamento aguardando ansiosamente.

Mas, para o que quero explicar aqui, vou ser bastante claro sobre o significado do Six Sigma e sobre o que ele faz. É o que eu chamo de "Six Sigma para Leigos", ou seja, aquelas pessoas que, como eu, preferem ouvir a versão compacta sobre o que é Six Sigma e por que ele é tão importante. Essa explicação não visa a satisfazer cientistas e engenheiros, que precisam *de fato* entender a base estatística do Six Sigma, a fim de incorporá-lo ao planejamento de experimentos e equipamentos complexos.

Aqui vai:

O Six Sigma é um programa de qualidade que, quando aplicado à risca, otimiza a experiência de seus clientes, reduz custos e forma líderes melhores.

O Six Sigma faz tudo isso reduzindo o desperdício e a ineficiência e permitindo que produtos e processos internos de uma empresa sejam projetados para que os clientes obtenham o que desejam, na hora em que desejam e no prazo em que você prometeu. Obviamente, você quer deixar seus clientes mais satisfeitos do que deixam seus concorrentes, não importa se administra a Upper Crust Pizzeria ou fabrica os mais poderosos motores a jato. No capítulo sobre estratégia, falamos sobre a fidelidade dos clientes e usamos o adjetivo *grudados* para descrever o que você espera deles. Bem, uma parte importante para fazer seus clientes "grudarem" é atender ou superar as expectativas, e é justamente isso o que o Six Sigma ajuda você a fazer.

Se existe uma coisa que faz com que os clientes desgrudem é a inconsistência dos serviços ou produtos.

Vamos supor que você produz peças de reposição e promete entregas em dez dias.

Em três diferentes entregas, seus clientes recebem as peças depois de cinco, dez e quinze dias. Em média, entregas em dez dias.

Nas três entregas seguintes, as peças chegam em dois, sete e doze dias. Média de sete dias, uma melhoria supostamente significativa na experiência do cliente. Mas, na verdade não — você pode ter melhorado algum processo interno ou reduzido custos, mas, para o cliente, a experiência não representou nada além de inconsistência!

Com o Six Sigma, seus clientes receberiam todas as três entregas em dez dias, ou, na pior das hipóteses, em nove, dez e onze dias, respectivamente.

O Six Sigma, em outras palavras, não tem a ver com *médias*. Tem a ver com *variações* e como eliminá-las da sua interação com o cliente.

> Uma parte importante para fazer seus clientes "grudarem" é atender ou superar as expectativas, e é justamente isso o que o Six Sigma ajuda você a fazer.

Para eliminar a variação, ele exige que as empresas destrinchem toda a cadeia de suprimentos e distribuição e também o design de produtos. O objetivo é eliminar tudo o que possa provocar desperdício, ineficiência ou insatisfação do cliente devido à imprevisibilidade.

Portanto, o Six Sigma é isso — a eliminação de surpresas desagradáveis e de promessas falsas.

SIMPLES, COMPLEXO OU NADA

Visto em perspectiva, o Six Sigma tem duas aplicações principais. Primeiro, pode ser usado para eliminar a variação em tarefas rotineiras, relativamente simples e recorrentes — ou seja, atividades que se repetem com frequência. Segundo, pode ser usado para garantir que projetos grandes e complexos funcionem corretamente na primeira tentativa.

Há uma infinidade de exemplos do primeiro tipo de aplicação. Existem call centers pelo mundo todo, da Índia aos Estados Unidos, que usam o Six Sigma para garantir que a chamada seja atendida após o mesmo número de toques a cada ligação. As centrais de processamento de cartão de crédito utilizam o Six Sigma para garantir que as pessoas recebam faturas precisas no mesmo dia, todo mês.

A segunda aplicação do Six Sigma é no território de engenheiros e cientistas envolvidos em empreendimentos complexos, que às vezes levam anos para serem concluídos. Se você está investindo centenas de milhões de dólares no desenvolvimento de um novo motor a jato ou uma nova turbina a gás, não pode se dar ao luxo de descobrir inconsistências no processo ou no projeto só no fim do jogo. O Six Sigma é incrivelmente eficaz para identificá-las ainda na prancheta, ou melhor, na tela do computador.

É claro que a quantidade necessária de treinamento e de formação no Six Sigma depende de onde e como você pretende aplicá-lo.

Para a primeira aplicação — atividades simples e repetitivas —, o nível de treinamento e formação é sem dúvida flexível. Para descobrir as principais causas das inconsistências, as pessoas precisam saber que tipo de informação coletar e como analisá-las. O rigor deste tipo de treinamento tem um efeito colateral fantástico. Forma pensamento crítico e gera disciplina. Essa é uma das razões pelas quais percebemos que toda vez que uma empresa mergulha no Six Sigma, melhora não apenas o seu desempenho financeiro, mas o seu gerenciamento. Todos os gerentes se tornam melhores líderes.

Já a segunda aplicação é diferente. Envolve um nível mais sofisticado de treinamento e de análise estatística. Eu mesmo nunca tive esse tipo de treinamento, mas sei, pela experiência muito positiva da GE com motores a jato e turbinas, que funciona.

Não se engane: o Six Sigma não cabe em todos os setores da empresa. Forçar sua aplicação em atividades criativas, como redação publicitária, novas iniciativas de marketing ou transações pontuais, como a dos bancos de investimento, faz pouco sentido e provoca perda de produtividade. O Six Sigma é destinado — e tem o seu impacto mais significativo — a processos internos repetitivos e projetos complexos de novos produtos.

ENTÃO, POR QUE O PÂNICO?

A essa altura, você deve estar se perguntando: se o Six Sigma é tão descomplicado, por que gera tanta ansiedade e confusão?

Provavelmente, por causa da forma como é apresentado. Em muitos casos, os diretores contratam especialistas externos — cientistas, estatísticos, engenheiros ou consultores em Six Sigma — para pregar o novo evangelho. Essas pessoas, por mais bem-intencionadas que sejam, passam a assustar todo mundo com apresentações complexas do PowerPoint que só um professor do MIT seria capaz de apreciar. Para piorar, costumam apresentar o Six Sigma como um remédio para todos os setores da empresa. Nenhuma atividade é poupada.

Muitos anos atrás, o CEO de uma famosa empresa de bens de consumo me visitou para saber o que eu achava sobre o Six Sigma. "Estamos começando bem", con-

> "Estamos começando bem. Contratamos vários estatísticos e estamos em busca de mais." Pensei com meus botões: coitado, esse rapaz está indo longe demais!

tou. "Contratamos vários estatísticos, de universidades como a Carnegie Mellon, e estamos em busca de mais."

Pensei com meus botões: coitado, esse rapaz está indo longe demais!

Expliquei isso a ele — não com essas palavras, claro. Falei que os estatísticos podem ser ótimos, mas, para os projetos relativamente simples que ele tinha em mãos, bastava que todos na empresa compreendessem o Six Sigma. Especialistas recém-saídos da universidade só iam servir pra assustar.

Ele disse que ia pensar no assunto, mas acho que estava apenas sendo educado. O sujeito enxergava o Six Sigma como assunto exclusivo de especialistas, não algo que devia estar no sangue da empresa.

■

Com o tempo, a maioria das pessoas entende o que é Six Sigma e onde aplicá-lo — ou *não* aplicá-lo — no contexto da empresa. Acima de tudo, também passam a apreciar o incremento na competitividade depois de vê-lo em ação por alguns meses. Nesse momento, geralmente se tornam missionárias do Six Sigma.

Portanto, da próxima vez que ouvir falar em Six Sigma, não saia correndo para se esconder. Depois de entender a lição simples de que "variações são ruins", você terá percorrido 60% do caminho para se tornar um especialista em Six Sigma.

Para percorrer os 40% restantes, basta passar a vê-lo com bons olhos.

SUA CARREIRA

16. O EMPREGO CERTO

**Encontre-o e você nunca mais trabalhará
um só dia**   **251**

17. COMO SER PROMOVIDO

Desculpe informar, não existem atalhos   **271**

18. PEDRAS NO SAPATO

Aquele maldito chefe   **291**

19. EQUILÍBRIO ENTRE VIDA PROFISSIONAL E VIDA PESSOAL

**Tudo o que você sempre quis saber
(mas tinha medo de ouvir)**   **303**

16

O emprego certo

ENCONTRE-O E VOCÊ NUNCA MAIS TRABALHARÁ UM SÓ DIA

DIZ-SE QUE SÓ podemos viver a vida para frente e entendê-la em retrospecto. O mesmo se aplica às carreiras.

Toda vez que pergunto às pessoas bem-sucedidas sobre seus primeiros empregos, a reação imediata é quase sempre uma risada. O ex--presidente e ex-CEO da Procter & Gamble A. G. Lafley achava que seria professor de história, especialista em Renascimento. Esse plano de carreira foi por água abaixo quando ele abandonou a faculdade para servir à Marinha por dois anos, depois passou mais seis administrando mercearias perto de uma base naval em Tóquio.

Ou então Meg Whitman. Ela começou sua carreira como consultora administrativa; depois entrou para a Disney, para abrir as primeiras lojas no Japão; a seguir foi para a Stride Rite, renovar a marca Keds; assumiu a floricultura FTD, que passava por dificuldades; e, em seguida, entrou para a Hasbro, para comandar as divisões PlaySkool e sr. Cabeça de Batata.

Faz todo o sentido que Meg Whitman terminaria se tornando CEO do eBay, a varejista que vende absolutamente tudo, não faz? Mas sabemos que não havia nada *planejado* especificamente sobre a carreira dela. O eBay nem mesmo existia até alguns anos antes!

– 251 –

Meu ponto: é praticamente impossível saber para onde determinado trabalho o levará. Inclusive, se você conhece alguém que segue de maneira fiel um plano de carreira, procure não sentar muito perto em um jantar. Que chatice!

Obviamente, não vou dizer para deixar tudo nas mãos do destino. Um bom emprego pode deixar sua vida mais emocionante e dar sentido às coisas. O errado pode sugar toda a sua energia.

Mas como achar o emprego certo?

A primeira resposta é simples: suportar o mesmo processo cansativo, dispendioso, imprevisível e repleto de erros e acertos pelo qual todas as pessoas que trabalham passam. Você aceita um emprego, descobre do que gosta e do que não gosta, no que é bom ou ruim e, um tempo depois, muda de emprego, para afinar um pouco mais o ajuste. E vai fazendo isso até que um dia se dá conta: "Ei, finalmente estou no emprego certo. Gosto do que eu faço e estou fazendo as concessões às quais estava disposto."

Sim, concessões, porque pouquíssimos empregos são perfeitos. Você pode amar o seu trabalho com todas as forças, mas gostaria que o salário fosse maior. Ou você pode gostar só um pouco, mas amar seus colegas. Não importa quais sejam as dimensões, existe o emprego certo esperando por você.

Meu objetivo neste capítulo é tornar o processo de encontrá-lo um pouco mais curto e, com sorte, menos misterioso.

De que forma?

A maioria dos empregos envia sinais sobre o quanto combinam, ou não, com você. E isso se aplica a trabalhos em todos os níveis de uma empresa; você pode ser um recém-formado, um gerente de nível médio tentando galgar posições ou um executivo sênior procurando um emprego de destaque. Existem, claro, situações especiais no processo de busca de uma posição profissional que pedem outro tipo de análise — encontrar o primeiro emprego, encontrar trabalho quando você está preso em um cargo que detesta, encontrar algo depois de ter sido demitido. Vamos tratar dessas situações ao fim deste capítulo.

Mas, primeiro, vejamos os sinais gerais, bons e ruins, de que um emprego é adequado.

– 252 –

SUPONHA QUE VOCÊ ESTÁ EM BUSCA DE UM NOVO EMPREGO...

SINAL	TOME COMO UM BOM SINAL SE...	ACENDA O ALERTA SE...
PESSOAS	Você gosta muito das pessoas — constrói relações e gosta de verdade da companhia. De fato, elas até pensam e agem como você.	Você sente que não pode ser seu verdadeiro eu no ambiente de trabalho. Depois de uma visita à empresa, você se vê dizendo coisas como "não preciso ser *amigo* dos meus colegas de trabalho".
OPORTUNIDADE	O trabalho lhe oferece a oportunidade de crescer como pessoa e profissionalmente, e você tem a sensação de que vai aprender coisas que nem sabia que precisava.	Você está sendo contratado como especialista e, ao chegar, provavelmente será a pessoa mais experiente da equipe na sua área.
OPÇÕES	O trabalho oferece credenciais que vão agregar ao seu currículo e faz parte de um negócio e uma indústria com futuro.	O setor atingiu um pico ou está passando por uma crise, e a própria empresa, por diversas razões, fará pouco para expandir suas opções de carreira.
CONTROLE	Você está aceitando o emprego por razões próprias, ou sabe por quais razões externas o está assumindo, e se sente em paz com isso.	Você está aceitando o emprego por inúmeros outros motivos, como um cônjuge que quer que você viaje menos ou aquela professora da sexta série que disse que você nunca ia prestar para nada.
CONTEÚDO DO TRABALHO	Você fica animado com "as coisas" do trabalho deixam você animado — você ama o trabalho, que parece divertido e significativo, e, inclusive, toca algo primordial em sua alma.	O trabalho parece um trabalho. Ao aceitá-lo, você diz coisas como "É só até aparecer coisa melhor" ou "O salário é muito bom".

UMA PALAVRA SOBRE DINHEIRO

Antes de falarmos sobre cada um desses sinais com mais detalhes, alguns pensamentos sobre dinheiro, o elefante no meio da sala durante qualquer conversa sobre emprego.

Não existe nada pior do que um cara que ganhou algum dinheiro ao longo da carreira falando para os outros que dinheiro não deveria ter importância para as pessoas na hora de escolher um emprego. Portanto, não vou fazer isso. Na verdade, vou dizer que *é claro* que o dinheiro é importante — e muito.

Quando aceitei meu primeiro emprego, eu tinha várias ofertas na mesa, mas a da GE pagava 1.500 dólares a mais por ano do que qualquer outra. Recém-formado, eu estava sem dinheiro. Aquela quantia parecia muito e fez a diferença na minha decisão. Um ano depois, recebi meu primeiro aumento na GE. Quando descobri que havia sido exatamente a mesma quantia que todos os outros membros da minha unidade receberam, minha crença incontornável no mérito me fez dizer: "Fuja desse lugar!" Mas eu não saí até encontrar outro emprego em uma empresa de produtos químicos em Skokie, Illinois, que me ofereceu 25% a mais. Acabei sendo convencido a ficar, mas não teria ficado se a GE não tivesse coberto o salário oferecido pela empresa de Skokie.

Visto que não há como dissociar o dinheiro das decisões sobre emprego e carreira, o melhor que pode fazer é chegar a um acordo sobre o quanto de dinheiro importa para você. Lembre-se, pode parecer muito nobre dizer que não liga para ser rico; outra coisa muito diferente é conviver com essa decisão ao longo dos anos, sobretudo, quando as hipotecas e as mensalidades começam a se acumular.

Não é errado querer dinheiro, sentir-se indiferente a ele ou sentir algo que seja um meio-termo entre essas duas situações. Mas, se não for honesto consigo mesmo sobre esses sentimentos durante os primeiros anos da sua carreira, vai acabar passando por muito arrependimento mais tarde.

Agora, vamos analisar os sinais de adequação ao emprego, que foram listados sem ordem específica, uma vez que todos são igualmente importantes.

PESSOAS

O primeiro sinal diz respeito às pessoas, porque todo o resto do trabalho pode ser perfeito — as tarefas, o salário, a localização —, mas, se você não gosta dos colegas com quem convive diariamente, o cotidiano pode ser uma tortura.

Isso pode parecer óbvio, mas fico surpreso com a frequência com que encontro pessoas que aceitaram empregos em empresas nas quais não compartilhavam os sentimentos gerais da organização. Com isso, quero dizer uma gama de valores, traços de personalidade e comportamentos, que vão desde a intensidade dos colegas, passando pela naturalidade com que lidam com a discordância, a franqueza com que falam sobre desempenho, até o quanto riem durante as reuniões.

Ao ingressar numa empresa onde seus sentimentos não têm lugar, você vai se pegar vestindo uma máscara apenas para sobreviver. Nada melhor para acabar com uma carreira do que ter que fingir ser outra pessoa todos os dias.

Eu conheço uma mulher — vamos chamá-la de Claire —, com MBA que se tornou gerente de uma organização sem fins lucrativos assim que concluiu a graduação. No início, Claire achou que tinha o emprego perfeito — poderia usar suas habilidades de negócios para administrar uma empresa e, ao mesmo tempo, "tornar o mundo um lugar melhor", para usar as palavras dela.

No entanto, passados muitos anos, Claire estava esgotada. Seus colegas tomavam todas as decisões em ritmo de lesma. "Não importa se estamos decidindo onde vamos almoçar ou elaborando um plano de marketing", contou. "Ninguém pode se sentir 'não ouvido'. É preciso haver consenso. Isso está me tirando do sério! Esta organização é cheia de boas intenções, mas nada é concretizado."

Por fim, Claire decidiu que não aguentava mais a falta de compatibilidade em termos de sentimentos que via no ambiente sem

> Você precisa encontrar "seu pessoal", e quanto antes, melhor. Nenhum emprego é perfeito sem a presença de sentimentos em comum.

fins lucrativos e começou a procurar um emprego de consultoria no setor privado. Encontrou uma empresa famosa por seu trabalho *pro bono*, e a ideia de que poderia trabalhar lá e ainda manter um pé (ou pelo menos o dedão) no mundo "das pessoas boas" compensava.

O problema era que a empresa não queria contratá-la. "Você não trabalhou na mesma velocidade ou com o mesmo tipo de intensidade que exigimos", disseram. "A gente precisa de alguém que já chegue pronta para entrar em campo." Basicamente, disseram: "Precisamos de alguém como nós."

Claire continua na mesma organização sem fins lucrativos, resignada a tirar o melhor proveito de lá. O triste é que, segundo ela, "encontrei 'meu pessoal' naquela empresa de consultoria", mas era tarde demais. "Simplesmente não conseguiram ver que eu era capaz de ser como eles."

Você também precisa encontrar "seu pessoal", e quanto antes, melhor. Nenhum emprego é perfeito, de um jeito ou de outro, sem a presença de sentimentos em comum.

OPORTUNIDADE

O segundo sinal de adequação ao emprego diz respeito à oportunidade, ou seja, em que medida ele oferece oportunidade para você crescer e aprender?

Sem dúvida, pode ser muito atraente aceitar um emprego onde você imagina que será fácil realizar grandes proezas. A garantia de sucesso traz suas recompensas para alma e para o bolso.

Mas qualquer emprego que você aceite precisa parecer desafiador em alguma medida. Deve lhe fazer pensar: "Eu sei fazer a maior parte do trabalho, mas sem dúvida existem habilidades e conhecimentos que essa função exige que eu ainda não tenho. Vou aprender alguma coisa aqui."

Em outras palavras, qualquer novo emprego deve pôr suas habilidades à prova, não ser um tiro certo.

Por quê? Porque se desafiar, crescer, aprender, todas essas atividades o mantêm envolvido, com energia. Tornam o trabalho mais interessante e fazem você se dedicar.

Sim, um trabalho desafiador aumenta as chances de cometer erros. É por isso que você também deve ingressar em uma empresa em que o aprendizado seja um valor legítimo, o crescimento para todos os funcionários seja um objetivo concreto, os erros nem sempre sejam fatais e onde haja muitas pessoas às quais você possa recorrer em busca de orientação.

Aliás, desafios não surgem apenas para pessoas em início de carreira, e é bom que seja assim.

Vejamos o caso de Robert Bagby, que dirigia a corretora A.G. Edwards. Bob diz que assumiu duas vezes empregos verdadeiramente desafiadores — com 26 anos de intervalo entre um e outro. O primeiro foi quando ele começou a trabalhar como corretor, numa empresa em Kansas City. O segundo foi em 2001, quando ele foi nomeado presidente e CEO da A.G. Edwards.

"Primeiro, me tornei corretor — meu Deus, eu não tinha a menor ideia do que estava fazendo nem do motivo de ter aceitado o emprego. O telefone era como uma cobra venenosa. Eu tinha medo até de encostar nele."

Dentro de alguns meses, porém, Bob havia adquirido habilidades suficientes para começar a se destacar. Passou a amar o negócio de corretagem; em pouco tempo, seu território se expandiu, e as promoções foram surgindo.

Ele nunca mais se sentiu fora de lugar, até que o conselho da A.G. Edwards o convidou para ser CEO.

"Foi o mesmo sentimento, mais uma vez", disse Bob. "Não existe nada que prepare você para ser CEO. Toda a sua história pregressa e todos os sucessos do passado simplesmente não importam mais. Você tem que reconquistar o respeito."

A promoção de Bob ao cargo de CEO não poderia ter chegado em momento mais desafiador. A bolha da Internet estourou, e o mercado entrou em crise após o 11 de Setembro. Bob teve que supervisionar os primeiros cortes na força de trabalho da empresa e redirecionar sua cultura.

> Qualquer novo emprego deve pôr suas habilidades à prova, não ser um tiro certo.

"Eu diria que levou um ano para que eu voltasse a pisar em terra firme", contou. "Depois as coisas voltaram ao normal de verdade — e de forma divertida."

A história de Bob, como tantas outras, ilustra que você não deve ter medo de um trabalho que pareça grande demais logo de cara. Se você é bom — e foi por isso que foi contratado ou promovido —, irá se acostumar e ficar cada vez melhor conforme ganhe experiência.

OPÇÕES

Se o sinal da oportunidade fala sobre achar um emprego onde seja possível enfrentar desafios e crescer, o das opções fala sobre encontrar um emprego que o ajude caso um dia você deixe a empresa.

Trabalhar para determinadas empresas é como conquistar uma medalha olímpica. Pelo resto da sua carreira, você estará associado ao sucesso e ao ótimo desempenho. A firma de consultoria McKinsey & Company é assim. Por ser famosa por contratar os MBAS mais capazes e enérgicos do mundo e por sua reputação de oferecer um treinamento intensivo, seus ex-funcionários sempre recebem atenção especial no mercado de trabalho. Da mesma forma, nos meus primeiros dias na divisão de plásticos da GE, estávamos sempre tentando contratar pessoas saídas da DuPont, e ficávamos muito empolgados quando conseguíamos. Podia não ser verdade, mas, na nossa opinião, se você tivesse um engenheiro da DuPont, tinha em mãos o conhecimento mais avançado de processos e técnicas.

Microsoft, Walmart e Johnson & Johnson também são enormes "marcas de funcionários" — ou seja, seu pessoal obtém uma espécie de credencial apenas por trabalhar para essas empresas por alguns anos. Sei que sou suspeito para falar, mas a GE também está nessa categoria. Hoje, vários ex-funcionários são CEOS de empresas listadas no índice Dow 30.

> Trabalhar para determinadas empresas é como conquistar uma medalha olímpica. Pelo resto da sua carreira, você estará associado ao ótimo desempenho.

Muitos outros são CEOS de empresas da Fortune 500, e milhares são executivos de empresas de todo o mundo.

Obviamente, você não pode deixar que o fenômeno das marcas de funcionários oriente por completo suas escolhas de emprego. Pode acabar parando em uma empresa extremamente bem conceituada apenas para descobrir que seu chefe é péssimo, ou que as responsabilidades do cargo são muito limitadas. Mas esse tipo de situação é menos provável nas empresas boas sobre as quais estamos falando.

Você pode achar que estou deixando de lado empresas pequenas ao dar esse conselho. Não é verdade. Algumas de pequeno porte oferecem experiências e um grau de exposição insuperáveis. Você tem a oportunidade de gerenciar pessoas logo no início de sua carreira, comandar projetos ou unidades mais cedo, sem mencionar negociar aquisições e trabalhar mais de perto com o CEO e o conselho. Quando estiver pronto para seguir em frente, não terá as credenciais de uma empresa de prestígio, mas terá muita quilometragem. Isso conta muito em todo tipo de lugar — sobretudo em outras empresas pequenas, firmas de capital de risco e startups.

Existe um segundo aspecto do sinal das opções.

Algumas organizações serão mais ou menos atraentes devido à reputação. Em outras, a atratividade estará relacionada ao setor a que pertencem.

Na década de 1960, atuar na indústria de plásticos era um passaporte para o futuro. O setor estava em expansão, com novas aplicações sendo desenvolvidas todos os dias. Nos anos 1970, devido à crise energética, as ofertas de emprego transbordavam para quem tivesse um diploma ou experiência prática em geologia. E, é claro, as pessoas que se envolveram com alta tecnologia e finanças no final da década de 1980 e ao longo dos 1990 tiveram boas oportunidades por um longo período.

Em palestras, muitas vezes me perguntam quais indústrias eu recomendaria para recém-formados e MBAS hoje em dia. Digo sempre para procurarem empresas que façam negócios na interseção dos campos da biologia e da tecnologia da informação. E sugiro que aprendam tudo o que puderem sobre a China, que permeará todos os aspectos dos negócios pelo resto de suas vidas.

> Cada emprego que você aceita é uma aposta que pode tanto aumentar seu leque de opções quanto esgotá-las.

Isso faz com que eu me lembre de uma coisa que um conhecido meu, um executivo de muito sucesso que serviu na força aérea antes de iniciar sua carreira comercial, disse certa vez. Ele é frequentemente procurado por headhunters, e contou que suas primeiras perguntas sobre um trabalho em potencial são exatamente as mesmas que fazia como piloto de caça, avaliando a situação.

"Quando eu estava em uma missão, sempre perguntava: 'Qual é a altitude? Quais são as condições meteorológicas pela frente? Onde está o inimigo?' E acho que o mesmo vale para os negócios. Você precisa saber o mesmo tipo de coisa sobre um emprego ou uma indústria. A empresa está se recuperando de uma crise? A dinâmica econômica é complicada? A concorrência é pesada? A indústria já está saturada, ou ainda apenas decolando? As minhas expectativas são razoáveis, ou estou entrando em uma bomba-relógio?"

Agora, você pode fazer essas perguntas e descobrir que o emprego que lhe agrada tem um futuro problemático. O setor de transportes aéreos tem uma dinâmica econômica muito difícil e salários relativamente baixos, sobretudo para cargos de nível gerencial. Os setores de hotelaria e editorial também não são muito bons.

Ainda assim, algumas pessoas adoram o romantismo das viagens aéreas, as aventuras do setor hoteleiro e a emoção de criar livros. Se você é uma dessas pessoas, é claro que deve adentrar esses campos; só não deixe de manter os olhos abertos. Cada emprego que você aceita é uma aposta que pode tanto aumentar seu leque de opções quanto esgotá-las.

CONTROLE

Anos atrás, uma gerente recebeu em seu escritório a visita do filho de um conhecido do mundo dos negócios. O rapaz estava prestes a se formar em Harvard e precisava de conselhos sobre a carreira em dois universos que a gerente conhecia muito bem: bancos de investimento e consultoria de gestão.

O rapaz, com o cabelo bem arrumado, penteado de maneira elegante, chegou preparado com uma lista de perguntas. "Qual era a diferença entre as principais empresas de consultoria? Que tipo de tarefas poderia esperar desempenhar durante seu primeiro ano em Wall Street?" E assim por diante.

A gerente havia trabalhado em firmas de consultoria antes de ingressar em uma empresa de bens de consumo e tinha muitos conhecidos em bancos de investimento. Portanto, respondeu detalhadamente a todas as perguntas. Ela observou o rapaz tomar notas, mas percebeu que ele não estava particularmente interessado em nada do que ela havia dito.

De fato, depois de meia hora mais ou menos, o rapaz agradeceu educadamente e se levantou para ir embora.

Nesse momento, ele enfiou o bloco em uma pasta, que a gerente percebeu estar repleta de desenhos complexos de carros.

"Uau, esses desenhos são incríveis! São seus?", perguntou.

Na mesma hora, o rapaz ficou todo animado. "Sim. Estou sempre desenhando carros", respondeu. "Meu dormitório está coberto de pôsteres e pinturas de veículos — eu assino *todas* as revistas de automobilismo! Sou obcecado por carros desde os 5 anos de idade. Durante toda a minha vida, eu quis ser designer de carros. É por isso que sempre vou a feiras de carros e corridas da NASCAR. Estive em Indianápolis no ano passado — eu fui dirigindo até lá!"

O gerente balançou a cabeça, incrédula.

"Você devia trabalhar em Detroit, na indústria automobilística", disse ela. "Por que você está pensando em consultoria ou serviços bancários?"

O ânimo dele foi embora com a mesma rapidez com que havia chegado. "Meu pai diz que não fui pra Harvard pra trabalhar na indústria automobilística."

Nos minutos seguintes, a gerente tentou fazê-lo mudar de ideia, mas logo percebeu que estava sendo sugada por uma dinâmica familiar que não era da sua conta.

Não ficou surpresa, alguns meses mais tarde, quando esbarrou com pai do jovem, que contou, orgulhoso, que o filho estava trabalhando oitenta horas por semana em uma firma de Wall Street.

Ao longo das nossas carreiras, todos nós estamos sujeitos a aceitar empregos para atender às necessidades ou aos sonhos de outras pessoas — pais, cônjuges, professores ou colegas de classe.

Isso não é necessariamente errado, desde que você saiba o que está fazendo. Trabalhar para satisfazer as necessidades ou os sonhos de outra pessoa é muito comum. Conheço um cara que se tornou médico porque, durante toda a sua infância, sua mãe — uma imigrante polonesa que amava o "Sonho Americano" — o apresentava dizendo: "Esse aqui será o meu futuro médico!" Ele não chegava a odiar a profissão, mas nunca conheci alguém mais ansioso para a chegada da aposentaria.

Da mesma forma, existem inúmeras histórias de pessoas que aceitam empregos porque seus cônjuges querem que viajem menos. Daí, o que invariavelmente acontece é que o parceiro perde uma promoção por causa da restrição à mobilidade. Às vezes, acusações são disparadas para todos os lados. Em outras, o ressentimento fica só cozinhando.

A dura realidade é que não existe um modo infalível de contornar a questão do controle. Ainda mais porque, à medida que envelhecemos, a vida e os relacionamentos podem se tornar mais complicados. Pouquíssimas pessoas têm total liberdade e independência para aceitar um emprego apenas por critérios individuais. Existem contas a pagar, cônjuges com suas próprias carreiras e, sim, vozes dentro da sua cabeça dizendo o que você deve fazer da sua vida, mesmo muito tempo depois de ter saído da universidade. É por isso que a única forma de evitar de verdade que a questão do controle se volte contra você é ser sincero consigo mesmo sobre a pessoa (ou pessoas) por quem está aceitando aquele emprego.

> Trabalhar para satisfazer as necessidades ou os sonhos de outra pessoa é muito comum.

Ao longo de sua carreira, sem dúvida vai chegar a hora em que você se verá diante do emprego dos sonhos. Se puder aceitá-lo, ótimo. Caso contrário, pelo menos, faça as pazes com os motivos que o limitam.

CONTEÚDO DO TRABALHO

Esse sinal vem por último na tabela, mas poderia facilmente vir em primeiro.

Todo trabalho tem dias ruins ou períodos difíceis e, sim, haverá momentos em que você irá trabalhar essencialmente para sobreviver. Mas, no melhor cenário, você ama o seu emprego — ou, pelo menos, *alguma parte* do que faz. É algo que o anima de verdade. Os clientes, as viagens, a camaradagem na reunião semanal com a equipe de vendas — alguma coisa ligada ao trabalho faz você querer voltar, dia após dia. Às vezes, é o caráter desafiador que o motiva.

Veja o caso de Joel Klein, chanceler do Departamento de Educação da cidade de Nova York. (Conheci Joel através do meu trabalho junto à Academia de Liderança do sistema escolar voltado para novos diretores.) Não seria exagero dizer que Joel poderia ter o emprego que quisesse como consultor jurídico, CEO ou outro cargo igualmente bem-remunerado e prestigiado. Quando era assistente da procuradoria-geral e encarregado da Divisão Antitruste do Departamento de Justiça dos EUA, nos anos 1990, ele enfrentou a Microsoft em uma batalha com ampla divulgação da imprensa e, mais tarde, foi presidente e CEO da divisão americana da Bertelsmann, a gigante global de mídia.

Não há glamour, e há pouquíssima glória, no trabalho de reforma escolar que Joel aceitou em 2002. Não é preciso dizer que ele concordou com uma grande redução salarial para se tornar chanceler, mas, ao aceitar o cargo, também concordou em reformar um sistema bizarramente burocrático, com cerca de um milhão de estudantes espalhados por mais de 1.300 escolas e um orçamento de quinze bilhões de dólares. Ele imediatamente enfrentou com focos de resistência, incluindo ferozes líderes sindicais que estavam empenhados em manter o status quo, mas, mesmo assim, permaneceu firme. Joel aparece em um dos jornais de Nova York quase que diariamente e, como todos têm uma opinião sobre educação, costuma ser objeto de editoriais, tanto elogiosos quanto críticos.

Joel não poderia amar mais seu trabalho.

"Às vezes me pergunto: 'O que eu estou fazendo aqui? Nesse momento eu poderia estar em meio a um almoço muito civilizado e agradável no restaurante de uma grande empresa e, em vez disso, estou em uma escola com altos índices de criminalidade, tentando fazer com que a equipe trabalhe em conjunto para aplicar nosso código disciplinar'", disse, certa vez. "Mas eu cresci em conjuntos habitacionais no Queens e sou fruto das escolas públicas de Nova York. Devo muito aos diretores e professores que dedicaram as vidas ao sistema e mudaram a minha vida e a visão que eu tinha das minhas oportunidades. Tenho a sorte de estar em posição de poder retribuir. Não quero soar piegas, mas esse trabalho parece mais importante do que qualquer outro que já assumi."

Em uma escala muito menor, eu entendo o que ele diz sobre um trabalho parecer mais significativo. O meu sempre me pareceu realmente significativo, mesmo quando (olhando em retrospecto) não estava nem perto de ser. Nunca vou me esquecer de quando eu era professor-assistente na Universidade de Illinois e me pediram para apresentar minha tese de doutorado sobre condensação gota a gota em uma conferência internacional sobre transferência de calor que estava sendo realizada em Boulder, Colorado. Parecia que eu estava concorrendo ao Prêmio Nobel. Meus nervos estavam em frangalhos às vésperas da apresentação, e passei semanas ensaiando. Quando chegou o grande dia, falei — e recebi os educados aplausos que eu merecia. Mas isso não me impediu de correr para o telefone e ligar para minha mãe em estado de completa euforia.

Para ser sincero, lembro-me até hoje da emoção que foi aquele dia!

Por sorte, não é difícil encontrar um emprego que toque fundo em você. Esses cargos estão por toda parte — todo trabalho tem esse potencial, pois basta que pareça importante *para você*. Logo depois que me aposentei da GE, estávamos em Montreal, jantando em um pequeno restaurante francês, onde conversamos com um outro turista americano. Em poucos minutos, descobrimos que aquele sujeito era "o primeiro dentista a abandonar o uso de mercúrio em Quechee, Vermont". Dava para

> Se um emprego não o deixa animado em nenhum aspecto — se o que o atrai é apenas o *dinheiro* —, não o aceite.

ver o orgulho enchendo o peito dele. Não que eu tenha pensado em começar uma nova carreira como dentista, mas o seu entusiasmo era indiscutivelmente contagiante.

Como já disse, todo emprego tem seus prós e contras. Mas, se um emprego não o deixa animado em nenhum aspecto — se o que o atrai é apenas o *dinheiro* —, não o aceite. E não se preocupe em tentar saber de antemão como é um emprego que possui significado.

Você vai saber quando encontrá-lo.

OS CASOS ESPECIAIS

Os sinais de adequação podem ser aplicados a praticamente todas as ofertas de emprego, mas alguns casos especiais exigem uma discussão mais específica.

O primeiro é encontrar o seu primeiro emprego de verdade. Para algumas pessoas de sorte, esse processo é relativamente direto. Elas têm ótimas notas em uma universidade de prestígio e uma experiência de trabalho impressionante ao longo desse caminho. Os recém-saídos da universidade ou do MBA costumam ter muitas opções à disposição, e espero que os sinais listados neste capítulo os ajudem a fazer uma escolha inteligente.

Muitas pessoas, no entanto, não têm opções de sobra na hora de escolher o primeiro emprego. O histórico escolar é apenas bom, a experiência profissional não é particularmente especial. Isso as coloca em uma posição em que precisam se vender para um público que varia de cético a absolutamente negativo.

Se você está nessa categoria, meu maior conselho é: seja autêntico e jogue limpo.

Não há algo menos atraente do que um candidato com um histórico apenas regular que se vende com muitas bravatas ou com excesso de vontade. É caricato, e gerentes experientes são capazes de farejar uma farsa a quilômetros de distância.

A melhor coisa que você pode fazer é contar sua história real. "OK, sei que minhas notas não são muito boas", você pode dizer. "Passei muito tempo praticando esportes e, para ser sincero, muito tempo com meus

> **A autenticidade pode acabar sendo o seu melhor atributo.**

amigos. Sem dúvida eu poderia ter estudado mais, mas tinha outras prioridades, que, provavelmente, não foram as melhores. O motivo pelo qual você deveria me contratar mesmo assim é porque nunca desisto de um desafio, trabalho duro, acredito no seu produto e admiro a sua empresa, e sei que posso dar minha contribuição aqui."

Enquanto estiver contando sua história real, aja com autenticidade. Se você costuma ser espontâneo e bem-humorado, não seja travado nem sisudo nas entrevistas. Se você é nerd, não tente parecer descolado. A empresa deve saber o que está comprando, e é isso que você deve mostrar e ver como reagem. Conheço uma pessoa com MBA que tropeçou no batente de uma porta a caminho de uma entrevista com três executivos de uma prestigiada empresa de consultoria. Depois de se levantar, ela apertou a mão dos entrevistadores e falou: "Meu nome é Grace, sou a professora de balé."

Nenhum dos executivos esboçou um sorriso nem procurou acalmá-la depois do que, visivelmente, havia sido um momento constrangedor. De todo modo, acabaram por oferecer a vaga, que ela recusou.

"Eles viram meu verdadeiro eu, e eu vi o verdadeiro eu deles", lembra.

O que eu quero enfatizar aqui é que, ao procurar seu primeiro emprego, seja você mesmo, sem constrangimentos. A autenticidade pode acabar sendo o seu melhor atributo.

A segunda situação especial é quando você está preso em um emprego e não vê saída. Existem várias maneiras de se ficar preso em um emprego. Não há para onde crescer, já que seu chefe não vai a lugar algum e também não tem interesse em transferi-lo de divisão. Você foi preterido em uma promoção e ouviu que está bem onde está, mas que não vai sair dali tão cedo. Sua empresa só promove pessoas depois de determinado tempo que ainda falta muito para chegar. Você ama o seu trabalho, mas o salário é ruim — ou o salário é ótimo, mas o seu trabalho é péssimo.

Essa mera lista é capaz de fazer qualquer um ter vontade de gritar.

E esse é o problema de estar preso. A frustração vai aumentando dia após dia, até que as pessoas, geralmente, fazem algo estúpido: elas pedem demissão.

Não faça isso. É muito, muito mais fácil conseguir um emprego *estando* em um emprego. Eu iria ainda mais longe e diria: você não apenas deve permanecer, como deve se esforçar mais. Não há algo capaz de lhe proporcionar um novo emprego mais depressa do que ter um ótimo desempenho no atual.

Gerry Roche, ex-presidente sênior da Heidrick & Struggles e um dos headhunters mais respeitados dos Estados Unidos, dizia que, mesmo se você se sente preso, ao apresentar um bom desempenho é provável que atraia a atenção de dois observadores externos: headhunters e concorrentes.

"Aqueles com ótimo desempenho são como os mastros de um navio", disse-me Gerry, certa vez. "Podemos vê-los ao longe no horizonte e estamos sempre tentando trazê-los para o nosso porto."

Por outro lado, o pior tipo de candidato a emprego é o que Gerry chamava de "perenes".

"Os desse tipo ou nunca se esforçam o suficiente ou não conseguem suportar seus empregos, por isso estão sempre distribuindo currículos e dando telefonemas, perseguindo headhunters ou empresas para contratá-los", disse. "Essas pessoas ficam mal vistas."

É claro que, se você estiver preso, precisará enviar sinais para que as pessoas saibam que você está pensando em trocar de emprego. Só não transforme isso no seu propósito de vida, sob o risco de comprometer seus esforços e, pior ainda, deixar de lado a melhor carta que você tem em mãos para conseguir uma nova oportunidade — o seu desempenho.

O terceiro caso especial é achar um emprego depois de ter sido demitido. Anos atrás, almocei com um ex-executivo da GE (vamos chamá-lo de Charlie) que já trabalhou para mim no setor de produção, antes de ser transferido para a área operacional. Depois de promoções, ele assumiu um cargo no qual sofreu por alguns anos, sem conseguir apresentar resultados. Por fim, aos cinquenta e poucos anos, foi dispensado.

A carreira de Charlie, no entanto, não estava perto do fim. Depois de alguns meses, ele entrou para uma empresa de alta tecnologia, primeiro em regime de meio período e depois foi rapidamente chamado para um cargo em tempo integral. A partir daí, foi convidado a ingressar em vários conselhos corporativos e também começou a lecionar em uma renomada faculdade de negócios.

Cinco anos depois daquela demissão, ele contou que o seu trabalho era mais gratificante do que nunca.

Perguntei como ele tinha conseguido voltar com tanta força.

"Olha, eu fiz tudo errado lá atrás", contou. "Meu chefe e eu tínhamos definido metas bastante claras, e eu não as cumpri. Levei muito tempo para demitir dois subordinados diretos que não estavam mostrando resultado. Não reduzi custos com rapidez suficiente quando a crise se aproximou. Eu era otimista demais."

"Eu disse à minha esposa que ia ser dispensado, e fui mesmo."

A resposta racional de Charlie me surpreendeu, porque geralmente as pessoas se tornam muito defensivas depois que são demitidas.

Defensivas e deprimidas.

Ambas as condições, embora naturais e comuns, são o que acabam com suas chances quando você sai em busca de um novo emprego. Um contratante é capaz de perceber autoestima baixa a metros de distância, e as pessoas querem contratar vencedores.

Mas como agir como um vencedor quando você se sente um perdedor? Eu fiz essa pergunta a Charlie.

Ele contou que sua abordagem foi se basear no que chamava de "reservatório de autoconfiança" — a força da família e a reserva de sentimentos positivos em relação a si mesmo e a suas realizações no passado. Ele usou esse capital interno para se manter conectado com colegas de trabalho e criar uma rede de contatos para saber de novas oportunidades. Também usou esse capital para permanecer ativo socialmente e comparecer a atividades comunitárias.

"No começo, talvez as pessoas tenham me olhado de maneira diferente e falado de mim, porque eu não estava mais trabalhando", disse Charlie. "Tentei não pensar demais nisso."

O objetivo, se você foi demitido, é ficar fora do que sempre chamei de "vórtex da derrota", no qual você se deixa ser sugado por uma espiral de inércia e desespero.

Uma razão pela qual as pessoas costumam ser sugadas para o vórtex é que esperam muito tempo antes de começar a procurar outro emprego. Esta é uma questão delicada. Faz muito sentido tirar uma folga depois que você é demitido — digamos, de um ou dois meses — para refletir e se recompor. Por outro lado, quanto mais você espera, maior a probabilidade de começar a duvidar de si mesmo e de os possíveis empregadores pensarem que há algo de errado. Você simplesmente não quer que uma lacuna no seu currículo se torne extensa demais.

> O objetivo, se você foi demitido, é ficar fora do que sempre chamei de "vórtex da derrota", no qual você se deixa ser sugado por uma espiral de inércia e desespero.

Os possíveis empregadores irão, é claro, perguntar por que você saiu do seu último emprego. Seja direto e diga que foi demitido. Todo gerente do mundo sabe o que "Eu renunciei" ou "Deixei o cargo por razões pessoais" significa de verdade.

Tão importante quanto isso é assumir a responsabilidade por sua saída, como meu amigo Charlie fez em nossa conversa. Tomar as rédeas da situação o tornou infinitamente mais atraente do que a atitude tipicamente defensiva que já vi centenas de vezes. "Meu chefe era muito difícil", "Eles não se importavam com os clientes tanto quanto eu" ou a minha preferida: "Era tudo política. Não importava o que você fizesse; tudo se baseava em quem você conhecia."

Compare isso à abordagem de Charlie — mesmo admitindo que está no grau extremo da racionalidade! Quando ele voltou ao mercado de trabalho, não culpou ninguém além de si mesmo. Contou aos entrevistadores o que aprendeu com a experiência e o que faria diferente em seu próximo trabalho. "Estou determinado a ser mais focado nos outros a partir de agora", disse, "e definitivamente vou ser mais rápido em tomar providên-

> Todo gerente do mundo sabe o que "Eu renunciei" ou "Deixei o cargo por razões pessoais" significa de verdade.

cias quanto a pessoas de baixo desempenho. Um dos meus objetivos é provar que eu não cometo os mesmos erros duas vezes."

Se você foi demitido, jamais se apresente de modo arrogante. Mas, ao mesmo tempo, você precisa exalar realismo e otimismo. Valha-se do seu reservatório de confiança. Conte o que aconteceu, fale sobre o que aprendeu e não tenha nunca medo de pedir: "Eu quero apenas uma chance."

Alguém vai dar.

■

Devido à minha "safra", pertenço a um clube muito restrito — o de pessoas que passaram toda a carreira em uma única empresa. Quando concluí a graduação, em 1961, essa era a norma. Hoje, as estatísticas mostram que os profissionais com formação universitária mudam de empresa várias vezes na primeira década de trabalho, assim como aqueles com MBA recém-concluído.

Não sei dizer se isso é bom ou ruim, apenas é. As pessoas têm muita fome e pressa de encontrar o emprego certo.

Aqui vão algumas reflexões, no entanto.

Primeiro, encontrar o emprego certo requer tempo, experimentação e paciência. Afinal, você precisa trabalhar em alguma coisa por algum tempo para descobrir se sabe desempenhar bem determinada tarefa — que dirá, então, afirmar que é a coisa certa para você.

Segundo, encontrar o trabalho certo fica cada vez mais fácil conforme você se aprimora. Talvez isso soe um pouco duro, mas é a realidade. No fim das contas, pessoas talentosas têm a oportunidade de escolher. Os empregos certos as encontram.

Portanto, se você realmente deseja encontrar uma ótima posição profissional, descubra algo que goste de fazer, certifique-se de que está cercado de pessoas de quem gosta e depois dê tudo de si.

Se você fizer isso, sem dúvida encontrará um ótimo emprego — então nunca trabalhará um só dia na vida.

17

Como ser promovido

DESCULPE INFORMAR, NÃO EXISTEM ATALHOS

NO CAPÍTULO ANTERIOR, falamos sobre como encontrar o emprego certo. Este é sobre como conseguir um novo.

Claro, nem todo mundo quer um emprego maior e melhor, mas há muitas pessoas que querem. Se você é assim, este capítulo é para você, não importa se a sua fome é para conquistar a primeira ou a quinta promoção.

Eu já estive nesse lugar. No começo da minha carreira, aos 24 anos, eu não fazia ideia de para onde estava indo ou como chegaria lá, mas estava cheio de ambição.

Meu ímpeto de trabalhar começou bem cedo. Consegui meu primeiro emprego aos 10 anos, como caddie em um clube de golfe perto da minha cidade natal, Salem, Massachusetts. Ao longo do ensino médio e da faculdade tive diversos empregos, de barman a monitor de ensino. Quando me formei na Universidade de Illinois, com doutorado em engenharia química, em 1961, estava ansioso por um emprego na minha área.

O emprego que a GE me ofereceu parecia uma boa proposta. Eu trabalharia em laboratório, desenvolvendo um novo tipo de plástico e, caso tivesse êxito, teria uma chance de sair em campo para vendê-lo. O melhor de tudo: o trabalho era em Massachusetts e pagava mais do que qualquer outra oferta — 10.500 dólares por ano.

Acredite, eu não estava pensando em construir uma *carreira* naquele momento. Se estivesse, eu teria sem dúvida aceitado a proposta da Exxon, onde um diploma em engenharia química significava muito. Mas eu não quis nem saber: a Exxon ficava no Texas! Naquele momento da minha vida, o simples fato de ter ido estudar em Illinois já fazia eu me sentir como se tivesse viajado meio mundo.

Nos treze anos seguintes na GE, fui promovido quatro vezes. Cada uma dessas promoções provocou uma sensação fantástica. Eu gostava de ter mais responsabilidade, fazer negócios maiores, construir fábricas maiores e gerenciar mais pessoas. Mas foi só em 1973 que me dei conta de que eu tinha a chance de ocupar o principal cargo da empresa — e também de que eu *queria* isso. Em um ato de completa arrogância, coloquei isso na minha avaliação de desempenho ao responder à pergunta sobre objetivos de carreira.

Oito anos depois, realizei meu desejo.

Então, como é que isso aconteceu? O que é preciso para se conseguir uma promoção?

A primeira resposta é sorte. Qualquer carreira, não importa o quão linear pareça, é moldada por algum elemento de puro acaso.

Às vezes, a pessoa está no lugar certo, na hora certa, e conhece alguém — em um aeroporto ou em uma festa, por exemplo —, e uma porta se abre. Todo mundo já ouviu uma história assim.

Em outras ocasiões, leva algum tempo para nos darmos conta de que a sorte estava presente. Um velho parceiro de golfe, Perry Ruddick, lembra-se de ter ficado muito decepcionado ao ser preterido em uma transferência para a França, no início da carreira, quando trabalhava no banco de investimentos Smith Barney. Ele achou que havia perdido a melhor chance de se destacar na empresa, sem falar no glamour de Paris em 1966.

> Qualquer carreira, não importa o quão linear pareça, é moldada por algum elemento de puro acaso.

Por sorte, dois anos depois de Perry ter perdido aquela oportunidade no exterior, surgiu outra vaga na empresa, em Nova York, e essa ele conseguiu. Em seu novo cargo, Perry, então com 32 anos, cresceu e comandou as operações de banco de investimento da empresa, e, com uma equipe de jovens operadores com visão de futuro, ajudou-a a atravessar com sucesso um período desafiador de consolidação no setor.

Para resumir, Perry foi vice-presidente da Smith Barney de 1985 até sua aposentadoria, em 1991.

Mas a sorte também pode soprar contra. Às vezes, carreiras ficam estagnadas por mera questão de *timing*. E também podem ziguezaguear por motivos alheios ao seu controle, como uma aquisição, alienação, ou um novo chefe com planos muito diferentes sobre o seu futuro. De vez em quando, você perde uma promoção por causa de politicagem interna ou nepotismo. Esses contratempos podem ser terrivelmente desanimadores — o suficiente para fazer você se perguntar: "Por que diabos eu continuo tentando?"

Não desanime.

A longo prazo, a sorte desempenha um papel menor em sua carreira do que os fatores que estão sob seu controle.

Embora eu nunca tenha identificado todos esses fatores enquanto estava trabalhando, tive a oportunidade de pensar muito mais sobre isso nos últimos anos, porque o público faz muitas perguntas sobre carreira. São muitas as dúvidas em torno desse assunto:

- **"Gosto do meu trabalho de escritório na sede, mas quero passar para o setor operacional. O que eu preciso fazer para convencer meu chefe de que posso fazer a transição?"**

- **"Não tenho química com a minha mentora, mas ela é uma figura muito importante na empresa. De que forma vou conseguir avançar se não tenho alguém me ajudando?"**

- **"Trabalho no departamento de produção, mas quero passar para o marketing. Será que algum dia vou conseguir sair da fábrica?"**

As preocupações com a carreira, aliás, não se limitam a apenas um país ou uma indústria. Na China, com sua economia de mercado nascente e sua cultura "igualitária", as pessoas parecem legitimamente curiosas ao perguntar: "O que é preciso fazer para subir?" Ouvi a mesma pergunta ser feita em Portugal, na França, na Dinamarca e até na Eslováquia, onde o capitalismo é mais recente.

Eu acho que a mesma resposta se aplica a todos os lugares.

Em poucas palavras, para ser promovido é preciso sempre fazer uma coisa e jamais fazer outra.

- **_Sempre_ apresente um desempenho excepcional, muito acima das expectativas, e, em toda oportunidade possível, amplie seu trabalho para além dos limites oficiais.**

- **_Jamais_ faça seu chefe usar capital político para intervir por você.**

Esses imperativos não são tudo, é claro. Há quatro outras coisas a fazer e uma a evitar, e vamos analisá-las, mas primeiro vamos nos concentrar nestas duas principais.

O PODER DA SURPRESA POSITIVA

Quando as pessoas pensam em desempenho excepcional, a maioria pensa em superação de metas pré-estabelecidas. Tudo bem, não há mal algum em fazer isso.

Mas uma maneira ainda mais eficaz de ser promovido é ampliar os horizontes do seu trabalho para incluir atividades ousadas e inesperadas. Crie um novo conceito ou processo que não apenas aprimore os seus resultados, mas os resultados da sua unidade e o desempenho geral da empresa. Transforme o seu trabalho de forma que as pessoas ao seu redor trabalhem melhor e seu chefe pareça mais inteligente. Não basta fazer o previsível.

Aprendi sozinho esta lição no meu primeiro ano na GE, enquanto ainda trabalhava no laboratório, desenvolvendo um novo plástico chamado PPO. Um vice-presidente iria fazer uma visita, e meu chefe me pediu para atualizá-lo sobre o progresso. Ansioso para impressionar tanto um quanto o outro, fiquei até tarde no laboratório por uma semana, analisando não apenas a dinâmica econômica do PPO como também de todos os outros plásticos de aplicação industrial do setor. Meu relatório final incluía uma perspectiva de cinco anos, comparando os custos dos produtos fabricados pela DuPont, pela Celanese e pela Monsanto, e delineou um caminho claro para que a GE obtivesse uma vantagem competitiva.

Meu chefe e o vice-presidente ficaram surpresos, para dizer o mínimo, e a resposta incrivelmente positiva de ambos deixou claro para mim o poder do impacto de entregar às pessoas mais do que o esperado.

Eu veria essa dinâmica se repetir diversas vezes nos quarenta anos seguintes.

Veja o caso de John Krenicki, que fez com que todos ao redor e acima dele parecessem melhores ao ampliar os horizontes de seu trabalho.

A GE enviou John para a Europa para gerenciar um negócio de cem milhões de dólares no ramo de silicones, em 1997. Não era nem de perto o trabalho dos sonhos, mas deu a ele a chance de comandar seu próprio espetáculo. O negócio, apesar de ser segundo colocado em termos globais, ocupava uma fraca sexta posição no mercado europeu, principalmente, porque seu maior custo — matérias-primas — tinha que ser importado dos Estados Unidos. Era simplesmente impossível competir com os agentes locais.

Do outro lado do oceano, na sede, todo mundo teria ficado feliz se John tivesse proporcionado um crescimento na faixa de 8 a 10% ao ano, melhorando os aspectos que todo mundo conhece: entrega pontual aos clientes atuais, prospecção de novos e desenvolvimento de produtos. Mas John tinha ideias maiores. Ele propôs a construção de uma nova fábrica na Europa para produzir sua principal matéria-prima.

O custo era bem superior a cem milhões de dólares. "De jeito nenhum", foi a resposta.

Mas John não podia aceitar que não houvesse uma solução para a questão do custo. Ele buscou uma abordagem de longo alcance. Ampliando os horizontes de seu trabalho, conversou com vários de seus concorrentes europeus em busca de um parceiro que oferecesse fornecimento local e experiência em tecnologia em troca da força global da GE.

Após um ano difícil de negociações, John conseguiu o que desejava: uma joint venture de silicones com a empresa alemã Bayer, com a GE detendo uma participação majoritária na nova empresa.

Anos depois, perguntei a ele sobre essa experiência.

"Foi apenas perseverança, eu acho", contou. "Eu sabia que tínhamos que nos tornar autossuficientes de alguma forma. Se tivéssemos continuado a fazer as coisas como sempre, ainda que expandíssemos os negócios em um volume razoável, jamais teríamos nos destacado."

Depois de um tempo, o negócio europeu de silicones ocupava a segunda posição no mercado local, e, com uma aquisição estratégica, suas vendas superaram 700 milhões de dólares.

Quanto a John, em 1998, ele foi promovido a CEO da GE Transportation e, em 2003, a CEO do negócio de plásticos da GE, avaliado em oito bilhões de dólares.

O SEU PIOR INIMIGO

Se superar as expectativas é a forma mais garantida de ganhar espaço, a forma mais garantida de se autossabotar é virar um estorvo para a empresa.

Claro, ninguém faz isso de propósito. Mas às vezes acontece, e, nessas horas, você força seu chefe a usar o capital político dele para lhe defender.

Nesse ponto, a maioria das pessoas provavelmente está pensando: "Quem? Eu? Fazer meu chefe usar o capital político dele? Jamais."

Bem, pense novamente.

Você pode apresentar os melhores resultados do mundo, mas, caso não adote os valores e os comportamentos da sua empresa, corre o risco de deixar que isso aconteça.

> A forma mais garantida de se autossabotar é virar um estorvo para a empresa.

Vejamos o caso de um funcionário extremamente inteligente e capaz, que vou chamar de James.

Contratamos James para trabalhar na sede, em nosso programa de desenvolvimento de negócios. Esse programa de dois anos, no sistema *up--or-out*, foi desenvolvido para pessoas com MBA que trabalhavam em firmas de consultoria havia três ou quatro anos e queriam sair desse ramo e entrar na área operacional. Para serem postos à prova, eles eram designados para executar tarefas curtas e intensas em campo, disseminando as boas práticas entre todos os negócios da GE. Na maioria dos casos, um de nossos negócios "roubava" esses participantes do programa dentro de um ano e os alocava em posições operacionais de destaque.

James tinha 32 anos quando chegou, vindo de uma firma de consultoria de primeira linha, onde trabalhava desde que se formara na faculdade de administração. Era europeu, articulado e, como eu disse, extremamente inteligente, com ótima experiência em diferentes setores. Imaginamos que em seis meses haveria pelo menos três negócios da GE brigando por ele.

Um ano se passou, e nada. Eu não conseguia entender o motivo, até assistir à sua primeira avaliação de desempenho com seu chefe e a equipe de RH. Ali, descobri que todos os dias James chegava ao escritório por volta das dez ou onze da manhã e saía tarde, às oito da noite ou mais. Era um volume de horas considerável, e, para um colaborador individual, não havia problema algum em adotar aqueles horários. Tínhamos pessoas na área de pesquisa e desenvolvimento que gostavam de trabalhar à noite, por exemplo, e outras em vendas que ajustavam seus horários a cada dia de acordo com as necessidades de seus clientes em três fusos diferentes.

Os horários de James, no entanto, não emplacariam numa empresa onde os gerentes de linha geralmente chegavam às oito da manhã ou antes e onde todas as rotinas de trabalho e reuniões se davam em função disso.

Mas James parecia não se importar com as rotinas da GE. Tinha seu próprio jeito de fazer as coisas.

Eu vi essa dinâmica de perto quando ele ligou para a minha secretária e pediu para agendar um horário para falar comigo. Quando o recebi, depois de jogar um pouco de conversa fora falando da carreira dele, a verdadeira razão da visita ficou clara.

> Chegou uma hora em ele teve de deixar a empresa. No fim das contas, já não havia mais ninguém disposto a gastar seu capital político com ele.

"Tudo bem se eu fosse de avião para minhas reuniões em campo?"

Respondi que ele só podia estar maluco. "Só faça isso se você quiser irritar todo mundo. Seu horário já lhe provoca problemas suficientes. Esse tipo de ostentação vai acabar com você. Isso não faz parte da cultura da empresa."

"Mas eu pagaria o combustível!"

"Não tem a ver com o *combustível!*", falei.

Apesar da desconexão de James com nossos valores, ele conseguiu um emprego no setor operacional. Graças à sua inteligência, à sua energia e à sua formação, eu o coloquei no comando de um negócio relativamente pequeno e problemático que havíamos adquirido na Europa. Dois profissionais norte-americanos haviam tentado dar jeito no negócio, sem sucesso. Colocar James nesse posto foi a típica decisão corporativa em que, apesar das minhas dúvidas, eu enfiei o funcionário goela abaixo da empresa.

Não deu certo. A cultura corporativa da GE na Europa não era muito mais favorável a James do que a norte-americana, e chegou uma hora em que ele teve de deixar a empresa.

No fim das contas, já não havia mais ninguém disposto a gastar seu capital político com ele.

Por outro lado, temos a história de Kevin Sharer, que chegou por meio do mesmo programa de desenvolvimento de negócios que James.

Antes de ingressar na GE, Kevin se formou em engenharia aeronáutica pela Academia Naval dos Estados Unidos, serviu à Marinha por quatro anos em submarinos nucleares e trabalhou dois anos na McKinsey & Company. Sem dúvida, era tão inteligente quanto James, em termos de QI. Também era diligente e, assim como o outro, ambicioso, mas sua maturidade ajudava a dosar essa ambição. Kevin sabia que a GE valorizava o trabalho em equipe; era um ótimo jogador nesse aspecto. Chegava cedo, trabalhava incessantemente e jamais buscava ficar com o crédito só para si.

Kevin trabalhou no desenvolvimento de negócios por dois anos e passou os três seguintes no setor operacional. Naquela época, era tão respeitado que fizemos uma grande aposta, oferecendo uma posição entre os cem vice-presidentes da empresa, para administrar nosso negócio de turbinas marítimas e industriais.

Infelizmente, no mesmo dia em que fizemos a proposta, Kevin nos contou que decidira sair devido a uma grande oportunidade na MCI. Tentamos desesperadamente convencê-lo a ficar, mas ele estava determinado a comandar o próprio espetáculo. Kevin deixou a MCI alguns anos depois para se tornar COO da Amgen, e, em 2000, foi nomeado CEO. Anos após Kevin ingressar na Amgen, a capitalização de mercado da empresa saltou de sete para 84 bilhões de dólares.

Estava claro, desde o início, que Kevin era um astro. Tinha tudo a seu favor, começando com o desempenho. E você pode ter certeza de que ninguém jamais gastou uma gota de capital político quando o nome dele era mencionado. Não à toa que sua carreira se transformou em uma promoção atrás da outra.

OUTROS DESPERDÍCIOS DE CAPITAL POLÍTICO

Juntamente com a transgressão dos valores da empresa, existe um modo correlato, mas flagrante, de gastar o capital político do seu chefe. Tem a ver com o caráter — isto é, com os tipos de comportamento que podem fazer as pessoas perguntarem: "Espere, eu posso mesmo confiar nessa pessoa?"

A ausência de franqueza, por exemplo. Como já disse no capítulo sobre esse assunto, não estou falando de mentiras deslavadas, mas de uma tendência a ocultar informações. Esse comportamento é muito mais comum e frustra equipes e chefes.

Tínhamos um gerente em um de nossos maiores negócios cujos resultados eram bastante bons, mas após várias promoções iniciais sua carreira estagnou. O motivo era que, sempre que ele estava presente em uma revisão de negócios ou em uma sessão de proposta de acordos, tínhamos que sabatiná-lo com cerca de trinta perguntas até que ele explicasse o que estava acontecendo de verdade. E, mesmo assim, ficávamos com a sensação de que não estávamos sabendo da história toda. O gerente ficava dando argumentos vazios e concluía com um hesitante "Mas está tudo bem agora" ou com um tímido "Está tudo sob controle".

Em todas as reuniões com o RH, eu perguntava ao chefe dele por que o cara escondia tanto o jogo. "É a personalidade dele", era a resposta. "Ele não é má pessoa. Só não gosta de se abrir."

"O que ele está escondendo?", perguntei. "Porque, quando ele retém informações desse jeito, fica parecendo que ele não está dizendo a verdade. E eu sei que eu não sou o único que acha isso."

"É, imagino. Isso incomoda outras pessoas também. Mas ele não está mentindo. Só é contido".

"Mas precisamos falar abertamente sobre os negócios."

"Sim, eu sei que isso é frustrante. Vou ter mais uma conversa com ele."

E era isso todas as vezes.

Por fim, o chefe ficou cansado desse comportamento e, não muito tempo depois, o gerente "contido demais" foi demitido.

A questão aqui é: não obrigue seu chefe a ter que fazer as perguntas perfeitas para conseguir obter informações de você. Se quer construir uma boa reputação e facilitar a vida dele, seja honesto e fale com franqueza.

Há um outro comportamento que também força seu chefe a gastar capital político, porque de fato afasta as pessoas: falar o tempo todo sobre seus objetivos de carreira.

Para a maioria das pessoas, ambição é uma coisa positiva — é iniciativa, energia e otimismo. É dar o melhor de si e inspirar os outros a fazer o mesmo, para que todo mundo saia ganhando. Kevin Sharer tinha muito desse tipo de impulso, assim como a maioria das pessoas de sucesso.

> O carreirismo faz você querer derrubar as pessoas ao seu redor, insultá-las ou diminuí-las, a fim de dar mais destaque às suas próprias realizações.

O carreirismo é diferente. Faz você querer derrubar as pessoas ao seu redor, insultá-las ou diminuí-las, a fim de dar mais destaque às suas próprias realizações. Faz você encobrir seus erros, ou, ainda pior, tentar responsabilizar outras pessoas. É falar demais nas reuniões, levar mais crédito que o devido pelo sucesso da equipe e fazer fofoca o tempo todo sobre pessoas e acontecimentos no escritório. É enxergar o organograma da empresa como um tabuleiro de xadrez e não ter vergonha de ver as peças se moverem.

Se você é acometido por esse mal, o melhor que pode fazer é reprimi-lo, combatê-lo e mantê-lo fora de vista. Se não o fizer, não haverá capital político que baste no mundo para salvá-lo quando aparecer uma oportunidade de ser promovido. É muito difícil defender alguém quando as vozes contrárias são as dos próprios colegas de trabalho.

ALÉM DO MAIS...

Acabamos de analisar os dois principais fatores para conquistar promoções: apresentar ótimos resultados ao ampliar os horizontes do seu trabalho, além de não se valer do capital político do seu chefe.

Dito isso, há outras quatro atitudes a adotar que, sem dúvida, ajudam, e uma que deve ser evitada.

As atitudes a adotar são:

- **Cultive o relacionamento com os seus subordinados com o mesmo cuidado com que você cultiva a relação com o seu chefe.**

- **Obtenha destaque ao apoiar desde cedo os principais projetos ou iniciativas da empresa.**

- **Busque e valorize os conselhos de diversos mentores, ciente de que eles nem sempre parecem mentores.**

- **Tenha uma postura otimista e espalhe esse sentimento.**

A atitude a evitar é:

- **Não deixe que os contratempos quebrem o seu ritmo.**

> Enquanto chefe, é fácil negligenciar a relação com seus subordinados. O chefe está sempre no seu pé, os colegas estão sempre à vista, ao passo que os subordinados geralmente estão só fazendo o que você manda.

Analisemos primeiro aquelas a adotar.

Cultivando relações com os seus subordinados. Todo livro sobre negócios diz para você interagir com pessoas da sua empresa e do seu setor. Falam da importância de criar um vínculo de respeito mútuo com o seu chefe. São ótimos conselhos, e você deve segui-los.

Mas, para ganhar espaço, você também precisa cultivar a relação com os seus subordinados com o mesmo nível de atenção e preocupação.

Enquanto chefe, é fácil negligenciar a relação com seus subordinados. O chefe está sempre no seu pé, os colegas estão sempre à vista, ao passo que os subordinados geralmente estão só fazendo o que você manda.

Mas tenha cuidado, porque o relacionamento entre chefe e subordinado pode facilmente cair em duas armadilhas que causam prejuízos à carreira. O primeiro, e de longe o mais comum, é quando você gasta muito tempo cultivando a relação com o seu chefe. A consequência é que você acaba se afastando dos seus subordinados e perde o apoio e o carinho deles. O segundo é quando você se aproxima demais dos seus funcionários, ultrapassa os limites e acaba agindo mais como amigo do que como chefe.

Você não está livre de nenhuma dessas duas armadilhas.

O objetivo ao cultivar as relações com seus subordinados é caminhar na divisa entre esses dois extremos. Quando chegar a hora de ser promovido, a melhor coisa que os seus funcionários podem dizer sobre você é que é justo e que demonstrou preocupação e afeição por eles.

Aprendi esta lição cedo. Na disputa final para o cargo de CEO da GE, dois poderosos vice-presidentes se opuseram fortemente a mim e apoiaram os seus próprios candidatos.

Sem que eu soubesse, recebi uma enorme ajuda dos meus subordinados diretos. Só depois descobri que tinham defendido incansavelmente minha promoção diante do então presidente, Reg Jones, dizendo que eu era severo, mas justo, e que impulsionaria a GE a uma velocidade maior do que qualquer outro concorrente ao cargo. Não estou certo de que todos gostassem de mim — eu não era lá muito delicado e perdia a paciência com facilidade. Mas acho que me respeitavam pelo fato de eu respeitá-los e por ter construído um relacionamento não só quando eu precisei deles, mas muitos anos antes.

Obtendo destaque. Como eu disse, a melhor forma de ser notado é apresentar resultados.

Mas você também pode aumentar sua visibilidade ao se mostrar disponível quando forem necessárias pessoas para liderar grandes projetos e iniciativas, em particular aqueles que não tiveram muita popularidade logo no começo. Na GE, dois exemplos foram a globalização, iniciada com seriedade nos anos 1980, e o Six Sigma, lançado em 1995.

Wayne Hewett é o exemplo perfeito de alguém cuja carreira se beneficiou dessa dinâmica. Ele era um gerente de 35 anos quando assumiu o programa Six Sigma no negócio de plásticos, depois de ter comandado a mesma divisão na Costa Oeste. Usando o Six Sigma, ele e a sua equipe reduziram drasticamente as variações nos produtos e aumentaram a produtividade da fábrica em 30%, com pouco investimento adicional. Três anos depois, Wayne foi promovido a CEO dos negócios globais de silicones da GE, avaliados em dois bilhões de dólares.

Dan Henson é outro caso em questão. Dan estava em Londres, administrando um negócio de empréstimos na GE Capital, quando teve a coragem de se voluntariar para liderar o Six Sigma em toda a empresa — negócio no qual muitos duvidavam que isso tivesse algum valor. Dan descobriu exatamente onde o Six Sigma se aplicava, e, igualmente importante, onde *não* se aplicava. Em dois anos, alcançou uma redução de variação em atividades altamente repetitivas, como processamento de cartões de crédito e requerimento para seguro de crédito hipotecário, e os resultados foram impressionantes. Dan acabou se tornando CEO de uma das maiores empresas da GE Capital, a Vendor Financial Services.

A GE é tão grande que, se Wayne e Dan não tivessem encontrado uma forma de se destacar, talvez jamais tivessem conquistado seus cargos de CEO. Ou talvez isso acontecesse, de um jeito ou de outro, mas não com a mesma rapidez.

A melhor prova dessa dinâmica está nos números. Hoje, mais da metade dos vice-presidentes seniores que se reportam a Jeff Immelt trabalharam em negócios fora dos Estados Unidos, e um terço dos aproximadamente 180 executivos da empresa possui experiência significativa com o Six Sigma.

Reunindo mentores. A terceira atitude diz respeito aos mentores, um tópico em alta quando eu estava na GE.

As pessoas, ao que parece, estão sempre procurando o mentor certo para ajudá-las a progredir.

Mas, a meu ver, não existe um mentor certo. Existem *muitos* mentores certos.

Tive dezenas de mentores informais ao longo da carreira, e cada um me ensinou algo importante. Iam desde o clássico executivo mais velho e mais sábio até os colegas de trabalho que eram frequentemente mais jovens do que eu.

Alguns relacionamentos de mentoria duraram a vida inteira, outros apenas algumas semanas.

Um dos mais significativos da minha vida nunca se considerou meu mentor, nem nunca o enxerguei dessa forma. Eu via Si Cathcart, que era dez anos mais velho e membro do conselho da GE, como um amigo. Para minha grande tristeza, ele morreu em 2002.

Si era tudo o que as pessoas procuravam em um grande mentor, uma pessoa que torceu por mim e que me desafiou em medidas iguais. Seu julgamento sobre as pessoas era perfeito, e poucas vezes tomei uma grande decisão sobre contratações sem antes passar pelo crivo dele.

Durante o período mais difícil da minha carreira, quando estava em busca de um sucessor para indicar ao conselho, Si passou centenas de horas ao longo de cinco anos visitando cada candidato e compartilhando suas impressões comigo.

> Não existe um mentor certo. Existem *muitos* mentores certos.

Si, presidente de longa data da Illinois Tool Works, estava no conselho da GE quando me tornei CEO. Jogávamos golfe com frequência e nos falávamos regularmente por telefone. Si usou esses dois espaços para guiar meu pensamento até becos invisíveis e esquinas cegas. "Tem certeza de que esse cara não é uma fraude?", perguntava. "Acha que a aquisição vai continuar a fazer você feliz depois que a festa acabar?" Si sempre sabia qual era a pergunta certa a ser feita.

Outro grande mentor foi Dennis Dammerman, que não apenas era dez anos mais novo que eu, como também meu subordinado.

Conheci Dennis em 1977, quando fui nomeado diretor do grupo de produtos de consumo da GE. Aportei nesse cargo sabendo quase nada sobre seguros ou financiamentos, as principais atividades da GE Capital, um dos negócios do grupo. Dennis, que eu havia contratado para ser analista financeiro, passara vários anos lá.

Por meses a fio, Dennis me ensinou algo todos os dias. Sua paciência foi notável. Ali estava o seu chefe, pedindo a ele que explicasse os conceitos mais simples — eu mal entendia os diferentes tipos de dívida naquela época. Afinal, eu tinha vindo do setor de produção da empresa. Quando queríamos dinheiro, tudo o que fazíamos era apresentar uma proposta à sede, e se fosse boa o suficiente, eles aprovavam. Subitamente, eu estava lidando com índices combinados, inadimplências, arrendamentos com alavancagem e afins.

Dennis transferiu tudo o que sabia para dentro do meu cérebro. Ele nunca se considerou meu mentor, mas sem dúvida foi.

Inúmeros outros mentores me ajudaram em minha carreira, desde o professor de educação executiva que tentou me ensinar a falar em público quando eu tinha 26 anos, até a jovem do departamento de relações públicas que tentou me ensinar sobre a internet quando eu tinha 60 anos. Mas permita-me acrescentar à lista mais um, que pode funcionar para qualquer um: a imprensa especializada.

Os negócios são como um esporte: há jogadores, jargão, regras, controvérsias e ritmo.

> Os negócios são como um esporte: há jogadores, jargão, regras, controvérsias e ritmo. E a imprensa está sempre cobrindo tudo.

– 285 –

E a imprensa está sempre cobrindo tudo, de todos os ângulos. Desde os primeiros dias na divisão de plásticos, aprendi enormemente sobre o negócio lendo todos os jornais e revistas financeiros que encontrava. A partir disso, fui selecionando o que funcionava e o que não funcionava e entendendo por quê. Acompanhei as carreiras das pessoas. Procurei entender quais movimentos estratégicos eram criticados e quais eram elogiados. Eu me mantive informado sobre diferentes indústrias, de produtos químicos a tecnologia médica.

E eu me vali dessas leituras. Aprendi, por exemplo, sobre o programa de treinamento de executivos da PepsiCo em um artigo da *Fortune*. Fiquei tão impressionado com o modelo dessa empresa — que usava os próprios executivos da empresa como professores —, que o incluí na base do nosso programa de treinamento em Crotonville.

Naturalmente, eu não acreditava em tudo que lia, e, quanto mais eu aprendia, mais percebia que alguns artigos estavam equivocados em suas análises. Apesar disso, ainda acredito que a imprensa especializada é uma professora tão boa que sempre fico impressionado quando conheço um jovem que não a *devora*. Não deixe que isso aconteça — este mentor está lá para ser ouvido!

Vale lembrar que mentores estão por toda parte. Não se contente apenas com aquele que lhe foi designado como parte de um programa formal. Esses oficiais apresentam os pormenores da empresa, mas são apenas um ponto de partida.

Os melhores mentores ajudam de maneira não planejada, sem roteiro. Aprecie tudo o que puderem oferecer, de diferentes formas.

Exercitando o otimismo. A quarta e última maneira de se ajudar a ser promovido depende apenas de você: mantenha uma postura otimista e espalhe esse sentimento.

Isso mesmo, não é nada elaborado. Tenha senso de humor e seja uma companhia agradável. Não seja chato ou azedo. Não seja arrogante nem afetado. Esteja atento para não começar a se levar a sério demais.

Na política, as pessoas falam sobre o fator carisma de cada candidato, que é apenas uma forma de se medir a atração por aquela personalidade. Tanto carisma quanto atração se referem a algo intangível, mas que tem muita importância na política e no trabalho.

É óbvio que ser uma pessoa simpática e otimista, por si só, não vai fazer com que você progrida. Você precisa de tudo o que acabamos de falar: ótimos resultados, horizontes de trabalho ampliados, bom caráter, visibilidade, mentores e tudo o mais. Mas é muito, muito difícil ganhar espaço sem ser ter uma atitude positiva, porque ninguém gosta de trabalhar sob o comando ou ao lado de uma nuvem negra. Mesmo que a "nuvem" seja muito inteligente. Eu sei que nem sempre é fácil ser otimista. As coisas não saem do jeito que a gente quer o tempo todo. Mas, toda vez que você perceber que está semeando melancolia no ambiente de trabalho, pense em Jimmy Dunne.

Jimmy era um executivo sênior da Sandler O'Neill & Partners, o banco de investimento localizado no 104º andar da torre sul do World Trade Center. No 11 de Setembro, morreram 68 pessoas de uma equipe de 177, incluindo o fundador da empresa, Herman Sandler, e seu principal parceiro, Chris Quackenbush. Da noite para o dia, Jimmy se tornou CEO de uma empresa que havia sido dizimada, literal e emocionalmente.

Jimmy estava enlutado pela incalculável tragédia humana da empresa e devastado com a morte de dois dos seus amigos mais próximos, Herman e Chris. Hoje, porém, ele diz que sabia que só havia uma coisa capaz de impedir a empresa de fechar e agravar desastre: uma postura otimista.

"Tudo o que fiz na sequência do 11 de Setembro foi circular, consolar pessoas, falar que íamos sobreviver e reconstruir tudo", disse.

No processo de contratação para substituir os funcionários mortos na tragédia, Jimmy procurou pessoas otimistas, positivas e com o olhar o mais humano possível diante do 11 de Setembro. As competências importavam muito, mas a perspectiva importava ainda mais.

"O sucesso", diz Jimmy, "tem muito a ver com atitude".

Nem sempre é fácil adotar uma postura otimista — e, em casos como o de Jimmy Dunne, é inimaginavelmente difícil.

> Você pode vencer sem ser otimista — caso a conjuntura esteja inteiramente a seu favor —, mas por que correr esse risco?

Se isso é natural para você, fantástico. Se não, lute para que se torne e passe o sentimento adiante.

Você pode vencer sem ser otimista — caso a conjuntura esteja inteiramente a seu favor —, mas por que correr esse risco?

A ÚLTIMA RECOMENDAÇÃO

A recomendação final diz respeito aos contratempos.

Uma, duas ou mais vezes você não será promovido. Não deixe que isso quebre seu ritmo.

Claro, você vai se sentir péssimo, talvez amargurado e com raiva. Mas trabalhe feito louco para fazer esses sentimentos irem embora.

Primeiro, não transforme, jamais, o seu contratempo numa novela dentro da empresa. Essa atitude só afasta as pessoas — chefe, colegas, subordinados. Se quiser reclamar sobre sua carreira, faça isso em casa, num bar do outro lado da cidade ou na sua comunidade religiosa. As pessoas do trabalho, embora saibam muito sobre o seu caso, não devem ser sugadas para dentro dessa experiência emocional.

Mais importante, mesmo que você esteja pensando em sair da empresa, tente aceitar seu revés com o máximo de leveza possível e o enxergue como um desafio para se pôr à prova novamente. Essa abordagem será útil quer você fique, quer não.

Ninguém explica melhor a importância disso do que Mark Little.

Mark — um sujeito discreto, confiante e muito querido — era vice-presidente de engenharia da GE Power Systems quando, em 1995, o negócio enfrentou sérios problemas de qualidade. Como ele mesmo diz: "Eu tinha acabado de assumir o cargo e, de uma hora para outra, as pás das turbinas começaram a quebrar no mundo todo. Foi um caos."

Mark trabalhou duro para colocar o negócio de volta aos trilhos, mas quando Bob Nardelli foi alçado ao comando do grupo Power Systems, achou que Mark não tinha o senso de urgência nem os conhecimentos de engenharia para o trabalho. Ele compartimentou o negócio e deixou Mark responsável apenas pela engenharia de turbinas a vapor, uma fatia muito menor e menos importante. De repente, Mark estava encarregado

– 288 –

de um terço do número de pessoas de antes e de um produto considerado velho, sem graça e de crescimento lento.

"Parecia o fim do mundo", disse. "Eu achei aquilo injusto e estava possesso. Não tinha criado o problema tinha feito de tudo para consertá-lo. Aí, eu levei um soco no estômago. Fiquei com raiva, magoado, comecei a achar que a minha carreira na GE tinha chegado ao fim."

Mas Mark fez uma coisa incrível. Levantou a cabeça e voltou ao trabalho.

"Eu decidi que iria provar a todos que estavam errados. Queria mostrar para o mundo todo o que éramos capazes."

Nos dois anos seguintes, Mark motivou a equipe a revitalizar a linha de produtos de turbinas a vapor. Introduziu novas tecnologias e aprimorou processos, reduzindo custos a níveis jamais vistos.

"Decidi que não ia demonstrar ao meu pessoal que eu estava irritado e magoado. Eu ia lá todos os dias e fazia o que era melhor para mim, para eles e para a GE. E tudo isso tinha como objetivo reorientar os negócios."

Em 1997, os resultados apresentados por Mark foram tão fantásticos e sua autoconfiança estava de tal forma restaurada que, quando ficou vago o cargo muito maior de gerente de produtos de todas as turbinas, ele foi até Bob Nardelli e pediu o emprego.

E ouviu um "sim".

"Eu diria que a principal razão pela qual consegui a promoção foi porque surpreendi a todos com os meus resultados, a minha atitude e a minha perseverança. Eu simplesmente não desisti."

Mark tornou-se gerente de produtos não apenas dos negócios de turbinas, mas dos negócios hídricos e eólicos da GE, avaliados em catorze bilhões de dólares.

■

Para progredir, primeiro é preciso *querer* progredir.

Algumas promoções chegam por um golpe de sorte, mas são poucas. O fato é que, quando se trata de carreira, você faz sua própria sorte. Você, provavelmente, vai mudar de empresa, talvez até de profissão, mais de uma vez ao longo de sua vida profissional. Mas há algumas coisas que você pode fazer para seguir em frente. Supere as expectativas, amplie os horizontes do seu trabalho e jamais faça seu chefe desperdiçar o capital dele por você. Cultive uma boa relação com seus subordinados, busque visibilidade aceitando tarefas difíceis, colecione mentores e espalhe otimismo. Quando os contratempos aparecerem, e vão aparecer, lide sempre de cabeça erguida.

A lista de exigências pode parecer longa, mas não existem atalhos.

Ao longo da jornada, você não vai conseguir todas as promoções que deseja, na hora em que deseja. Mas, se você seguir o "caminho mais longo", um dia — às vezes mais cedo do que o esperado — você vai chegar ao seu destino.

18

Pedras no sapato

AQUELE MALDITO CHEFE

JAMAIS CONHECI UMA só pessoa cujos olhos não tenham brilhado diante da lembrança de um chefe verdadeiramente bom. E há uma boa razão por trás disso: os grandes podem ser amigos, professores, mentores, aliados e fontes de inspiração, tudo em uma pessoa só. Podem lhe ajudar a moldar e a alavancar sua carreira de maneiras que você nunca tinha imaginado — e às vezes podem até mudar sua vida.

Em contraste, um chefe ruim pode deixá-lo à beira da morte.

Não literalmente, claro, mas um líder ruim pode matar aquela parte da sua alma de onde vêm a energia positiva, o comprometimento e a esperança. No dia a dia, pode fazer com que você fique irritado, magoado e amargo — e até fisicamente doente.

Se você é como a maioria das pessoas, ao longo de uma carreira de quarenta e poucos anos terá um punhado de grandes chefes, um volume maior de muito bons, e um ou dois completos idiotas — pessoas que são desagradáveis com tamanha constância que fazem você querer jogar a toalha e pedir demissão.

Há dezenas de variedades de comandantes ruins. Alguns roubam todo o crédito, outros são incompetentes, outros bajulam superiores,

> **O mundo tem idiotas. Alguns deles se tornam chefes.**

mas humilham subordinados; já outros são abusivos, têm oscilações de humor, guardam para si os elogios e a compensação financeira, quebram promessas ou privilegiam apenas seus "queridinhos".

De vez em quando, encontramos chefes ruins que exibem várias dessas características ao mesmo tempo.

Como essas pessoas conseguem chegar à linha de comando?

Bem, às vezes são pessoas muito talentosas. Conseguem cumprir as metas, ou são extremamente criativas. Podem ter alianças políticas rentáveis, ou talvez até um membro da família em uma posição privilegiada.

Chefes ruins, aliás, tendem a ter vidas mais longas em alguns setores do que em outros. No campo cultural, escritores, artistas e produtores talentosos que são alçados ao comando de projetos costumam ter seus maus comportamentos tolerados pelo fato de, supostamente, serem "gênios". Wall Street também costuma ser um porto seguro para chefes ruins. Os mais bem-sucedidos em ganhar dinheiro são frequentemente vistos como insubstituíveis e sabem disso, o que faz com que alguns se tornem ainda mais insuportáveis.

Mas não importam os detalhes de cada setor. O mundo tem idiotas. Alguns deles se tornam chefes.

Este capítulo fala sobre o que fazer quando um for o *seu* chefe.

Não vou fornecer respostas simples e definitivas, porque cada líder ruim é único. Mas vou guiá-lo por uma série de perguntas que, espero, possam indicar a abordagem certa a ser adotada para sua situação — "certa" no sentido de que se ajusta aos seus objetivos de vida e de carreira.

Antes de examinarmos essas perguntas, gostaria de deixar claro o princípio fundamental por trás deste capítulo.

Em qualquer situação de chefe ruim, você não pode assumir o papel de vítima. Isso já foi dito neste livro — mais recentemente no capítulo sobre fusões e aquisições —, e, por muitas razões similares, pode ser aplicado aqui também.

Sei que um chefe ruim (assim como uma fusão ruim) pode fazer você ter vontade de ficar resmungando com seus colegas, lamentar-se para a família, socar as paredes ou passar todo o seu tempo livre vendo TV e bebendo cerveja. Pode fazer você ter vontade de ficar na internet ou ligar para seus contatos em busca de um emprego em qualquer outro lugar que não seja o que você está.

Em suma, pode acabar fazendo você sentir pena de si mesmo.

Não deixe que isso aconteça!

Em qualquer situação corporativa, perceber-se como vítima é acabar com qualquer chance de vencer. E, quando se trata da sua carreira, é uma atitude que acaba com todas as suas alternativas — pode até ser o início de uma espiral de morte em termos profissionais. Tenho um amigo, analista financeiro de uma empresa de Wall Street, que ficou saltando de um emprego ruim para outro depois que teve uma briga com o chefe e pediu demissão num rompante de raiva. Sem emprego e sem recomendações, tudo o que tinha era uma história de aflição, do tipo "eu estava frito", para contar aos potenciais empregadores. Por fim, cinco anos depois, voltou para o mesmo cargo onde havia começado sua carreira, porém em uma empresa menos conceituada e com um salário 40% menor.

É claro que você nem sempre deve insistir em ficar com um chefe ruim. Às vezes, é preciso ir embora. Mas, não importa qual for a sua decisão, evite adotar a postura traiçoeira de vítima. Você sabe o que eu quero dizer. Vivemos em uma cultura em que pais processam restaurantes de fast-food por engordar os seus filhos e em que prefeituras gastam milhões de dólares por ano em indenizações por ferimentos causados por calçadas e irregulares e esburacadas.

Pelo amor de deus!

Como todos os outros episódios infelizes ou injustos que acontecem na sua vida, trabalhar para um chefe difícil é um problema seu, e é você que deve resolvê-lo.

Para isso, faça a si mesmo a série de perguntas a seguir. As respostas irão ajudá-lo a navegar

> Em qualquer situação de chefe ruim, você não pode assumir o papel de vítima.

por essa que é, indiscutivelmente, uma situação dolorosa — mas cuja responsabilidade em aceitar, consertar ou terminar é sua.

A primeira pergunta é:

Por que meu chefe age como um idiota? Às vezes, a resposta para essa pergunta é fácil. Seu chefe age como um idiota porque é assim que ele é. Pode ser ótimo com os clientes e razoavelmente sensato com os superiores e os colegas, mas reserva a todos abaixo de si a mesma postura abusiva de sempre, seja com intimidação, beligerância, arrogância, negligência, sigilo ou sarcasmo.

É uma situação totalmente diferente se o seu chefe é idiota apenas com você.

Nesse caso, você precisa começar a se perguntar o que você pode ter feito para atrair a desaprovação dele. É isso mesmo: você precisa se perguntar se não é a causa do comportamento do seu chefe. De modo geral, chefes não tratam mal as pessoas de quem gostam, respeitam e precisam. Se o seu chefe está sendo ruim com você — e particularmente com você —, pode ter certeza que ele tem uma visão particular da história, e tem a ver com a *sua* atitude ou o *seu* desempenho.

Você precisa descobrir o que está acontecendo.

Comece fazendo a si mesmo essa pergunta, mas saiba que é difícil realizar autoavaliações, para dizer o mínimo. Mesmo com muita maturidade e um estômago forte, é difícil olhar pra si mesmo da forma como os outros olham.

Conheço a história de uma executiva de RH em um centro de treinamento no sul dos EUA que passou dez anos aplicando programas de feedback 360 graus, e, na sequência, comunicando as conclusões ao indivíduo avaliado. "Sete em cada dez pessoas ficam completamente surpresas com o que ouvem", disse. "Quando escutam o feedback, acham que confundi os formulários. Estão convencidas de que os colegas devem estar falando de outra pessoa."

> De modo geral, chefes não tratam mal as pessoas de quem gostam, respeitam e precisam. Reflita sobre o seu desempenho.

O problema, disse a executiva, é que as pessoas tendem a

superestimar o seu desempenho no trabalho e a sua popularidade junto à equipe — na maioria das vezes, julgando serem o dobro ou mais do que de fato são.

Portanto, esteja ciente de que realizar este "teste do espelho" é sabidamente difícil. Reflita sobre o seu desempenho e se esforce para lembrar de todas as formas pelas quais pode ter deixado a desejar. Pense nos motivos pelos quais os colegas talvez não o considerem como alguém que joga para a equipe. Em um estado forçado de autoaversão, avalie a sua produtividade individual, o seu tempo presente no escritório, a sua contribuição para as vendas e os lucros. Pode ser que você comece a negociar muitos acordos, mas não feche um que seja. Pode ser que você feche muitos, mas se gabe demais disso. Pode ser que as pessoas não estejam muito felizes com o fato de que você perdeu um cliente importante alguns meses atrás.

Por fim, avalie a sua postura diante da autoridade, porque pode ser que a fonte do seu problema com o chefe seja o fato de que você, em essência, seja um odiador de chefes.

Odiadores de chefes existem de verdade. Não importa para quem essas pessoas trabalhem, encaram qualquer relação de autoridade com um cinismo pouco contido. As razões são inúmeras — criação, experiências prévias no trabalho ou em família, inclinação política. Mas, no fundo, não importa. Essas pessoas geralmente exalam um constante criticismo rasteiro em relação ao "sistema", e, ao fazerem isso, os comandantes costumam perceber e dar o troco.

Nunca vou me esquecer de um grupo de odiadores de chefes que tivemos no escritório da GE em Fairfield, Connecticut — mais ou menos meia dúzia de caras que almoçavam juntos no refeitório todos os dias. Eles se autointitulavam *A Mesa dos Sonhos Perdidos*. Todos esses funcionários eram extremamente talentosos. Um tinha um verdadeiro dom para encontrar a frase certa. Tinha formação em jornalismo e experiência na área de relações públicas. Por sorte, a mídia achava o seu cinismo atraente. Outro era um especialista em relações trabalhistas que tinha uma afinidade impressionante com os sindicatos. Seu carisma inato o tornava extremamente eficaz com as negociações na linha de frente.

– 295 –

Todos os caras da Mesa dos Sonhos Perdidos eram muito bons no que faziam, e nenhum tinha subordinados, de modo que ninguém se incomodava muito com a postura desafiadora que assumiam em relação ao status da empresa. Eu os via como rabugentos eficazes, mas inofensivos, que odiariam qualquer ambiente de trabalho em que estivessem.

Mas tolerância não costuma ser a regra, nesses casos. Na maioria das vezes, os líderes se cansam da enxurrada de lamentações e da forma como isso suga a energia da equipe e passam a sabotar quem age assim — aí, sim, mostrando o que é um chefe ruim de verdade.

Talvez tudo disso lhe soe estranho — você, na verdade, sente-se bastante à vontade diante da autoridade e no resto do seu autoexame não encontrou outra pista. E agora?

É hora de descobrir o que seu chefe está pensando.

Qualquer tipo de confronto, no entanto, é incrivelmente arriscado. Seu chefe pode estar esperando apenas uma oportunidade para se livrar de você. Na verdade, ele pode estar na expectativa de que a sua aura negativa acabe por levá-lo até a sala dele com a pergunta: "O que estou fazendo de errado, afinal?", para que ele possa responder: "Tanta coisa que não faz sentido continuar com isso por mais tempo."

Ainda assim, é preciso conversar. Isso não há como evitar. Só não se esqueça de se preparar bem para esse momento e de ter opções na manga, para o caso de sair da conversa desempregado.

Então, vá em frente. Não fique na defensiva. Lembre-se, o objetivo é descobrir algo que o seu chefe não tenha sido capaz de lhe dizer com todas as letras, por algum motivo. Talvez ele seja avesso a conflitos, ou esteja ocupado demais. Não importa; seu objetivo é extrair o problema que ele tem com o seu comportamento ou desempenho.

Se você tiver sorte, seu chefe irá expor as suas deficiências com clareza, e, juntos, vocês poderão trabalhar em um plano para corrigi-las e colocar o seu desempenho ou o seu comportamento de volta nos eixos. Supostamente, se você der tudo de si para melhorar esses pontos, a postura do chefe em relação a você também irá melhorar.

Ironicamente, você não está com muita sorte se descobre que o seu chefe ruim está satisfeito com o seu desempenho. Se é esse o caso, ele está sendo um chefe ruim simplesmente porque não gosta de você.

O que lhe coloca na mesma posição que as pessoas que trabalham para chefes ruins que agem da mesma maneira... isso acontece porque é assim que eles são.

Não importa em que situação você esteja, a pergunta seguinte é:

Quando o meu chefe vai ser mandado embora? Às vezes, é visível que um chefe ruim está de partida. Os próprios chefes deles já sinalizaram isso à empresa; ou ele próprio já deixou claro que mal pode esperar para sair dali. Em ambos os casos, é tudo questão de tempo. Apresente resultados sólidos e adote uma postura otimista até o alívio chegar. Contudo, se o seu líder não vai a lugar algum tão cedo, você está em um barco bem diferente.

Décadas atrás, desenhei a tabela a seguir para classificar os diferentes tipos de líderes e me ajudar a falar sobre quais devem ficar e quais devem sair.

A tabela os divide de acordo com seus resultados — bons ou ruins — e com a forma como eles viviam os valores da GE, como franqueza, voz, dignidade e ausência de fronteiras.

TIPO 1:	TIPO 2:
Bons valores / Bom desempenho	Valores incorretos / Mau desempenho
TIPO 3:	TIPO 4:
Bons valores / Mau desempenho	Valores incorretos / Bom desempenho

Chefes do tipo 1, no canto superior esquerdo, são as pessoas que você deve recompensar, promover e usar como exemplo para o resto da empresa. Chefes do tipo 2, no canto superior direito, precisam deixar a empresa o quanto antes, e geralmente é isso que acontece.

Chefes do tipo 3, no canto inferior esquerdo, acreditam de verdade nos valores da empresa e os praticam com seriedade, mas não conseguem apresentar resultados. Esses indivíduos devem ser treinados e orientados, então devem receber uma ou duas novas oportunidades em outros setores da empresa.

A maioria dos chefes ruins está no canto inferior direito — o tipo 4 —, e são os mais difíceis de se lidar. Costumam permanecer na empresa por um longo tempo, apesar de seu péssimo comportamento, graças aos seus bons resultados.

A maioria das empresas eficientes identifica essas pessoas e as dispensa.

Mas toda companhia, mesmo as eficientes, mantém alguns gerentes nesse quadrante por mais tempo do que deveria. É um grande dilema para os chefes, em todos os níveis. Eles escutam os resmungos vindos lá de baixo, mas olham para as enormes cifras bem diante de si.

Isso provoca uma espécie de inércia organizacional.

Tomemos o caso de um conhecido meu — vamos chamá-lo de Lee — que comandava uma divisão de uma empresa de comunicação internacional com trinta funcionários. Tendo sido um escritor de sucesso, Lee criou no escritório um ambiente competitivo, quase frenético, e sua equipe produzia mais do que outras divisões com o dobro do tamanho. Ao mesmo tempo, ele mantinha uma equipe com padrões extremamente altos de criatividade, uma grande diferencial aos olhos da sede.

Mas Lee tinha uma enorme tendência a ser grosseiro. Seu temperamento era imprevisível, e ele passava dos limites, principalmente com os funcionários mais jovens e inexperientes. E também tirava satisfação de uma relação intensa e antagônica com os funcionários sindicalizados da divisão, o que arruinava o ambiente para todos.

Lee mantinha a equipe em uma espécie de servidão por medo. Muitas pessoas gostavam do prestígio de trabalhar na sua divisão de alto desempenho, mas odiavam a sua perversidade cotidiana. Os de melhor performance, em geral, ficavam por um ano ou menos, mas Lee era protegido pelas leis de oferta e demanda do setor. Sempre havia mais um escritor ou artista jovem e ambicioso pronto para trabalhar.

E assim, apesar da constante rotatividade, a diretoria da empresa foi deixando Lee ficar — até que, um dia, ele sofreu um ataque cardíaco fulminante. Um de seus ex-funcionários chegou a declarar: "Foi preciso uma intervenção divina para nos livrarmos dele."

Em geral, não é preciso que um chefe ruim com bons resultados morra para que a diretoria tome providências para substituí-lo; contudo, costuma ser necessário um evento catastrófico para provocar alguma atitude.

Vejamos, por exemplo, "Karen", chefe de nível sênior de um banco de investimentos. Ela administrava quinze gerentes de fundos e suas respectivas equipes, cerca de duzentas pessoas ao todo. A empresa era conhecida por uma cultura rígida e implacável, e Karen a simbolizava perfeitamente. Trabalhava dezoito horas por dia. Expunha os gestores de fundos que apresentavam desempenho abaixo do esperado, muitas vezes levando as pessoas às lágrimas durante reuniões. Rotineiramente desdenhava da equipe de apoio, que chamava de "fã-clube da Danielle Steel", visto que era composta, em sua maioria, por mulheres de meia-idade que liam romances populares no horário de almoço. No entanto, quando os chefes de Karen estavam por perto, a sua postura era cuidadosa e atenciosa, o que lhe rendeu o apelido de Sybil, inspirado em uma mulher com transtorno dissociativo de identidade que havia sido tema de um livro de sucesso.

Por mais de uma década, os gerentes que Karen chefiava apresentaram resultados impressionantes, superando significativamente fundos de porte similar. Mas, quando a bolha da internet estourou, seu estilo de gestão começou a cobrar um preço. Os gerentes de fundos sentiram-se atraídos por ações de rápido crescimento para inflar seus resultados e escapar da ira de Karen — para ser mais específico, a maior parte de seus investimentos estava concentrada na Enron, na WorldCom e na Tyco.

Quando Karen foi demitida, a diretoria denunciou o seu estilo de gestão com grande barulho. A maioria dos funcionários, no entanto, apenas assistiu com incredulidade — aquilo estava na cara havia anos, mas foi preciso um desastre para fazer a administração tomar uma providência.

Você pode não trabalhar em uma empresa que age com complacência diante de um chefe ruim até que um desastre aconteça. Mas é possível que bons resultados mantenham o seu chefe ruim no cargo indefinidamente.

Se você acha que é esse o caso, a pergunta seguinte deve ser:

O que acontece se eu apresentar resultados e conseguir superar meu chefe ruim? Se acha que sua organização e, em particular, o chefe do seu chefe ou alguém do setor RH, está ciente da sua situação e simpatiza com a causa, pode apostar, com segurança, que, em algum momento, você será realocado para cima ou para o lado como recompensa por sua sobrevivência. Até lá, aguente firme e dê tudo de si no trabalho.

Tive a sorte de ter muitos grandes chefes durante minha carreira. Eles me incentivaram, me protegeram, alimentaram minha autoconfiança e me deram desafios que ampliaram minhas habilidades. Reuben Gutoff, meu líder por mais de uma década quando eu estava começando, fez tudo isso. Manteve a enorme burocracia da GE longe das minhas costas enquanto eu aprendia, em tempo real, a montar um negócio do zero. Pude viajar pelo mundo nos meus vinte anos, estabelecendo joint ventures e fazendo pequenas aquisições.

Levou dezessete anos para eu encontrar um chefe ruim. Não é que Dave Dance, um vice-presidente, fosse propriamente ruim; foi simplesmente o fato de que eu estava concorrendo ao cargo de CEO, e ele apoiava fortemente outro candidato. Cada dia parecia uma semana. Não importa o que eu fizesse, sentia que Dave estava torcendo para que eu fracassasse. Que sensação horrível quando o seu chefe não está do seu lado! Tentei ficar de fora do caminho dele — passava o mínimo de tempo possível na sede. Dedicava meu tempo ao campo, com as pessoas de quem eu gostava, fazendo aquilo que eu gostava de fazer, que era analisar os negócios.

Minha situação era muito mais fácil do que costuma ser para muitas pessoas. Eu sabia que não duraria mais do que alguns anos; também sabia qual recompensa me esperava, caso eu conseguisse suportar — e era enorme. Talvez você não tenha esse privilégio.

Tenha cuidado. A incerteza sobre o desfecho pode fazer com que você faça algo estúpido — ou seja, lançar mão de uma cartada final. Você pode sentir o impulso de subir alguns andares e ir falar com o chefe do seu chefe sobre a situação. Isso pode ser suicídio. Em cerca de 90% das vezes, reclamar de um líder ruim para pessoas do círculo social dele acaba por trazer problemas para você. O chefe do seu chefe pode ter a melhor das intenções ao repreender o seu chefe

> Que sensação horrível quando o seu chefe não está do seu lado.

por esse comportamento, mas esteja absolutamente certo de que a sua vida só tende a piorar depois disso. Há uma razão pela qual as crianças não denunciam quem pratica *bullying*. Infelizmente, o mesmo princípio se aplica à vida corporativa.

> Há uma razão pela qual as crianças não denunciam quem pratica *bullying*. Infelizmente, o mesmo princípio se aplica à vida corporativa.

Sempre haverá um elemento de incerteza ao escolher suportar um chefe ruim. Você pode torcer por um final feliz, ou ouvir a promessa de um. Mas há poucas garantias. Tudo o que se pode afirmar com segurança nesse tipo de situação é que ter que ir para o trabalho dia após dia não é nada divertido.

É por isso que você precisa se perguntar o seguinte:

Afinal de contas, por que eu trabalho aqui? Você se lembra de que, no capítulo sobre encontrar o emprego certo, falamos sobre como é inevitável fazer concessões? É raro um trabalho ser perfeito em todos os sentidos. Às vezes, você fica em um emprego pelo salário ou pelos amigos; às vezes, abre mão do dinheiro e dos amigos pelo amor ao trabalho em si, por um escritório mais perto de casa ou porque não precisa viajar. Às vezes, fica em um emprego porque a empresa tem tanto prestígio que você sabe que isso irá ajudá-lo a conseguir outra posição depois de mais alguns anos de experiência.

Quando você se encontra diante de uma situação do tipo "chefe ruim" que não vai mudar tão cedo, é necessário avaliar os prós e contras e se perguntar: "Está valendo a pena?"

Se a resposta for negativa, comece a elaborar um plano de saída que lhe permita deixar a empresa com o mínimo de prejuízo possível.

Por outro lado, se essa situação oferece algum tipo de benefício a longo prazo, o qual você entende e aceita, realmente não há escolha. Concentre-se no motivo da sua permanência e coloque o chefe ruim em perspectiva. Sua vida não se resume a ele — o chefe é apenas a única desvantagem em um acordo que você fez com você mesmo quanto à sua carreira ou à sua vida.

Acima de tudo, faça as pazes com o fato de que é escolha sua continuar sob o comando de um chefe ruim. Ou seja, você não tem o direito de reclamar.

Você não pode mais se considerar uma vítima.

Quando você é o responsável pelas suas próprias escolhas, é responsável também pelas consequências.

■

Em um mundo perfeito, todos os chefes seriam perfeitos.

Isso é tão raro que há filmes e livros dedicados exclusivamente a esse tema, sem falar nas canções country.

Quando se vir diante de um chefe ruim, primeiro veja se o problema não é você. Isso não é fácil, mas, em muitos casos, um líder ruim é apenas uma pessoa decepcionada.

Se está certo de que o problema não é você, avalie a probabilidade de sua empresa manter um chefe ruim que apresente bons resultados. Se a resposta for "sim", o que resta a fazer é analisar as concessões que você está disposto a fazer. Seu trabalho vale o preço de suportar um chefe ruim? Caso valha, tome uma providência *e* pare de reclamar — as duas coisas ao mesmo tempo.

Se não vale a pena fazer concessões, saia, mas sem perder a compostura.

E, quando começar no seu emprego seguinte, lembre-se exatamente do que fazia o seu antigo chefe ruim ser ruim e o mal que isso causava a você — para que, quando chegar a sua hora, você não faça o mesmo.

19

Equilíbrio entre vida profissional e pessoal

TUDO O QUE VOCÊ SEMPRE QUIS SABER (MAS TINHA MEDO DE OUVIR)

SE ALGUMA VEZ na vida eu disse algo na linha "Faça o que digo, mas não faça o que eu faço", foi neste capítulo. Ninguém — nem mesmo eu — jamais poderá dizer que sou uma autoridade no equilíbrio entre vida profissional e pessoal. Por 41 anos, meu *modus operandi* foi trabalhar pra valer, aproveitar pra valer e dedicar algum tempo à tarefa de ser pai.

Se o conceito existisse na época, tenho certeza de que descreveria minha vida como perfeitamente equilibrada. Eu tinha a impressão de estar dando conta de tudo, nas proporções certas.

Cresci em uma época e como parte de uma cultura em que você se esforçava para entrar numa universidade e obter um diploma decente. Durante os estudos, ou logo a seguir, você se casava e começava a ter filhos. Conseguir um emprego e se matar de trabalhar era visto como o passaporte para uma vida boa.

Eu segui esse padrão sem pensar muito. Por sorte, achava o trabalho extremamente empolgante. Os fins de semana eram bons para jogar golfe e encontrar outros jovens casais.

Mas, em retrospecto, fica claro que o equilíbrio que escolhi teve consequências para as pessoas ao meu redor, tanto em casa quanto no escritório. Por exemplo, os meus filhos foram criados, em grande parte, exclusivamente pela mãe, Carolyn.

Da mesma forma, desde os meus primeiros dias na divisão de plásticos, eu costumava ir ao escritório nas manhãs de sábado. Não por coincidência, meus subordinados diretos também iam. Eu, particularmente, adorava esses momentos de fim de semana. Passávamos a limpo a semana de trabalho de uma maneira mais descontraída e jogávamos conversa fora sobre esportes.

Nunca perguntei a alguém: "Você preferia — ou devia — estar em algum outro lugar que não aqui, seja pela sua família, para praticar um hobby ou por qualquer outra razão?" Simplesmente, não me ocorria a hipótese de que alguém iria querer estar em qualquer lugar que não no trabalho.

Em minha defesa, se é que isso é possível, os tempos eram outros. Nas décadas de 1960 e 1970, todos os meus subordinados diretos eram homens. Muitos desses eram pais, e os pais da época eram diferentes. Em geral, não compareciam às apresentações de balé nas tardes de quinta-feira, nem recusavam as transferências de cidade impostas pelo trabalho por não quererem interromper as "carreiras" esportivas de seus filhos. A maioria das esposas não tinha empregos que apresentassem demandas igualmente conflitantes. Esperava-se que as esposas ficassem em casa, para fazer tudo correr bem.

Tudo isso começou a mudar, é claro, nos anos 1980, quando as mulheres começaram a ocupar mais espaços na força de trabalho e, ao fim da década, comecei a ouvir falar muito mais sobre o equilíbrio entre vida profissional e pessoal. De início, o assunto surgiu em muitas de nossas aulas de desenvolvimento gerencial em Crotonville, onde os gerentes começaram a descrever a pressão que experimentavam ao tentar equacionar viagens e transferências quando seu cônjuge também tinha uma carreira. O debate sobre esse tópico dentro da GE se intensificou no início dos anos 1990, tanto em Crotonville quanto nas reuniões com o Fórum Afro-Americano da GE, e alcançou um nível inédito de intensidade mais tarde, nas minhas reuniões com membros da Rede de Mulheres da empresa.

Essas conversas me forçaram a encarar algo que eu nunca havia notado por conta própria, que são os conflitos presentes na gestão de duas vidas complexas — uma no ambiente de trabalho e a outra após o expediente, seja para cuidar dos filhos, fazer trabalho voluntário em um abrigo para os sem-teto ou correr maratonas.

Embora o equilíbrio entre as duas vidas permeasse cada vez mais os debates nos anos 1990, só se intensificou após minha aposentadoria, em 2001. Hoje, não há nenhum CEO nem nenhuma empresa que possa ignorá-lo. No outono de 2004, por exemplo, o *The New York Times* publicou uma matéria de primeira página, em três partes, sobre o equilíbrio entre vida profissional e pessoal e o estresse no trabalho. Na mesma semana, a matéria de capa da revista *Fast Company* era intitulada "Você ainda se preocupa com o equilíbrio entre vida profissional e pessoal? Desista. Mas aqui vão dicas para se ter uma vida, de alguma forma." Existe toda uma indústria de consultoria dedicada ao assunto, além de incontáveis livros e sites.

Então, não é de surpreender, que ao viajar pelo mundo nos últimos anos, eu tenha ouvido muitas perguntas sobre este equilíbrio. A mais comum é "Como você encontrava tempo para jogar golfe e ainda se tornar CEO?", mas também cobrem um amplo espectro. Uma vez, em Pequim, um homem na casa dos trinta e poucos anos me perguntou: "Como você administrava os filhos ao mesmo tempo em que administrava a GE?"

Minhas respostas a essas perguntas não foram de todo úteis, tenho certeza. Eu explico que encontrava tempo para jogar golfe porque era a única coisa que fazia no meu tempo livre. Quanto aos meus filhos, eu não os "administrava", exceto quando se tratava de cobrar boas notas e atuar como "diretor de atividades" durante as três semanas de férias por ano. Se eles hoje têm uma vida feliz, isso tem muito mais a ver com mãe deles do que comigo.

Portanto, eu claramente não sou especialista em como as pessoas devem priorizar os diferentes aspectos de suas vidas e sempre achei que essa escolha é algo muito particular.

Lidei com dezenas de situações e dilemas envolvendo o equilíbrio entre vida profissional e pessoal no papel de gerente, e lidei com centenas no papel de gerente de gerentes. Nos últimos, ouvi muitas pessoas — tanto chefes quanto funcionários — falarem sobre esse assunto tão complexo.

Devido a todas essas experiências, tenho uma noção de como os líderes pensam sobre o equilíbrio entre "as duas vidas", não importa se abordam ou não essa questão com você.

Você pode não gostar da perspectiva deles, mas precisa encará-la. Existe a conversa fiada sobre o equilíbrio entre vida profissional e vida pessoal e existe a realidade. Para fazer as escolhas e tomar as atitudes que, em última instância, fazem sentido para você, é preciso entender essa realidade:

1. A prioridade número 1 do seu chefe é a competitividade. É claro que ele quer que você seja feliz, mas apenas na medida em que isso ajude a empresa a vencer. Inclusive, se ele está fazendo o trabalho direito, está tornando o seu trabalho tão emocionante que a sua vida pessoal se torna menos atraente, em comparação.

2. A maioria dos chefes está disposta a lidar com desafios relacionados ao equilíbrio entre vida profissional e vida pessoal se você tiver conquistado esse espaço demonstrando um bom desempenho. A palavra-chave aqui é: *se*.

3. Chefes sabem que as políticas sobre vida profissional e vida pessoal no folheto da empresa são principalmente para fins de recrutamento, e que acordos reais envolvendo esse assunto são negociados individualmente no contexto de uma cultura de apoio, *não* no contexto de "Mas a empresa diz que...!"

4. Pessoas que lidam publicamente com problemas de equilíbrio entre vida profissional e vida pessoal e que recorrem continuamente à empresa em busca de ajuda

– 306 –

são vistas como instáveis, prepotentes, negligentes ou incompetentes — ou tudo isso ao mesmo tempo.

5. Até os chefes mais solícitos acreditam que o equilíbrio entre vida profissional e vida pessoal é um problema que cada um deve resolver por si. A maioria sabe que só existem algumas estratégias eficazes para lidar com isso e espera que você as ponha em prática.

ADMINISTRANDO PRIORIDADES

Vamos analisar esses pontos um por um, mas, primeiro, aqui vão algumas palavras sobre o que realmente significa equilíbrio entre vida profissional e vida pessoal.

Não é por acaso que esse equilíbrio estreou no debate público na mesma época em que as mulheres — muitas mães, cujos maridos também querem se dedicar às suas carreiras — entraram com força no mercado de trabalho. De uma hora para outra, havia um grupo inteiro de pessoas fazendo malabarismo para dar conta de duas exigências mutuamente exclusivas e conflitantes: serem ótimas mães e ótimas funcionárias ao mesmo tempo. No começo, a luta para fazer tudo funcionar era especialmente confusa e dolorosa para muitas mães que trabalhavam, e suas histórias eram repletas de culpa, indecisão e raiva.

Hoje, o equilíbrio continua a ser uma das questões mais importantes entre mães que trabalham, pois são as pessoas com maior probabilidade de lidar com isso diariamente.

Mas, indiscutivelmente, o conceito deste equilíbrio cresceu e se expandiu. Não trata apenas de como as mães encontram tempo para atender a todas as demandas das suas vidas. Trata também do modo como cada um de nós gerencia a vida e administra o tempo — ou seja, trata de prioridades e valores.

Falar em equilíbrio entre vida profissional e vida pessoal é falar sobre o quanto estamos dispostos a permitir que o trabalho nos consuma.

Você pode ser como eu e fazer do emprego sua prioridade número 1. Ou pode tentar buscar um tipo de equilíbrio ao pé da letra, com trabalho e vida pessoal ganhando cada um 50% do seu tempo. Ou pode surfar 80% do tempo e trabalhar nos outros 20%. Existe uma proporção de equilíbrio para cada indivíduo.

Mas, independentemente da proporção que escolha, você terá que fazer concessões. Afinal, como já observei neste livro, são raras e sortudas as pessoas que conseguem ter tudo na vida, e ao mesmo tempo. Em geral, não é esse o caso. Pais que trabalham e que queiram se envolver de verdade na vida dos filhos, por exemplo, precisam abandonar parte de sua ambição. Pessoas que colocam o sucesso nos negócios em primeiro lugar provavelmente terão que abrir mão de algum grau de convivência com sua prole.

O equilíbrio entre vida profissional e vida pessoal é uma troca — é um acordo que você faz consigo mesmo sobre o que fica e o que vai embora.

Eu me lembro de uma sessão de perguntas e respostas com cerca de quinhentos executivos em Melbourne, na Austrália. A moderadora era Maxine McKew, uma das apresentadoras de telejornal mais respeitadas do país. Durante uma hora, a sessão foi abordando todos os tópicos comuns a respeito de negócios, quando então uma mulher na plateia se levantou, questionando: "Você poderia me dizer, sr. Welch, por que todas as mulheres que obtêm sucesso nos negócios precisam agir como homens durões e agressivos? Quando vai chegar o dia em que as CEOS não precisarão agir como se fossem a Margaret Thatcher?"

Não me lembro da resposta que dei, mas sei que foi algo um tanto politicamente incorreto, sobre como a maioria das mulheres desacelerava os avanços na carreira por terem filhos, e que, embora eu achasse isso uma escolha digna, não ia ser muito eficaz se o plano era integrar os quadros da diretoria.

Esse comentário enfureceu a interlocutora, que respondeu: "Por que as mulheres precisam abrir mão de suas vidas para crescer, mas os homens, não? Não é certo que as mulheres tenham

> O equilíbrio entre vida profissional e vida pessoal é uma troca — é um acordo que você faz consigo mesmo sobre o que fica e o que vai embora.

que fazer todos os sacrifícios, não acha?"

Alguns dos homens da plateia resmungaram, e um deles gritou: "Minha esposa fez." Outro gritou: "Ei, todos nós fazemos sacrifícios."

Eu, no palco, dei de ombros. "Não tenho como dar uma boa resposta para a sua pergunta", disse. "Não estou certo de que interromper a subida na hierarquia corporativa seja um 'sacrifício' para as mães que fizeram essa escolha."

> "Eu escolhi colocar minha carreira em primeiro lugar", disse ela, "e não posso responsabilizar ninguém além de mim mesma pela minha felicidade ou falta dela."

Nesse momento, Maxine interveio. Para ser sincero, eu esperava receber uma enxovalhada, mas a resposta dela me surpreendeu.

"As mulheres sempre abrem mão de alguma coisa. É uma questão de biologia", disse. "Vou contar sobre o que eu tive de abrir mão. Eu queria ter uma carreira. Portanto, nunca tive filhos. Talvez, hoje, eu fosse capaz de conciliar os dois. Ainda assim, anos atrás, quando eu estava começando na TV, era simplesmente impossível chegar aos estágios mais altos e criar filhos ao mesmo tempo. Foi a minha escolha. Claro que eu queria ter tido filhos. Eu escolhi colocar minha carreira em primeiro lugar, e não posso responsabilizar ninguém além de mim mesma pela minha felicidade ou falta dela."

Fez-se um silêncio sepulcral. Na sequência, alguém levantou a mão e mudou de assunto, fazendo uma pergunta sobre a economia australiana.

Conto essa história porque é simplesmente impossível falar sobre equilíbrio entre vida profissional e vida pessoal sem estarmos cientes de que esse é um tópico muito controverso — pelo fato de ser, ao mesmo tempo, extremamente pessoal e também universal.

Hoje em dia, todo mundo toma decisões quanto ao equilíbrio entre vida profissional e pessoal, desde mães e pais que trabalham a pessoas solteiras que desejam escrever um romance ou se voluntariar para construir casas para o Habitat for Humanity.

Equilíbrio entre essas coisas significa fazer escolhas e concessões, e lidar com as consequências. É bastante simples — e bastante complexo.

Mas lembre-se: você não está nessa sozinho. Sua empresa também sente o impacto das suas escolhas e atitudes.

Com isso em mente, vamos fazer uma análise do equilíbrio entre vida profissional e vida pessoal do ponto de vista do seu chefe.

---

1. A prioridade número 1 do seu chefe é a competitividade. É claro que ele quer que você seja feliz, mas apenas na medida em que isso ajude a empresa a vencer. Inclusive, se ele está fazendo trabalho direito, está tornando o seu trabalho tão emocionante que a sua vida pessoal se torna menos atraente, em comparação.

Sem dúvida, a maioria dos chefes deseja que seus funcionários tenham uma ótima vida pessoal. Ninguém quer que seus funcionários levem problemas familiares ou sociais para o escritório, onde podem contaminar a atmosfera e não ajudar a produtividade.

Depois, existe a questão da permanência. Pessoas satisfeitas tendem a continuar onde estão e a trabalhar com maior entusiasmo. Portanto, bons chefes não querem que seus funcionários achem que lhes falta equilíbrio.

Porém, acima disso tudo, chefes querem vencer — é para isso que são pagos. E é por isso que querem poder contar com tudo o que é seu — a cabeça, o corpo, a energia e o comprometimento. Afinal, eles têm um grande jogo a vencer e não podem fazer isso de maneira eficaz se faltam jogadores — ainda mais se o adversário monta um time com jogadores de países como Índia e China, onde o equilíbrio entre vida profissional e vida pessoal não é exatamente uma prioridade em termos culturais.

O fato é que poder pensar neste equilíbrio é, na verdade, um privilégio — "desfrutado", em larga medida, por pessoas que *têm a opção* de trocar tempo por dinheiro, e vice-versa. Pode apostar que o dono da mercearia coreana que acabou de abrir uma loja em Nova York não está preocupado se vai ter tempo para ir à academia, assim como você pode ter certeza absoluta de que 99% dos empresários que compõem a emergente força de trabalho competitiva chinesa não reclamam de trabalhar até tarde da noite todos os dias.

Seu chefe sabe muito bem que a maioria dos concorrentes no mercado global não estimula os funcionários a reduzir a produtividade em nome do equilíbrio entre vida profissional e vida pessoal.

É por isso que, quando ele pensa sobre as suas necessidades em relação ao equilíbrio, é orientado pela seguinte questão: como posso dar a essa pessoa o que ela precisa e ainda assim mantê-la inteiramente conectada ao trabalho?

A verdade é que o seu chefe quer extrair 150% de você, e, se você for mesmo competente, ele será capaz de fazer (quase) tudo para conseguir, ainda que a sua família também queira 150%.

Não é que os chefes *desejem* que você deixe de lado a sua família, os seus hobbies ou outros interesses. Não é nada diabólico assim. Eles apenas são motivados pelo desejo de extrair toda a sua energia e empregá-la em prol da empresa.

Na maioria dos casos, os chefes veem no ataque a melhor defesa contra as exigências da vida — e esse ataque consiste em tornar o trabalho tão emocionante e tão divertido que as pessoas realmente não queiram voltar para casa para jantar, menos ainda para jogar xadrez ou escrever o novo grande romance americano.

Por muitos anos, Gary Reiner trabalhou para mim como diretor de desenvolvimento de negócios em Fairfield. Ainda que nunca tenha falado explicitamente sobre isso, Gary tinha escolhas muito claras sobre o equilíbrio entre vida profissional e vida pessoal, no qual o tempo passado com a família desempenhou um grande papel. Ele chegava cedo ao escritório todos os dias, mas era inflexível quanto a sair às 18 horas, e raramente se envolvia nas brincadeiras que retardavam o trabalho. Ele era o mais discreto e o mais eficiente possível.

> Não é que os chefes *desejem* que você deixe de lado a sua família ou os seus hobbies. Eles apenas são motivados pelo desejo de extrair toda a sua energia e empregá-la em prol da empresa.

Mas Gary era uma estrela, em todos os sentidos. O desempenho dele no trabalho de equipe corporativa ano após ano abriu enormes oportunidades no campo operacional. Ele sempre dizia que gostava do que estava fazendo, que a rotina de viagens era administrável e que não queria ter que se mudar. Por mim, estava tudo bem. Eu amava o trabalho que ele fazia, e toda a empresa se beneficiava.

De qualquer forma, eu estava preocupado — e tenho certeza de que Gary também estava —, ao pensar por quanto tempo conseguiríamos manter uma pessoa da equipe comprometida e com o espírito renovado. Eu não queria que ele deixasse a GE, nem física nem psicologicamente.

Na década seguinte, sempre que lançávamos uma grande iniciativa — fosse em serviços, Six Sigma ou e-business —, pedíamos a Gary que ficasse a frente dos conselhos de implantação, compostos por líderes de cada negócio, para disseminar boas práticas pela empresa. Ao longo dessa trajetória, ele assumiu o cargo de diretor de informações. Gary permaneceu no mesmo cargo, mas, a cada dois anos, ampliava o escopo do seu trabalho, agregando enorme valor à GE, sem deixar de se manter fiel às suas escolhas quanto ao equilíbrio entre vida profissional e vida pessoal.

A história dele é um exemplo entre milhares que acontecem todos os dias — um chefe fazendo o possível para manter uma estrela engajada e motivada. Eu sabia o que Gary precisava e o que a empresa precisava, e, por sorte, graças à curiosidade intelectual, ao comprometimento e à energia dele, encontramos uma solução em que todos saíram ganhando.

Portanto, sempre que você pensar sobre questões envolvendo o equilíbrio entre vida profissional e vida profissional, tenha em mente o que seu chefe está pensando em vencer.

Suas necessidades podem ser ouvidas — e até atendidas de forma satisfatória —, mas só se as necessidades do seu chefe forem atendidas também.

---

2. A maioria dos chefes está perfeitamente disposta a lidar com desafios relacionados ao equilíbrio entre vida profissional e vida pessoal se você tiver conquistado esse espaço demonstrando um bom desempenho. A palavra-chave aqui é: *se*.

É fato que existem chefes por aí que pensam: "Nunca recebi nenhuma ajuda especial com as minhas questões sobre vida profissional e pessoal, portanto não vou dar também. Que cada um resolva isso por si próprio."

Além disso, existem pessoas sem filhos que notadamente se ressentem de seus colegas de trabalho que são pais e solicitam um "passe especial" por conta das responsabilidades familiares. Ouvi dizerem coisas como: "*Eles* que quiseram ter filhos. Agora querem que *a gente* facilite as coisas!" Essa perspectiva não é particularmente generosa, mas consigo entender de onde vem.

A verdade é que existem poucos passes especiais no ambiente de trabalho. Sim, há chefes que concordam em dar às pessoas a flexibilidade de ir e vir como bem entenderem, mas só depois de elas terem conquistado esse direito por meio do desempenho e dos resultados apresentados.

De fato, eu diria que o equilíbrio funciona como um programa de milhagens. Pessoas com ótimo desempenho recebem milhas, que podem ser trocadas por flexibilidade. Quanto mais milhas você acumula, mais oportunidades tem de trabalhar quando, onde e como quiser.

No entanto, não é possível falar sobre esse programa de milhagens sem falar em tempo de escritório.

O tempo de escritório é uma grande questão na maioria das empresas, ainda mais quando se trata de promoções. Apesar de toda a tecnologia que torna possível hoje trabalhar à distância, a maioria dos gerentes se sente mais à vontade para promover pessoas que conheceram nas trincheiras, pessoas que viram nas reuniões e nos corredores ou com quem passaram por uma crise muito difícil. Seu trabalho de fora do escritório pode ser espetacular. Você pode ser a pessoa mais produtiva da equipe. Seu emprego pode nem exigir, tecnicamente, que você ponha os pés no escritório! Mas, na hora de decidir por uma promoção, e se as qualificações são bem parecidas, os chefes quase sempre dão a vaga à pessoa que conhecem melhor. E nada torna uma pessoa mais familiar do que estar presente no escritório.

Para dar um exemplo de como um típico programa de milhagens funciona na prática, vejamos o caso de Susan Peters.

– 313 –

Susan ingressou na GE em 1979, aos 26 anos, como gerente de RH na divisão de eletrodomésticos. Por ser uma profissional de alto potencial, ela logo se destacou e foi sendo promovida diversas vezes, para receber novos desafios. Em 1986, três meses após o nascimento da filha, Jess, Susan trabalhava em Pittsfield e, de forma imprevista, seu chefe teve que passar por uma delicada cirurgia na coluna e precisou se ausentar por um longo tempo. Num grande passo, ela foi nomeada diretora de RH, em detrimento de outras pessoas com mais tempo de casa. Susan tinha marcado o maior gol de sua carreira.

Em seguida, Susan mudou-se para Holland, em Michigan, depois para a sede, em Boston, e, por fim, voltou a Pittsfield. Dois anos depois, foi transferida para Louisville, como diretora de RH no negócio de eletrodomésticos. Em cada um desses cargos, seu desempenho foi fantástico.

Em 1998, precisávamos de alguém para comandar o RH no negócio de equipamentos médicos, em Milwaukee, e sabíamos o que fazer: enviar Susan Peters. Quando falamos com ela, todo mundo esperava um rápido e simples "OK, quando eu começo?"

Em vez disso, ela disse: "Infelizmente, eu não posso — tenho problemas familiares aqui que preciso resolver."

Foi como um balde de água fria. Nunca tínhamos parado para pensar na vida pessoal de Susan, que nunca a havia mencionado. Mesmo quando a enviamos para oito semanas de treinamento — quatro no Japão, em 1992, e quatro na China, em 1993 —, ela não fez comentário algum sobre o fato de ter de ficar longe da filha ou de administrar um lar à distância. De repente, lá estava ela, pedindo um tempo, e ficamos mortificados.

Droga, pensamos. Quantas pessoas como Susan Peters não tínhamos perdido ao longo do caminho, por terem tomado como indiferença nosso silêncio quanto à conciliação entre vida profissional e vida pessoal?

Susan merecia aquele tempo, e com folga. Àquela altura, seu saldo de milhas era exorbitante — muito maior do que o necessário para pedir ajuda. Dissemos a ela para não se preocupar e ficar onde estava. Nossa maior preocupação, naquele momento, era que ela resolvesse seus problemas familiares a contento.

– 314 –

Isso levou alguns anos. Naquela época, ninguém na empresa fez menção às limitações de Susan de forma negativa. Então, em 2000, ela nos disse que estava de volta ao jogo, e logo foi promovida a diretora de RH da NBC. Depois, tornou-se vice-presidente de desenvolvimento executivo para toda a empresa, baseada em Fairfield, o que fez dela a segunda em comando no RH da GE.

Quando indagada sobre a carreira, Susan disse: "Em suma, eu aprendi que você pode ter todo o equilíbrio entre vida profissional e vida pessoal quer quiser, desde que apresente resultados. Não estou dizendo que não foi difícil. Foi, e muito. Quando fui para o Japão e para a China, minha filha tinha 7 anos — idade suficiente para fazer com que eu me sentisse verdadeiramente culpada. Chorei sem parar durante a viagem. Mas eu havia tomado uma decisão consciente sobre o equilíbrio entre vida profissional e pessoal, e parte dessa decisão era viajar quando minha carreira exigisse. Eu sabia que sempre teria flexibilidade no meu trabalho, quando precisasse. Tinha conquistado isso graças ao meu comprometimento e ao meu desempenho ao longo dos anos."

Compare a história de Susan à de uma amiga minha, que gerenciava uma unidade com sessenta funcionários de uma empresa em rápido crescimento.

Anos atrás, ela foi abordada por uma integrante de sua equipe — vamos chamá-la de Cynthia — que acabara de ter o segundo filho. Cynthia perguntou se poderia trabalhar de casa às sextas-feiras. A executiva (também mãe) imediatamente deu o aval, porque sabia que Cynthia — uma veterana com oito anos de empresa — continuaria a entregar resultados incríveis. Como sempre. Cynthia era uma das pessoas mais esforçadas, organizadas e produtivas da equipe.

Depois de uma ou duas semanas, a notícia de que Cynthia estava trabalhando de casa às sextas-feiras se espalhou. Em pouco tempo, minha amiga foi abordada por um jovem — vamos chamá-lo de Carl — que estava na empresa havia cerca de um ano, sem resultados de destaque. Ele também queria trabalhar de casa às sextas-feiras. "Quero aperfeiçoar minha prática de ioga", explicou.

Quando minha amiga negou o pedido, a conversa tomou um rumo bem estranho. "Você está me impondo seus valores", rebateu Carl.

"Está dizendo que a maternidade tem mais valor que a ioga. Eu nunca vou ter filhos. Quem é você para dizer que minha ioga é menos significativa para a minha vida do que os filhos de Cynthia para a dela?"

"Sinto muito, mas a minha decisão já está tomada!", disparou a chefe de volta.

Mais tarde, quando o confronto chegou à fábrica de fofocas do escritório e ocupou os colegas de trabalho de Carl por uma semana com minidebates sobre justiça e valores, minha amiga lamentou o fato de não ter sido mais direta na resposta. Carl não podia atuar de casa às sextas-feiras porque não havia demonstrado que poderia dar conta do trabalho de escritório de segunda a quinta!

Apesar das próprias circunstâncias pessoais, a decisão da minha amiga *não tinha* nada a ver com ioga versus bebês. Não tinha nada a ver com valores. Tinha a ver com resultados. Carl não tinha milhas acumuladas.

Por que é importante saber disso? Porque, quando você pensar no equilíbrio entre vida profissional e vida pessoal, esteja ciente de que, na maioria das empresas, para obtê-lo é preciso merecer. E esse processo leva tempo.

Uma última coisa sobre o programa de milhagens. Para as pessoas que estão entrando agora no mercado de trabalho, muitas vezes parece injusto. Por que, elas se perguntam, é preciso *esperar* para obter a liberdade e a flexibilidade desejada? Contudo, profissionais mais experientes costumam entender — inclusive, muitos acham esse sistema de troca perfeitamente justo.

E os chefes também gostam. Para eles, é o tipo de acordo em que todos saem ganhando.

---

3. Chefes sabem que as políticas sobre vida profissional e vida pessoal no folheto da empresa são principalmente para fins de recrutamento, e que acordos reais envolvendo esse assunto são negociados individualmente no contexto de uma cultura de apoio, *não* no contexto de "Mas a empresa diz que…!"

Um folheto de empresa pode ser algo a admirar, com fotos reluzentes e uma extensa lista de benefícios, como compartilhamento de cargos e horários flexíveis.

Mas a maioria das pessoas sabe que a última vez que irá se deparar com este folheto é no primeiro dia de trabalho, na sala do RH, enquanto preenche toda a papelada. De fato, a maioria dos indivíduos mais esclarecidos logo percebe que grande parte dos programas de equilíbrio entre vida profissional e vida pessoal é essencialmente uma ferramenta de recrutamento voltada para novos candidatos.

Ajustes neste equilíbrio são negociados entre chefes e indivíduos conforme a necessidade, utilizando o programa de milhagens do qual acabamos de falar, no qual desempenho gera flexibilidade.

Esse programa de milhagens requer um ambiente especial. Requer uma cultura organizacional de colaboração, na qual os chefes são estimulados a fazer acordos criativos para ajudar no equilíbrio entre vida profissional e vida pessoal dos funcionários de alto desempenho, e onde estes, por sua vez, sentem-se à vontade para falar com seus chefes sobre seus os desafios nesta questão.

Nessa cultura, os líderes têm a liberdade de recompensar com flexibilidade aqueles que apresentam resultados. Não precisam esclarecer os arranjos acordados com o RH, nem se sentem forçados a aderir às políticas formais da empresa sobre o tema, que no fim das contas podem acabar limitando a sua capacidade de vencer, em vez de aprimorá-la.

Lembra do caso da executiva cujo funcionário queria trabalhar de casa às sextas-feiras para praticar ioga? No fim das contas, quando as notícias do episódio chegaram à diretoria, ela foi instruída a concordar com o pedido. Era política da empresa "oferecer oportunidades iguais quando se tratava de acordos de trabalho flexíveis". Ou seja, não tinha nada a ver com mérito!

Não é de se surpreender, no entanto, que o funcionário da ioga não tenha durado nem mais

> Se quer ter equilíbrio de verdade entre vida profissional e vida pessoal, procure uma empresa em que isso faça parte da rotina de trabalho.

um ano na empresa. Passando apenas quatro dias por semana no escritório, seu desempenho piorou cada vez mais. E, para a sua infelicidade, ele foi rotulado pelos outros gerentes da unidade como um funcionário do tipo "Mas a empresa diz que...!".

Você conhece esse tipo. São os que acumulam dias de férias. Anotam todos os feriados em que trabalharam. Lembram aos chefes e aos colegas das políticas da empresa sobre horas extras. São pequenos tecnocratas que mostram várias vezes que não estão trabalhando por diversão ou pela paixão por vencer. Estão apenas computando horas.

Não é de se admirar que não tenham um bom saldo de milhas. Ao operar à margem da cultura de acordos negociados individualmente, estes tipos que jogam com o regulamento debaixo do braço acabam se dando mal, justamente por causa dos "direitos" que clamam ter!

O ponto aqui é: não se deixe levar pelas políticas e programas de equilíbrio entre vida profissional e pessoal anunciados em praticamente todos os folhetos corporativos. Se quer ter equilíbrio de verdade entre vida profissional e vida pessoal, procure uma empresa em que isso faça parte da rotina de trabalho.

---

4. Pessoas que lidam publicamente com problemas de equilíbrio entre vida profissional e vida pessoal e que recorrem continuamente à empresa em busca de ajuda são vistas como instáveis, prepotentes, negligentes ou incompetentes — ou tudo isso ao mesmo tempo.

Em setembro de 2004, o *Financial Times* publicou uma matéria sobre Vivienne Cox, que aos 45 anos foi nomeada chefe da divisão de eletricidade, gás e energia renovável da BP. O jornal observava que a promoção fazia de Cox uma das mulheres de negócios mais poderosas do mundo.

Também observava que Cox tinha dois filhos pequenos e que nunca falava sobre o impacto da maternidade na sua capacidade de trabalhar. Vivienne, segundo o jornal, "faz parte de uma geração de mulheres de alto desempenho que querem apenas tocar o trabalho".

Existem, sem dúvida, dezenas de milhares de mulheres como Vivienne Cox. E, certamente, no total, existem milhões de trabalhadores bem-sucedidos, sejam mães ou não, que têm uma vida pessoal plena e atribulada — conquistada sem que tenha sido necessário se apegar a quão difícil é encontrar o equilíbrio, nem é relacionado à quantidade de ajuda que as empresas precisam dar para que seja alcançado.

O fato de essas pessoas existirem torna muito difícil, no mundo real, ser uma das que ficam resmungando sobre o equilíbrio entre vida profissional e vida pessoal.

E é por isso que a maioria desses resmungões acaba sendo marginalizada. Às vezes isso leva um tempo, porque as empresas querem ser politicamente corretas e andam pisando em ovos na hora de lidar com pessoas que se identificam publicamente como garotos-propaganda do equilíbrio entre vida profissional e pessoal. Mas, com o tempo, essas pessoas, que parecem não conseguir enfrentar esses desafios sozinhas ou que constantemente pedem à empresa arranjos especiais passam a ser preteridas em promoções ou deixadas de lado.

Não é de se surpreender, portanto, que esses resmungões sejam um fenômeno de desempenho abaixo da média.

E aqui vai minha teoria sobre o porquê disso.

Você quase nunca ouve pessoas entre os 20% melhores de qualquer organização que reclamem sobre o equilíbrio entre vida profissional e vida pessoal. Esse fato com certeza está relacionado às suas habilidades intrínsecas. Em casa, assim como no trabalho, essas pessoas são tão espertas, organizadas e competentes que descobriram e implementaram soluções sustentáveis. Adotaram, como diz Susan Peters, "procedimentos domésticos" de recursos de reserva e de planos de contingência, que eliminam grande parte da incerteza que surge em situações onde é preciso fazer "malabarismo".

Os com desempenho abaixo da média, por outro lado, já começam a partida perdendo de três a zero. Primeiro, tendem a ser menos eficazes na organização do tempo e na eleição de prioridades, não apenas no trabalho, mas também em casa. Segundo, por conta de seu desempenho mediano, sabem que têm chances limitadas de progredir. Isso diminui a autoconfiança e aumenta a instabilidade. E, por fim, não são tão seguros financeiramente quanto os que estão entre os 20% melhores, o que dá a eles menos recursos para comprar equilíbrio entre vida profissional e vida pessoal com babás, *personal trainers* ou qualquer outra coisa. Junte essas três dinâmicas, e não é de se admirar que os de baixo desempenho estejam sempre sofrendo com dilemas envolvendo vida profissional e vida pessoal e que precisem pedir ajuda com tanta frequência.

Como o diretor de RH de uma empresa de Nova York uma vez me disse: "São sempre as pessoas mais fracas que exigem maior flexibilidade da empresa. Isso é frustrante — para dizer o mínimo." (Não surpreende, também, que ele tenha dito: "Não use meu nome se citar essa frase!")

Portanto, antes de abrir a boca pela quinta vez para pedir para viajar menos e ter as manhãs de sexta-feira livres ou para tomar o tempo do seu chefe falando das suas preocupações com as providências necessárias para cuidar dos seus filhos, esteja ciente de que está passando uma mensagem que, independentemente das palavras utilizadas, soa como "Eu não estou aqui de corpo e alma".

---

5. Até os chefes mais solícitos acreditam que o equilíbrio entre vida profissional e vida pessoal é um problema que cada um deve resolver por si. A maioria sabe que só existem algumas estratégias eficazes para lidar com isso e espera que você as ponha em prática.

Veja bem: só você pode determinar os seus valores e as suas prioridades. Só você sabe quais concessões está disposto a fazer, e só você pode estimar as consequências que terão. Só você pode organizar a sua agenda e a sua vida, tanto no trabalho quanto em casa, para encontrar o equilíbrio que deseja.

É por isso que, no fim das contas, a maioria dos chefes está certa quando diz que este equilíbrio é um problema que cabe a cada um, não a eles, resolver.

Apesar disso, há gerentes muito hábeis em ajudar seus funcionários a passar pelo processo de eleição de prioridades e de escolha de concessões, e até em apresentar soluções de agenda que funcionam igualmente bem para seus funcionários e para a empresa. Eles, inclusive, enxergam essa atividade como parte integrante de seus cargos.

Mas ajudar as pessoas a encontrar o equilíbrio entre vida profissional e vida pessoal é uma habilidade verdadeiramente especial. Nem todo gerente tem essa habilidade, e nem todo gerente deseja tê-la. Alguns pensam: "Que diabos, agora tenho que fazer papel de mãe ou de terapeuta? Nem pensar!"

Mas muitos não pensam assim. No meu trabalho dando palestras e consultoria nos últimos anos, eu estimaria que metade dos gerentes manifesta o desejo de trabalhar ativamente com seus funcionários para ajudá-los a alcançar algum tipo de equilíbrio. Isso é uma proporção muito maior do que cinco anos atrás.

Não há dúvida de que negociar acordos de equilíbrio entre vida profissional e vida pessoal acrescenta uma camada de complexidade ao trabalho de um gerente. Mas ele deve estar disposto a encarar o desafio. Isso lhe fornece mais uma ferramenta para motivar e manter na equipe funcionários de alto desempenho, juntamente com salário, bônus, promoções e todos os demais tipos de reconhecimento.

Mas, ao longo do caminho, você pode e deve ajudar a si mesmo. O debate sobre equilíbrio entre vida profissional e pessoal já existe há tempo suficiente para que tenham surgido um punhado de boas práticas. Os chefes mais experientes conhecem essas técnicas. Muitos, inclusive, já as aplicam e esperam que você as aplique também.

Aqui vão elas.

Boa prática 1: Mantenha a cabeça no que estiver fazendo. Já falamos aqui sobre como o trabalho quer 150% de você, e que o mesmo acontece em casa. Para aliviar a angústia e evitar a distração melhorar seu desempenho, independentemente do que você estiver fazendo, concentre-se em onde está e nas pessoas que o acompanham.

Em outras palavras, compartimentalize.

Ninguém sai ganhando quando você tem o hábito recorrente de administrar a logística de sua família a partir do telefone do escritório, ou de mandar e-mail para clientes da arquibancada do campo de futebol.

Compartimentalizar não é fácil, claro. Às vezes, você precisa ligar para um cliente enquanto está malhando na academia ou conferir como está um filho doente entre uma reunião e outra. Mas, quanto mais você mistura os dois ambientes, mais confuso, distraído e sobrecarregado você se sente, e isso se reflete nas suas ações.

A tecnologia é uma verdadeira faca de dois gumes nessa hora. Por um lado, você pode chegar em casa a tempo para jantar três vezes por semana, visto que pode ler os e-mails no celular entre oito e dez da noite. Por outro, pode acabar tendo uma úlcera ao permitir que o escritório ligue para o seu celular quando você está de férias, esquiando.

O ideal é traçar limites nítidos em torno das suas atividades. Então, quando estiver no trabalho, mantenha a cabeça no trabalho, e, quando estiver em casa ou se divertindo, mantenha a cabeça ali, e somente ali. Sei que isso é uma espécie de terra da fantasia. Sempre haverá pressões, independentemente das regras que você tenha estabelecido, mas, quanto menores e menos frequentes forem as interrupções, mais equilíbrio você terá.

Boa prática 2: Tenha coragem de dizer "não" a pedidos e demandas fora do seu plano de equilíbrio entre vida profissional e vida pessoal. Em algum momento, a maioria das pessoas estabelece um arranjo de equilíbrio entre vida pessoal e trabalho. O difícil é manter-se fiel ao plano.

Isso requer disciplina. Dizer "não" é difícil, sobretudo para executivos que chegaram longe justamente porque disseram "sim" com muita frequência. Nunca deixo de me impressionar ao me lembrar de Bill Woodburn, que comandava o negócio de diamantes industriais da GE nos anos 1990. Pedimos que ele comandasse uma divisão diversas vezes maior, mas Bill tinha tanta clareza quanto a suas prioridades que disse "não", apesar dos nossos esforços para convencê-lo. Bill tinha uma filha a dois anos de se formar no ensino médio e não queria impor a mudança a ela. Hoje, já faz bastante tempo que a filha concluiu a universidade, e ele acabou sendo promovido duas vezes. E foi presidente e CEO do negócio de infraestrutura da GE.

Geralmente, no entanto, não é necessário dizer "não" a algo tão grande quanto uma promoção para obter o equilíbrio que deseja. Só é preciso dizer "não" a coisas menores — um pedido para ingressar em mais um conselho sem fins lucrativos, um apelo para treinar um time esportivo infantil e assim por diante.

Se você disser "sim" a tudo, não terá equilíbrio. Você terá *des*equilíbrio.

Dizer "não" é extremamente libertador. Diga "não" a tudo que não faça parte do plano de equilíbrio entre vida profissional e vida pessoal que você escolheu.

Boa prática 3: Certifique-se de que o seu plano de equilíbrio entre vida profissional e vida pessoal não deixe você mesmo de fora. Uma dinâmica extremamente desastrosa na questão que envolve o equilíbrio entre vida profissional e vida pessoal é a síndrome de "todo mundo está feliz, menos eu". Pessoas bastante competentes elaboram um plano perfeito de equilíbrio entre vida profissional e vida pessoal que lhes permita dar tudo de si no ambiente de trabalho, tudo de si na família e tudo de si em uma ou duas organizações de voluntários.

O problema é que esse plano perfeito cria uma espécie de vácuo, um espaço onde não há diversão alguma justamente para a pessoa que está no centro.

Este equilíbrio envolve, claro, fazer concessões, e as pessoas precisam cumprir seus compromissos em casa e no trabalho. Mas, se você elaborar um plano balanceado entre vida profissional e vida pessoal que não inclua momentos de lazer para si mesmo, é pouco provável que consiga sustentá-lo.

Você precisa garantir que o plano dê conta dos seus sonhos e de suas paixões. Se isso significa trabalhar muito, trabalhe. Se significa estar em casa todas as noites, ache espaço para isso também. Sim, você precisa se responsabilizar pelas pessoas em torno de você, mas não pode adotar a concepção de vida de outro indivíduo em nome do equilíbrio.

Bem, você até pode, mas não deve. Quase sempre o tiro sai pela culatra.

> Se você não se sente realizado com o seu arranjo de vida profissional e pessoal, um dia vai acordar em uma espécie de inferno, onde todo mundo está feliz, exceto você.

Todo mundo conhece pessoas que parecem felizes e atendem a enormes demandas da carreira e da família, para então um dia parar subitamente e fazer mudanças drásticas de vida. Elas se cansaram de viver por um fio.

Uma pessoa que conhecemos certa vez em um coquetel explicou sua decisão de "jogar tudo pro alto" com essas palavras: "Para falar a verdade, durante quinze anos eu não me diverti muito. Não lia o jornal tomando uma xícara de café, não brincava com o cachorro nem telefonava para um amigo. Parecia que, a cada minuto, eu estava lutando com a logística necessária para atender às necessidades de todo mundo, menos as minhas. Tecnicamente, eu era uma boa esposa e boa mãe, e era boa no trabalho também. Todo mundo estava bem, mas eu estava infeliz. Precisei sair do meu emprego para não ter um colapso."

Hoje, ela trabalha de casa. A família tem menos dinheiro, e ela diz que sente falta da antiga vida profissional. Mas, pelo menos, consegue respirar — e rir.

O equilíbrio entre vida profissional e vida pessoal envolve decisões que não se toma sozinho. Você precisa avaliar a forma como as suas escolhas afetam uma infinidade de pessoas.

Mas, se você não se sente realizado com o seu arranjo de vida profissional e pessoal, todo o equilíbrio do mundo irá parecer apenas mais uma obrigação. Um dia, vai acordar em uma espécie de inferno, onde todo mundo está feliz, exceto você.

E isso não é bom para ninguém.

■

Ao olhar com atenção, existem apenas algumas coisas que você precisa saber caso queira, como diz o título deste capítulo, ter tudo.

Fora do trabalho, saiba o que espera da vida.

No trabalho, saiba o que o seu chefe quer e esteja ciente de que, se quiser progredir na carreira, o desejo do chefe é prioridade. Você pode até conseguir o que deseja, mas, nesse contexto, o arranjo do equilíbrio terá de ser revisto.

Certifique-se de trabalhar em uma cultura de apoio mútuo, onde o desempenho importa e onde você pode conquistar flexibilidade se apresentar ótimos resultados.

Acumule muitas milhas. Resgate-as conforme necessário; e sempre reponha.

Alcançar o equilíbrio entre vida profissional e vida pessoal é um processo. Ajustá-lo depende de tentativa e erro. Você melhora com a experiência e a observação e, por fim, depois de algum tempo, percebe que não parece mais tão difícil. Torna-se algo natural.

AMARRANDO AS PONTAS SOLTAS

20. AQUI, ALI E EM TODO LUGAR

As perguntas que quase ficaram de fora   329

20

Aqui, ali e em todo lugar

AS PERGUNTAS QUE QUASE
FICARAM DE FORA

Lá atrás, na Introdução, eu disse que as perguntas que me fizeram em minhas viagens pelo mundo nos últimos anos me inspiraram a escrever esse livro. A maioria dessas perguntas e minhas respectivas respostas acabaram por se transformar nos dezenove capítulos que antecedem este aqui.

Algumas perguntas, no entanto, simplesmente não puderam ser inseridas em alguma das temáticas, como liderança, contratações, mudanças, estratégia ou equilíbrio entre vida profissional e vida pessoal. Eram ou muito amplas ou muito restritas, muito específicas ou muito incomuns. Desafiavam qualquer possibilidade de classificação.

E, mesmo assim, essas perguntas remontam a vários dos temas abordados neste livro — a importância da franqueza e da energia positiva, por exemplo, a eficácia da diferenciação, a importância de ter voz, o poder da autenticidade e da meritocracia e a necessidade absoluta de mudança e de nunca se deixar fazer papel de vítima.

Sendo assim, vou encerrar este livro com as "perguntas que quase ficaram de fora", na esperança de que deem conta de qualquer assunto que eu tenha deixado passar, e, talvez, até o façam recordar de alguns dos principais pontos entre os assuntos de que tratamos até agora.

Essa pergunta foi feita durante um jantar de trabalho na Cidade do México, com a participação de cerca de trinta ceos de vários setores:

Passamos os últimos dez anos atualizando a empresa por meio de treinamentos e do aperfeiçoamento dos processos, e, graças ao baixo custo da nossa mão de obra, éramos extremamente competitivos. Mas, atualmente, estamos sendo atropelados pela China.
Como podemos continuar vivos?

Já ouvi perguntas semelhantes a essa em todos os lugares — exceto na China, é claro.

Quando eu estava em Dublin, em 2001, por exemplo, alguns meses depois que a Gateway anunciou que estava fechando as lojas, um executivo irlandês da área de tecnologia perguntou, ansioso: "Isso significa o fim do boom econômico para nós?" Em Milão, em 2004, conversei com um gerente alemão que se perguntava se a única esperança da sua empresa era ser vendida para uma companhia asiática interessada na sua capacidade de distribuição na Europa. Em uma conferência em Chicago, no mesmo ano, um fabricante de peças industriais com sede em Cleveland descreveu em detalhes angustiantes como os concorrentes chineses baixavam cada vez mais o preço dos produtos. "Será que vai sobrar algum emprego nas fábricas de Ohio?", perguntou.

Não existe uma resposta fácil para a questão da China. Sim, todo mundo já ouviu falar sobre os problemas deste país — a escassez de gerentes de nível intermediário, por exemplo, e o grande número de famílias pobres de agricultores que se mudam para cidades sem infraestrutura e sem empregos suficientes para todo mundo. Empresas estatais lentas e burocráticas sustentam até hoje a maior parte da economia do país. E os bancos estão saturados de empréstimos arriscados.

No entanto, para a China, essas não são montanhas a serem escaladas, mas pequenos montes de areia a serem achatados pela gigantesca retroescavadeira em alta velocidade que é a sua economia. A crescente prosperidade do espetacular crescimento econômico das últimas décadas deu aos chineses uma enorme autoconfiança. Mas a China tem muito mais: uma imensa reserva de trabalhadores esforçados e de baixo custo e um número cada vez maior de engenheiros com boa formação.

Além disso, há a ética profissional, que talvez seja a sua maior força. Empreendedorismo e competição são noções já incorporadas à cultura chinesa. Vejamos o exemplo da executiva que foi minha anfitriã durante uma visita de uma semana a Xangai e Pequim. Ela disse que fica no escritório das sete da manhã às seis da tarde, vai para casa jantar com o marido e o filho, e às 20 horas volta ao trabalho, onde fica até meia--noite. "Isso é muito comum aqui", disse, "seis dias por semana". E ela trabalha para uma multinacional dos Estados Unidos!

Então, diante da inevitabilidade da China, o que você faz?

Antes de mais nada, saia da inércia. A sensação de derrota com a qual me deparei do México até Milão e por todos os Estados Unidos talvez seja compreensível, mas não leva a lugar algum.

Não é como se a economia dos países mais desenvolvidos estivesse em ruínas. Os países do primeiro mundo possuem grandes mercados consumidor e industrial, todos sedentos por novos produtos, com grandes marcas e redes de distribuição para atendê-los. As suas economias são apoiadas por legislações liberais e sólidas. São sociedades transparentes, com governos democráticos e bons sistemas educacionais e sociais. Os negócios seguem processos de gerenciamento totalmente desenvolvidos. Os Estados Unidos têm a vantagem adicional de terem um vasto e próspero mercado de capital de risco, com a capacidade de fornecer investimento inicial para praticamente qualquer boa ideia.

A lista de vantagens competitivas do mundo mais desenvolvido é imensa.

Então, pense pelo lado positivo. No mínimo, ter uma atitude otimista já é um ponto de partida.

Lembra da minha descrição da ameaça japonesa no início dos anos 1980? Às vezes, parecia que estávamos morrendo, e todo mundo tinha mesma opinião. Jornalistas e comentaristas políticos previram a morte iminente de empresas de nível industrial como a GE, e não era sem motivo, dadas as circunstâncias. A inflação chegou a dois dígitos, e a taxa de juros passou dos 20%. Em Syracuse, estávamos produzindo aparelhos de TV com um custo maior do que o valor pelo qual os japoneses os vendiam em um shopping, a menos de três quilômetros da nossa fábrica.

Definitivamente, parecia o pior dos cenários.

Mas esse é o ponto, na verdade. No calor do momento, sempre parece o pior dos cenários. Concorrentes com produtos de baixo custo não são novidade. Hong Kong e Taiwan estão nesse jogo há mais de quarenta anos, e o México, as Filipinas, a Índia e o Leste Europeu entraram já faz algum tempo. Mesmo no fim dos anos 1990, quando o vento soprava a favor de todo mundo e ganhar dinheiro era mais fácil do que havia sido por décadas, o trabalho parecia muito difícil. As grandes organizações eram consideradas dinossauros e todos estavam convencidos de que as startups de tecnologia logo dominariam o mundo. Na verdade, dizia-se que setores inteiros seriam destruídos pela internet.

Então, a bolha estourou. Muitas dessas pequenas empresas que ditariam as regras do mundo desapareceram. Outras, como o eBay e a Amazon, não apenas sobreviveram, como também prosperaram. Mas o mesmo aconteceu com os supostos dinossauros — porque eles mudaram. Eles se apropriaram da nova tecnologia e se transformaram, voltando mais fortes do que nunca.

O que a China exige de nós agora é mudança. Como?

Antes de mais nada, claro, pegue os três veteranos da concorrência — custo, qualidade e serviço — e eleve-os a outros níveis, fazendo com que todas as pessoas da empresa os vejam pelo que são: uma questão de sobrevivência.

Pense nos custos. Todo mundo precisa procurar em todos os lugares, dentro e fora da empresa, as melhores práticas. É necessário tomar decisões difíceis sobre onde e como cada processo deve ser realizado para que seja possível aumentar a produtividade. Não pense em reduzir custos de 5 a 10%. Você precisa encontrar maneiras de eliminar 30 e 40%. Na maioria dos casos, é o que é preciso para ser competitivo, na realidade chinesa.

Já em relação à qualidade, não dá para resolver terceirizando. E acertar 95% das vezes não é bom o suficiente. Use o Six Sigma ou qualquer metodologia que desejar. Mas livre-se dos defeitos.

O serviço é a vantagem mais fácil de explorar. Nesse quesito,

> Antes de mais nada, claro, pegue os três veteranos da concorrência — custo, qualidade e serviço — e eleve-os a outros níveis.

a China está a léguas de distância dos mercados mais desenvolvidos. Lembra da história da Gary Drug, a pequena farmácia em nosso bairro, onde não apenas sabem seu nome, como entregam qualquer coisa na sua casa em uma hora? Está firme e forte contra a sua "China particular" — uma imensa e iluminada filial de uma grande franquia, a três quarteirões de distância. E, para início de conversa, pense no CEO mexicano que fez essa pergunta. A proximidade de seu país com os Estados Unidos oferece uma enorme vantagem no tempo de resposta.

Mais uma vez, seu desafio não é apenas melhorar. É quebrar o paradigma de serviço em seu setor ou mercado, para que os clientes fiquem não apenas satisfeitos, mas tão impressionados que vão sair contando para todo mundo o quanto você é bom. A FedEx e a Dell me vêm à mente como exemplos disso.

Enquanto estiver inovando para melhorar custo, qualidade e serviço, vá além. Dê mais uma vez uma boa olhada no seu mercado. Procure oportunidades não exploradas; encontre novos nichos. Não continue batendo na mesma tecla.

O mercado que você está atendendo pode parecer saturado, mas está repleto de demanda por novos produtos, serviços ou tecnologias interessantes. Foi isso que a Procter & Gamble descobriu recentemente.

Não havia empresa mais consolidada em seus costumes do que a P&G. Mas em menos de cinco anos, a empresa incutiu um vigor totalmente novo em seus esforços por inovar. Quebrou a síndrome do *não inventado aqui* e vasculhou todos os cantos do mundo em busca de inventores de "garagem" com ideias de ponta. E não pararam por aí. A busca por novas ideias os levou a criar redes com empresas, fornecedores, universidades, laboratórios de pesquisa e empresas de capital de risco. Pegaram algumas das ideias que encontraram e as aprimoraram, e usaram outras ainda para reinventar produtos que já existiam. Por exemplo, a companhia pegou uma tecnologia eletrostática comprovada, usada para pintar carros, e a aplicou aos seus cosméticos, transformando a maneira como seus produtos de maquiagem cobrem a pele. Com uma nova atitude proativa, a empresa também revitalizou a pesquisa e o desenvolvimento internos. O resultado foram produtos como o Crest Whitestrips e os de limpeza Swiffer, que criaram novas categorias de produtos de massa.

Finalmente, enquanto você estiver inovando e procurando por novos produtos, mercados e nichos, aceite o fato de que a China pode ser muito mais do que apenas um concorrente.

Pense nela como um mercado, uma opção no que tange à terceirização e uma parceira em potencial.

Ao contrário do que ocorreu no Japão durante a fase inicial de desenvolvimento, o gigantesco mercado chinês é relativamente aberto ao investimento direto. Muitos podem fazer isso sozinhos por lá, idealmente vendendo seus produtos no mercado local e adquirindo produtos para o mercado doméstico.

Uma alternativa é unir forças com uma empresa nativa. Não preciso dizer que formar uma joint venture com uma companhia chinesa não é nada fácil. Na minha experiência, para fazer isso acontecer você precisa garantir que seu parceiro acredite que tem muito a ganhar, talvez mais do que você. Mas existem maneiras de criar acordos favoráveis para ambos os lados. Quando a GE Medical formou uma joint venture em 1991, o parceiro chinês contribuiu com grande know-how acerca do mercado local. Esse foi um elemento importante para a nova empresa alcançar o primeiro lugar em market share de produtos de diagnósticos por imagem de ponta. Ao mesmo tempo, os engenheiros chineses da joint venture projetaram e construíram produtos de baixo custo e alta qualidade que foram exportados pela rede de distribuição global da GE.

Não quero parecer uma Pollyanna em relação à China. Sua presença vem provocando uma verdadeira mudança nos negócios. E mesmo que restrições comerciais sejam decretadas, se o valor de sua moeda for autorizado a flutuar e as leis de propriedade intelectual forem aprovadas, nenhuma solução política no mundo fará com que o país desapareça.

Mas a China é um caso clássico de copo meio vazio ou meio cheio, não é?

Você pode olhar para a situação e se sentir uma vítima. Ou pode ficar ansioso para encarar os desafios e as oportunidades que ela representa.

> Você pode olhar para a situação e se sentir uma vítima. Ou pode ficar ansioso para encarar os desafios e as oportunidades que ela representa.

Fique com a segunda opção. Você não tem como sair vencedor se estiver com medo.

Essa pergunta foi feita por um membro de uma plateia em Londres, durante uma conferência da qual participaram cerca de três mil gerentes de nível médio e sênior:

A Noruega aprovou uma lei determinando que metade de todo conselho corporativo seja composto por mulheres. Qual a sua opinião sobre isso?

Isso é ridículo.

Obviamente, não sou contra a presença de mulheres em cargos de direção. Elas deram grandes contribuições a milhares de conselhos em todo o mundo. De fato, um dos melhores diretores que já conheci é uma mulher que trabalhou no conselho da GE, G.G. Michelson, ex-diretora de RH da R.H. Macy & Co. e ex-chefe do conselho administrativo da Universidade Columbia, cujos insights sobre pessoas e conhecimento geral me guiaram por vinte anos.

No entanto, eu simplesmente não gosto de cotas nem para os conselhos, nem para as equipes. Empresas vencedoras são meritocratas. Praticam a diferenciação, fazendo uma distinção clara entre os de melhor, de médio e de baixo desempenho. Esse sistema é franco e justo, e é a maneira mais eficaz de uma organização formar a melhor equipe.

As cotas prejudicam as meritocracias. Empurram artificialmente algumas pessoas para cima, independentemente de suas qualificações. Isso pode ser desmotivador para os que têm melhor desempenho, que são ignorados, e também não ajuda muito nos resultados, quando pessoas despreparadas são colocadas em posições importantes.

Então, o que funciona?

Volte por um minuto para o capítulo 17, "Como ser promovido"; o que eu digo ali vale para qualquer raça e gênero. Se você deseja ser promovido, a melhor aposta é superar expectativas, lidar com seus subordinados da mesma forma com que lida com seu chefe, destacar-se oferecendo apoiando a grandes iniciativas desde o início, contar com a contribuição de muitos mentores e sempre, sempre ter uma abordagem otimista e cheia de energia em relação à vida e ao trabalho. Ao mesmo tempo, não faça o seu chefe usar capital político para defender você. E, quando houver contratempos — e haverá — não deixe que quebrem seu ritmo.

Não estou dizendo que mulheres e minorias não têm dificuldades em obter êxito no mundo dos negócios. Elas de fato têm, e precisam de mecanismos para chegar mais alto no sistema.

Um desses mecanismos são os grupos de diversidade, como a Rede de Mulheres ou o Fórum Afro-Americano da GE. Esses grupos deram a oportunidade de mulheres e minorias de sucesso em cargos executivos servirem como modelo. Tão importante quanto isso, esses grupos criam um ambiente favorável para falar sobre como as mulheres e as minorias podem melhorar as experiências e habilidades e, assim, ganhar visibilidade em uma organização. Eles promovem o conceito de que o sucesso é resultado de talento, energia e ímpeto — como em qualquer meritocracia.

Mas a questão da diversidade é mais complicada e tem mais nuances do que estou apresentando aqui.

> A única cota que alguma vez cogitei ser válida é a cota de exposição.

Na GE, o Fórum Afro-Americano foi um esforço de base iniciado em 1990. Seguia em frente sem muito embalo, até que um vice-presidente sênior, Lloyd Trotter, tomou as rédeas e deu novo vigor ao programa com seminários, conferências e programas de mentoria. Com Lloyd no comando, todos os afro--americanos da empresa queriam participar, e todos os colegas queriam contribuir. O grupo realmente decolou, e com o tempo o mesmo aconteceu com as promoções oferecidas para afro-americanos.

Por outro lado, em meados da década de 1990, duas vezes por ano eu participava de jantares com mulheres de alto potencial, nos quais discutíamos os problemas da vida profissional enfrentados por elas. Em 1997, após um longo bate-papo, desafiei o grupo a criar a sua própria versão do Fórum Afro-Americano. Elas pareciam entusiasmadas, mas, para minha surpresa, ao longo das semanas seguintes, descobri que algumas das principais mulheres estavam relutantes quanto à ideia. A sensação era de que tinham conseguido chegar lá sem rótulo algum. Não queriam ser vistas como mulheres de sucesso, queriam ser vistas como *executivas* de sucesso. Depois de alguns anos, grande parte disso passou, pois até as mais relutantes passaram a desfrutar da mentoria e de seu impacto positivo no progresso das mulheres na empresa.

Mas voltemos à questão das cotas na Noruega.

A única cota que alguma vez cogitei ser válida é a cota de exposição que usamos na GE — ou seja, nós nos certificávamos de que houvesse uma mulher ou um integrante de alguma minoria como candidato quando abria uma vaga nos dois mil principais cargos. Isso garantia que todo gerente visse toda a diversidade de candidatos que havia e que estes candidatos tivessem uma chance.

Passei a primeira metade do meu mandato como CEO focado em mudar o portfólio e a competitividade. A diversidade, para mim, não entrou em jogo até os anos 1990.

Hoje em dia, no entanto, se você quer colocar o melhor time em campo, simplesmente não pode se dar ao luxo de ignorá-la.

Eu ouvi essa pergunta várias vezes, em plateias de Nova York até Sydney:

Como você escolheu seu sucessor, Jeff Immelt, e como acha que ele se saiu?

Fico sempre emocionado em responder à segunda parte desta pergunta — é tão fácil. Jeff se saiu incrivelmente bem, inclusive superando minhas expectativas em relação à liderança. Eu não poderia estar mais orgulhoso de até onde ele levou a GE.

Jeff se tornou presidente e CEO da GE em 10 de setembro de 2001, então era tecnicamente seu segundo dia de trabalho quando os ataques terroristas viraram o mundo de cabeça para baixo. Jeff lidou com a nova incerteza do ambiente de negócios com consciência e determinação, como sempre. Apesar das consequentes desacelerações nos setores de linhas aéreas, energia e resseguros, ele conduziu a empresa com maestria, levando a um crescimento, ainda que modesto, nos ganhos anuais de 2001 a 2004.

Ao mesmo tempo, Jeff fez alterações significativas no portfólio que direcionou a GE para um futuro crescimento. Fez grandes aquisições de mídia, serviços médicos e financeiros e infraestrutura, ao mesmo tempo em que dispunha de ativos industriais e de seguros de crescimento mais lento. Revigorou as atividades de pesquisa e desenvolvimento da GE com grandes investimentos em instalações em Munique, Xangai e em Schenectady, em Nova York. E pôs uma ênfase enorme na diversidade na GE, com resultados imediatos e positivos.

Várias vezes neste livro, eu disse que mudar é bom. Jeff com certeza comprova esse argumento.

Sobre como e por que escolhi Jeff, eu simplesmente prefiro não comentar. Havia três pessoas fantásticas dentre as quais eu poderia escolher: Jeff, Bob Nardelli e Jim McNerney. Não há motivo para esmiuçar publicamente o processo, que já acabou. Bob e Jim seguiram seus caminhos e apresentam desempenhos espetaculares em seus novos papéis

Vou dizer apenas que, no fim das contas, o conselho e eu escolhemos quem acreditávamos que seria o melhor líder da GE, e Jeff deixou claro que tomamos uma boa decisão.

Essa pergunta foi feita em uma conferência sobre gerenciamento em Reiquiavique, na Islândia, e durante um jantar de negócios para doze pessoas em Londres:

Como é o futuro da União Europeia?

A longo prazo, é muito bom.

Com todo o alvoroço em relação à China, algumas pessoas veem a UE como uma gigantesca e arrastada burocracia que jamais conseguirá reunir forças com rapidez suficiente para atingir todo o seu potencial na economia global. Talvez isso seja verdade no curto prazo, mas, com o tempo, a UE irá provar que seus opositores estão errados.

Lembre-se, a cooperação econômica da UE tem menos de quinze anos. Foi uma longa trajetória até aqui. Imagine tentar reunir hoje os cinquenta estados dos EUA. Agora, imagine fazer isso considerando que cada um tivesse sido administrado durante séculos com base em diferentes governos, conjuntos de leis, idiomas, moedas e culturas, como ocorre com os membros da UE. É um tanto incrível que a comunidade tenha se saído tão bem em tão pouco tempo.

Sem dúvida, a UE ainda tem um longo caminho a percorrer antes de compreender quais são as esperanças e os sonhos de seus apoiadores, em termos econômicos. Mas as estatísticas atuais são suficientes para dar uma ideia do potencial a ser desencadeado. Com vinte e cinco países, a UE tem 450 milhões de pessoas, 50% a mais que os Estados Unidos, e um PIB de onze trilhões de dólares, quase igual ao norte-americano, 2,5 vezes maior que o do Japão e cerca de sete vezes maior que o da China.

Esses valores já são impressionantes e só tendem melhorar conforme a União Europeia sentir o impacto de seus membros mais novos. Na década de 2000, de Budapeste a Bratislava, de Praga a Varsóvia, vi o entusiasmo, o otimismo — e as conquistas notáveis — desses países. Uma nova geração de empreendedores e pequenos empresários está sedenta por oportunidades e sucesso. Seus governos responderam da mesma forma, reduzindo impostos e fornecendo outros incentivos para as empresas. O resultado foi um crescimento econômico significativo, principalmente, em comparação com o que está acontecendo na Velha Europa.

Sim, a Velha Europa tem problemas e uma história longa. Bruxelas está repleta de burocratas, e os governos de muitos países estão lutando com unhas e dentes para manter suas soberanias tão duramente conquistadas. Com tradições culturais arraigadas, França e Alemanha, em particular, não demonstram tanto entusiasmo em relação à UE e

– 339 –

> **O peso paralisante do socialismo irá ceder aos poucos, e a UE avançará constantemente.**

costumam agir com flagrante interesse próprio.

Mas esses problemas não são intransponíveis. Washington, Tóquio e Pequim também têm muitos burocratas. E, à medida que novas gerações de líderes políticos surgem em toda a Europa, e a liderança da própria UE ganha maior estatura a cada ano que passa, a força dos governos fechados em si mesmos, com base em uma ordem econômica antiga, irá ceder. Por exemplo, o governo francês começou a reduzir seu forte incentivo ao regime de 35 horas de trabalho por semana e propôs que as empresas possam negociar diretamente com os funcionários a respeito de seus horários.

Com o tempo — e talvez mais cedo do que muitos esperam —, as pressões competitivas globais e a energia da Nova Europa produzirão um efeito conjunto poderoso. O peso paralisante do socialismo irá ceder aos poucos, e a UE avançará constantemente, alimentada por uma aceitação cada vez maior do capitalismo.

Essa pergunta surgiu em uma conferência de tecnologia e inovação em Las Vegas, que durou três dias e contou com cerca de vinte palestrantes. Eu era um dos palestrantes.

De que maneira você acha que os conselhos corporativos vão mudar por conta da Lei Sarbanes-Oxley?

Essa pergunta, que ouvi de várias formas e em muitos lugares, incluindo Austrália e Europa, reflete uma atenção crescente à governança, um tópico de discussão que costumava ser reservado às reuniões de acionistas e às aulas das faculdades de administração.

Então, é claro, vieram os escândalos corporativos pós-bolha, e as pessoas começaram a questionar: "Onde diabos estavam os conselhos em todas essas situações? Por que não conseguiram ver que tinha algo errado?"

Muito rapidamente, foram aprovados regulamentos e leis para tornar os conselhos e os executivos seniores mais responsáveis por qualquer corrupção que possa ocorrer sob sua supervisão. Em geral, essas leis, como a Sarbanes-Oxley, são boas e necessárias para restaurar a confiança econômica.

Mas por si só nunca irão garantir uma boa governança corporativa.

É impossível que a comissão financeira de um conselho, composta por um professor de finanças, um contador, e vários CEOS atarefados, cada um em um canto diferente do país ou do mundo, consiga passar dois dias por mês estudando os registros de uma empresa para verificar se tudo está sendo feito da maneira correta. Imagine ser membro do conselho de um banco multinacional. Você tem pessoas negociando tudo, umas trocando ienes por euros em Londres, outras apostando no futuro das commodities estadunidenses. A maioria das pequenas empresas é complexa demais para um comitê fiscalizar, com centenas de transações sendo realizadas todos os dias, por toda parte.

Embora os conselhos não tenham como policiar tudo, é dever deles assegurar que as empresas tenham auditores, conduzam processos internos rigorosos, exerçam controles rígidos e adotem a cultura certa para esse fim.

Os conselhos também desempenham outros papéis. Escolhem o CEO e aprovam os altos cargos de gerência. Na realidade, deveriam conhecer membros da equipe principal e também seus próprios colegas. Os conselhos monitoram a missão da empresa. Essa missão é concreta? As pessoas conseguem compreendê-la? Está sendo colocada em prática? É possível atingi-la?

Esses conselhos também avaliam a integridade da empresa. Isso é uma tarefa e tanto. Eles precisam visitar as operações de campo e conduzir conversas significativas com pessoas de todos os níveis, olho no olho. É exercendo esse papel sutil de guardião da integridade que os conselhos podem contribuir de verdade.

Para alguns, a Sarbanes-Oxley irá exigir uma mudança real de comportamento. Eles precisarão parar de pensar que seu trabalho se resume a oito, dez ou doze reuniões a portas fechadas por ano, com um ótimo almoço no intervalo.

Para outros, apenas reforçará a abordagem atual.

Na pressa de lidar com os escândalos, talvez alguns aspectos da Sarbanes-Oxley tenham ido longe demais, como nas regras que sugerem que os diretores independentes são superiores aos que têm algum tipo de participação na empresa, seja como investidores, fornecedores ou qualquer outra forma de parceria.

Esse novo requisito precisa ser revisto com uma grande dose de bom senso.

Não há nada de errado com os diretores pessoalmente interessados. Pelo bem dos acionistas, os diretores deveriam de fato se preocupar com o desempenho da empresa. Mas a noção de que diretores independentes são melhores para a empresa está trazendo uma consequência não intencional, em alguns casos, que é eliminar o bom senso e a experiência onde são mais necessários.

Vejamos o caso de Sam Nunn, o distinto ex-senador pelo estado da Geórgia. Ou de Roger Penske, o empresário da indústria automobilística. Ambos foram convidados a se retirar dos principais comitês do conselho da GE. Por quê? Depois de deixar o Senado, Sam ingressou no King & Spalding, um escritório de advocacia com o qual a GE fazia negócios havia décadas. Roger, por sua vez, tinha participação minoritária em uma pequena joint venture de locação de caminhões da GE. Ou veja o caso de Warren Buffett. Os ativistas o queriam fora do comitê de auditoria da Coca-Cola por ele ter uma grande participação acionária.

Quem representaria melhor os donos das ações em comitês importantes do que essas três pessoas? Um professor? Um especialista em contabilidade? O diretor de uma instituição de caridade? Por que os donos de ações iriam querer executivos da empresa respondendo a pessoas que precisam de um salário de diretor para pagar as contas? Esses tipos de diretores são menos propensos a questionar o que quer que seja — são mais propensos a evitar fazer perguntas difíceis, na esperança de serem nomeados para os cargos.

> Os membros do conselho não podem entrar em uma dinâmica de "nós contra eles" com as próprias pessoas que deveriam ajudar.

Não vamos nos esquecer de que conselhos existem para dar

apoiar e orientar, além de desafiar a gerência. Seria realmente lamentável se a Sarbanes-Oxley acabasse tornando a abordagem dos conselhos primordialmente antagônica. Os membros do conselho não podem esquecer que o seu principal trabalho é fazer a empresa funcionar melhor, e não entrar em uma dinâmica de "nós contra eles" com as próprias pessoas que deveriam ajudar.

Portanto, os melhores diretores compartilham quatro características muito simples: bom caráter, bom senso, perspicácia — principalmente em relação às pessoas — e a coragem de se manifestar.

Leis são muito boas, sem dúvida. Mas são as pessoas, a cultura, os processos, as medidas de controle e os diretores de pulso firme que, em última instância, injetam obediência no sangue de uma empresa.

Essa pergunta surgiu em uma reunião durante um café da manhã em Copenhague, com cerca de trinta gerentes europeus, tratando de negócios em nome de empresas globais na Escandinávia:

Estou prestes a ser transferido para a África Ocidental, a fim de gerenciar nossas operações, e me disseram para esperar que 40% da força de trabalho seja portadora do vírus HIV ou tenha algum membro da família que sofra da doença. Alguma sugestão para lidar com este problema?

Nenhuma pergunta me desconcertou tanto quanto esta.

E como se isso não fosse perturbador o suficiente, outra pessoa neste café da manhã, um executivo de uma empresa de bens de consumo, manifestou-se logo em seguida: "Acabei de voltar de nossas operações na África. Espere algo em torno de 60%."

O que um líder pode fazer diante de uma situação tão terrível? O que uma empresa pode fazer?

É ao se confrontar com um problema social que os resultados de uma empresa vencedora e uma boa cultura realmente se unem para fazer a diferença. No início deste livro, tentei argumentar que vencer é incrível porque inspira as pessoas a serem felizes, criativas e generosas.

Isso era eu vendo de longe. Esta pergunta leva você diretamente ao campo de batalha.

O gerente que fez essa pergunta trabalhava para uma empresa de petróleo altamente lucrativa, e eu podia sentir que ele realmente queria fazer alguma coisa. E vai conseguir, porque a empresa está vencendo. Ele pode lançar programas para educar a força de trabalho sobre o HIV. Pode fornecer instalações médicas e subsidiar os medicamentos caros que a doença requer. Pode realmente melhorar a vida de centenas de pessoas. Aposto que ele faz tudo isso.

Empresas vencedoras ajudam o tempo todo.

Existem mais de cinquenta mil voluntários ativos entre os funcionários da GE, envolvidos em quatro mil projetos todos os anos, desde mentoria em escolas no mundo inteiro até participação em inúmeros outros programas para pessoas desfavorecidas. Devido aos esforços dos voluntários da GE, houve projetos comunitários incríveis em cidades húngaras, favelas de Jacarta e em escolas do interior de Cincinnati. Esses projetos não apenas foram ótimos para as pessoas ajudadas, mas também benéficos para aquelas que ajudaram. O trabalho voluntário fora do escritório deu ao trabalho lá dentro mais significado e vitalidade.

Chris Navetta chegou à Eslováquia, em 2002, para administrar uma fábrica recém-adquirida da U.S. Steel com dezesseis mil funcionários em Kosice, uma cidade com taxa de desemprego de 23% na empobrecida região leste do país. Chris e sua equipe pegaram uma relíquia real do comunismo — uma empresa estatal que não obtinha lucros — e, com um investimento de seiscentos milhões de dólares, transformaram-na em uma operação altamente lucrativa. Ao mesmo tempo, investiram tempo e dinheiro em Kosice. A lista de suas contribuições é longa demais para ser reproduzida aqui, mas inclui a construção de uma ala de oncologia no hospital infantil local, a reforma das salas de aula das escolas primárias, fornecendo-lhes computadores, e a reforma de vários orfanatos e instalações para pessoas com deficiência visual.

Leve em consideração também o aumento exponencial do apoio de empresas de todo o mundo após o trágico tsunami ocorrido no fim de 2004. Em questão de dias, empresas saudáveis e seu pessoal doaram bilhões de dólares em dinheiro e suprimentos para ajudar pessoas em comunidades devastadas. A generosidade foi da mais alta ordem.

Não estou falando aqui sobre maternidade e torta de maçã, nem tentando soar como o típico relatório anual. É assim que bons negócios realmente funcionam. Empresas vencedoras recompensam a comunidade ao redor, e todos saem ganhando.

Essa pergunta veio do repórter que moderou minha sessão de perguntas e respostas durante uma conferência de gerenciamento para cerca de três mil pessoas em Londres:

Você tem planos de entrar para a política?

Em uma palavra: jamais.

Não é que eu não aprecie o Estado e seus governantes. Todos somos gratos aos funcionários públicos que fizeram da segurança nacional e da erradicação do terrorismo o trabalho das suas vidas. Além disso, o governo fornece outros serviços vitais para uma sociedade próspera — escolas, hospitais e polícia, para citar apenas três.

Mas os governos, apesar de todo o bem que fazem, apresentam todos os problemas que os negócios têm, mas ninguém parece ter condições de resolvê-los.

O Estado é repleto de burocracia, desperdício e ineficiência. Em uma empresa, você pode se livrar de tudo isso, e precisa fazê-lo. No governo, isso é eterno.

Por quê? Por um lado, porque é difícil promover ou demitir as pessoas com base no mérito. A maioria das agências governamentais não tem qualquer sistema de diferenciação. Você pode trabalhar por quarenta anos, nunca se destacar nem prejudicar os resultados, e ainda assim ganhar um aumento todo ano. Por outro lado, você simplesmente não pode falar ou agir com franqueza sem sofrer retaliações. É um mundo cheio de condescendências, favoritismo e *quid pro quo*.

Sim, todos esses comportamentos existem nos negócios, mas os gerentes podem se unir contra isso ou entrar para uma empresa que naturalmente já repudia essas atitudes.

Por fim, governos podem se dar ao luxo de serem burocráticos porque não há concorrência. Durante uma temporada eleitoral, o governador de Indiana criou uma grande polêmica em torno do fato de que iria retirar o estado de um projeto de terceirização que um de seus departamentos havia iniciado na Índia. Muitos o apoiaram, como se isso fosse um exemplo de patriotismo. Na verdade, era para ser motivo de risada. Era fácil para o governador se retirar da Índia — no setor público, você não precisa fornecer os produtos de maior valor agregado nem encontrar as soluções de menor custo para gerar receita. Você pode continuar aumentando os impostos para conseguir custear tudo.

Portanto, por mais importante que sejam os governos, a política simplesmente não é para mim. Este livro mostra que é sempre melhor fazer algo que você ama.

Eu sigo meu próprio conselho.

Ouvi esta pergunta em todos os cantos:

Você tem jogado golfe?

Uau, as pessoas adoram golfe! Onde quer que eu vá, talvez por ter incluído um capítulo sobre golfe no meu último livro, as pessoas perguntam sobre meu *handicap* e se melhorou desde que me aposentei.

A resposta é: eu não jogo mais.

E, acredite ou não, não sinto tanta falta.

Minha obsessão por golfe durou quase sessenta anos, desde os primeiros dias como caddie, aos 10 anos, até minha primeira cirurgia na coluna em 2002. Eu passei por mais duas intervenções na coluna desde então, e, felizmente, minhas costas estão melhores. Mas com certeza não estou ansioso para testar essa afirmação com uma tacada. Se você já teve problemas nas costas, deve saber do que estou falando.

Mas, na ausência do golfe, um mundo inteiro de novos interesses se abriu para mim. É inacreditável a quantidade de tempo disponível quando você não está o tempo todo num campo de golfe! Adoro prestar consultoria a várias empresas e a seus CEOs. Também descobri que sou louco por arte moderna, e estou tendo a oportunidade de viver minha devoção de longa data aos Red Sox assistindo a todos os jogos possíveis no estádio. Pude viajar pelo mundo com minha esposa e meus quatro enteados, apreciar paisagens além das salas de reunião e fábricas e conhecer muitas pessoas interessantes, cujas perguntas foram incluídas neste livro.

Sempre adorei novidades. Olhar para a frente, aprender e crescer sempre foi bom para mim. Golfe era maravilhoso. Fiz grandes amigos, com quem tive bons momentos durante décadas e sempre terei, e também me diverti muito competindo.

Mas quando não dá, não dá — e, surpreendentemente, não é o fim do mundo.

E, finalmente, essa pergunta foi feita por um membro da plateia durante uma conferência de administração em Frankfurt, da qual participaram cerca de 2.500 pessoas:

Você acha que vai para o céu?

Depois de alguns segundos atordoado, em silêncio, minha primeira resposta foi: "Bem, espero que seja uma meta de longo prazo!"

Mas, depois que a plateia parou de rir — ficaram tão surpresos com a pergunta quanto eu —, o homem que a fez deixou claro que queria entender o que eu considerava meu legado.

Primeiro, odeio a palavra *legado*. Parece tão arrogante. Presidentes e primeiros-ministros têm legados. Eu dirigi uma empresa e escrevi livros.

Mas aqui estamos, no fim desta obra, e a pergunta foi feita, então vou tentar dar uma resposta.

Se há algo pelo qual eu gostaria de ser lembrado, é pelo fato de ter ajudado as pessoas a entender que liderança é ajudar outras pessoas a crescer e ter sucesso. Sendo repetitivo, liderança não tem a ver só com você. Tem a ver com os outros.

Eu também gostaria de ser lembrado como um grande defensor da franqueza, da meritocracia e da crença de que todo mundo merece uma oportunidade. E gostaria de ser lembrado por insistir que você nunca deve fazer papel de vítima.

– 347 –

Não é segredo para ninguém que cometi muitos erros na minha carreira. Fiz aquisições ruins, contratei pessoas erradas e deixei passar boas oportunidades. E isso é apenas uma parte pequena da lista.

Quanto à minha vida pessoal, tenho quatro filhos incríveis e nove netos sensacionais. Não há palavras para expressar meu amor e admiração por esses indivíduos, e a vida feliz e gratificante que eles têm me proporcionam um prazer infinito. Tive dois casamentos, no entanto, que não deram certo. A vida continua, e geralmente para melhor, mas ninguém passa por dois divórcios e sai orgulhoso.

Então, quanto ao céu... quem sabe? Tenho certeza de que não sou perfeito, mas, se me preocupar com as pessoas com todas as células do meu corpo e dar tudo para que a vida todos os dias valha de alguma coisa, acho que tenho uma chance.

E se eu puder escolher, é claro, prefiro não descobrir tão cedo!

Ainda há muito a ser feito.

Agradecimentos

NEGÓCIOS TÊM A ver com pessoas. De fato, a vida tem a ver apenas com pessoas — família, amigos, colegas, chefes, professores, mentores, vizinhos. No fim das contas, são só elas que importam.

Pessoas fizeram este livro. Primeiro, havia milhares de homens e mulheres em todo o mundo que, como falo na dedicatória, me ajudaram a preencher essas páginas com suas perguntas. Agradeço a eles por compartilharem as suas histórias com franqueza, por falarem abertamente sobre os constantes desafios do trabalho e por me ajudarem a traduzir em palavras minhas ideias sobre como fazer isso do jeito certo.

Também sou profundamente grato às pessoas que tiraram uma ou duas horas (e frequentemente mais do que isso) para conversar comigo sobre suas experiências, para que as ideias neste livro pudessem se encher de vida: Bill Harrison e Jamie Dimon; Steve Klimkowski; George Tamke; David Novak; Bob Nardelli; Robert Bagby; Perry Ruddick; Maxine McKew; Kevin Sharer; Jimmy Dunne; meu velho amigo, Paolo Fresco; Gerry Roche; Joel Klein; Jim McNerney; Paolo Monferino; Dara Khosrowshahi; Chris Navetta; Bill Conaty, Gary Reiner, Susan Peters, Dennis Dammerman, Mark Little, John Krenicki e Charlene Begley. Bob Nelson, meu analista financeiro da GE por muitos anos, foi um leitor muito solícito ao longo do caminho.

Várias pessoas não são citadas nominalmente neste livro, mas suas ideias foram essenciais para moldar o conteúdo. Linda Gosden Robinson compartilhou conosco sua experiência considerável para o capítulo sobre gerenciamento de crises. No capítulo sobre equilíbrio entre vida profissional e pessoal, sou grato ao professor Stew Friedman e a Claudio Fernández-Aráoz. A elaboração do capítulo sobre fusões e aquisições contou com a ajuda de uma conversa longa e perspicaz com o especialista David Fubini. E meu (minúsculo) conhecimento recém-descoberto de filosofia é totalmente graças aos insights de Nancy Bauer.

Este livro começou com duas páginas de anotações rascunhadas sobre o que poderia vir a ser. O produto final em suas mãos é resultado do trabalho de um grupo de pessoas brilhantes, principalmente, aquelas com os 4-Es e 1-P da HarperCollins: nossa maravilhosa editora, Leah Spiro, cuja paixão e profundo interesse por este livro nunca diminuíram; Jane Friedman, uma adepta fervorosa e defensora infalível desde o início; e Marion Maneker, cuja profunda sabedoria nos guiou por todo o caminho. Também somos gratos à excelente equipe que comercializou este livro; Joe Tessitore, cuja experiência, energia e determinação deixaram clara a importância da obra, assim como Brian Murray, Stephen Hanselman, Paul Olsewski, Keith Pfeffer e Larry Hughes; o designer do livro, Leah Carlson-Stanisic; a sua editora, Anne Greenberg; e Knox Huston, o seu assistente editorial. A agente Helen Rees foi uma amiga querida e apoiadora ferrenha, e Megan LaMothe cumpriu o seu dever tenaz de verificadora de fatos.

Minha assistente, Rosanne Badowski, leu todos os rascunhos, questionou o conteúdo, destacou frases e melhorou cada capítulo. O seu carinho e atenção foram notáveis, e agradeço as intermináveis horas que ela concedeu a esse projeto.

Por fim, não há palavras suficientes para agradecer à minha esposa, Suzy, pelo trabalho que fez neste livro. Seus questionamentos implacáveis trouxeram à tona todas as ideias que eu já tive sobre negócios, e a sua capacidade de organizar e reformular minhas observações (em muitos casos) aleatórias tornou tudo muito melhor do que eu sonhava que pudesse ser. Sempre digo às pessoas que Suzy é a pessoa mais inteligente que já conheci, e, ao longo do ano dedicado à escrita deste livro, ela provou isso e outras coisas mais. Para cada capítulo que você lê neste livro, ela escreveu e reescreveu incontáveis rascunhos, e, no entanto, nunca deixou de ser uma mãe incrível para seus quatro filhos maravilhosos. Ela me surpreende todos os dias.

Durante a produção do livro, tivemos momentos incríveis, dia e noite, debatendo e discutindo todo o material incluído aqui. A conversa não acabava nunca! Enquanto viajava pelo mundo, conhecendo pessoas e respondendo a perguntas — e fazendo eu mesmo muitas delas — Suzy esteve ao meu lado, ouvindo, analisando e abrindo minha mente para o que eu sabia e o que mais poderia vir a saber.

Foi um trabalho árduo, mas foi pura alegria. Suzy, você é parte disso.

Jack Welch
Boston
Fevereiro de 2005

Este livro foi impresso pela Vozes em 2025 para a HarperCollins Brasil. A fonte do miolo é Minion Pro. O papel do miolo é ivory 65g/m² e o da capa é cartão 250g/m².